新撰組

尽忠報国の輩《やから》

（上）

石井 勉
Tsutomu Ishii

文芸社

まえがき

新撰組については、これまでに多くの小説や映画・ドラマなどの作品で、その大方の足跡のほか、個々の事件についても詳説されているが、残念ながらその全般的足跡を系統的にまとめたものには、それほど接していないうらみがある。

つまり、これまでに近藤勇・土方歳三の歩みや池田屋事件などが多く語られていた新撰組の物語からは、近藤・土方の勇壮な言動は知り得ても、個々の著名な事件の相互関係やそれらの歴史的背景の流れ、とくに幕末史の中での薩長との関係などを解明したものにはさほど接しないためか、かねがねそれらの視点からの把握の必要を痛感していた。

言い換えると、筆者は、これまで池田屋事件の経過の概要は知っていても、その前提となる公武合体派による政変や、その後の蛤門の変から、二度の長州征討を経て鳥羽・伏見の戦いへつづく幕末史とのつながりなどについては、明確な理解を得られずに過ごしてきたうらみがあるので、自分なりに探求した結果、たまたま新撰組が「尽忠報国の志厚き輩」であったと知り、改めてこの視点からの新撰組像の把握の必要を痛感した。それが本稿執筆の動機となった。

とくに、彼らが攘夷思想の台頭に端を発した幕末の世の騒擾の中で、「尽忠報国の志厚き輩」を求めるとの幕閣の提唱に呼応して結集し、鳥羽・伏見の戦いから会津戦争・箱館戦争へと歩み続けた足跡の系譜については、これまでにあまり語られていないため、筆者にはさほど明確には把握されていなかった感が深いので、その探求に注力した。

したがって、本稿の叙述に当たっては、生麦事件から箱館戦争に至るまでの幕末史の経過を浮上させて、とくに会津戦争・箱館戦争との関係探求を重視したため、叙述が冗長になったうらみがあるが、新撰組の全体像の把握のためには、それは避けて通れぬものであった。

以上の見地から把握できた新撰組の事蹟には、改めて刮目すべきものを少なからず発見したが、それらの中でとくに看過できないものは、日本軍隊の体質が、新撰組の「尽忠報国」精神を含む体質と無縁でなく、のちの特攻隊を生む発想の基盤となったのではないかと思い知らされた点にあり、その発見は、改めて大きな驚きとなった。

いわば、新撰組を取り巻く環境には、のちの特攻隊を生む素地があったことを知り、彼らは、これまで単なる暴力的剣士集団と評されていた側面とは別に、尽忠報国という崇高な精神的指標のもとに結集した憂国の士の集団であったことを理解させられた。

しかし彼らが当初理念に掲げた尽忠報国の素志は、箱館戦争の敗北によって、あえなくも惨憺たる崩壊を見た。

その実相からは、昭和の大敗戦によって、殉国の理念が音を立てて瓦解した特攻隊の悲運と、同質のものの存在が伝わってくる。

同質のものの存在とは何か、と考えると、それは、戊辰の戦後百数十年、大東亜戦争で敗北後五十八年を経た今日でも、組織・構造という名において、我々の周囲に現存して息づいているものと気づかされる。

すなわち、新政府に言語梗塞の壁ありとして、旧幕府海軍副総裁榎本釜次郎は、自分の指揮下の艦隊を率いて脱走し、鳥羽・伏見の戦いに破れてからも官軍に抵抗し続ける会津藩が敗色濃厚となると、撤退する徳川脱藩軍を伴って北地へ上陸し、新政府に抗する仮政府を樹立して総裁となったが、やがて戦局利あらず降伏勧告を受けると、内部の和平論を抑えて頑迷に勧告を拒絶した。

脱藩軍側の弁天台場を守る新撰組隊長相馬主計《かずえ》は、勧告拒絶を、脱藩軍内部の組織構造の中で総裁の座を保持しようとする榎本の頑迷固陋な姿勢と見て、その打破に挑み、弁天台場単独降伏の挙に出て、五稜郭の脱藩軍全軍を降伏へ導いたのだが、相馬の行動はまた、尽忠報国の素志を掲げて発足した新撰組が、降伏時点の最後まで初一念を貫き通して、果敢に戦い続けたことを象徴するものであった。

新撰組隊長相馬主計としては、降伏拒否・徹底抗戦に固執する脱藩軍の組織・構造に対する挑戦であり、内部の抗戦論を説得して全軍降伏へ導くことが最後の戦いとなった。

戊辰の戦いも、昭和の戦いもすでに遠いものとなったが、組織・構造に対する多面的な戦いは、なお現存しているようである。

この現代に、あえて、かつての尽忠報国の士である新撰組の存在に注目した所以である。

尽忠報国の輩　新撰組 上　目次

生麦事件

万延元年（一八六〇）三月三日、徳川幕府の大老井伊掃部頭（直弼《なおすけ》・彦根藩主）は、寒気の中に飛雪繽紛と降りしきる江戸城桜田門外で、水戸浪士を中心とする十八人の刺客の手によって殺害された。その理由は、二年前の安政五年六月十九日、幕府が勅許を得ずに日米修好通商条約を締結し、また、九月の若狭小浜の梅田雲浜《うんぴん》ら尊皇攘夷派志士の逮捕によって、いわゆる安政の大獄の事態を招いたため、井伊が幕府失政の元凶と目されたからである。

翌文久元年十二月末、この不穏な国情を憂慮した薩摩藩の国父島津久光《ひさみつ》は、藩士大久保一蔵を京都へ派遣し、前関白内覧近衛忠熙《ただひろ》に対してその意中を上申させた。

忠熙の養女篤姫は、父が薩摩藩支族の島津忠剛で前藩主斉彬《なりあきら》に養われ、さらに近衛忠熙の養女となって十三代将軍徳川家定に嫁いだ。このため近衛・島津両家は姻戚関係にあり、久光は近衛家に心安く意志を伝えられる立場にあった。

島津久光の案は、勅使を江戸の幕府へ派遣して、一橋慶喜《よしのぶ》を将軍の後見職に、前福井藩主松平越前守

（慶永《よしなが》・通称春嶽《しゅんがく》）を大老に任じ、尾張・長州・仙台・因州・土佐各藩に対して、内外情勢に伴う皇国の将来方針の協議を指示する勅命を下せば、幕府はこれに服すであろうというもので、その根底には公武合体の思想があった。

年明けて文久二年一月十五日、新年の前途を暗示するかのごとくに、江戸城西の丸近くの坂下門外で、老中安藤対馬守（信正《のぶまさ》・磐城平藩主）が登城の途中、水戸浪士に襲われて負傷した。

その情勢下で四月十三日に上洛した島津久光は、近衛忠熙に謁して建議書を呈上し、その中で、先の安政の条約締結問題などから、幕府の忌諱《きき》に触れた獅子王院宮（尊融法親王・三年正月中川宮。のち朝彦親王）ほか、前関白内覧近衛忠熙、前関白鷹司政通・前右大臣鷹司輔熙父子、一橋慶喜・前尾張藩主徳川慶勝《よしかつ》・前福井藩主松平慶永・前土佐藩主山内豊信《とよしげ》らの謹慎処分を解くように求めたので、やがて彼らの譴責処分は解かれる。

さらに久光は、かねてから薩摩藩内の急進派が、久光上洛を機に関白・京都所司代を暗殺して、一気に挙兵討幕を果たそうとする動きを把握すると、二十三日夜、彼らが集結した伏見の寺田屋に奈良原喜左衛門らを急派して、一挙の事前鎮圧に成功した。

その後久光は、朝廷側に浮上した強硬論により、攘夷実施を幕府に命ずる勅使大原左衛門督重徳に随行して、江戸へ下った。

大原は五月二十二日に発って六月七日に江戸へ着き、十日に江戸城へ入って、次の要旨の三項目を将軍に達した。

一、将軍は諸大名を率いて上洛し、朝廷において国家の治平を討議して速やかに蛮夷の患難を攘うこと。
二、沿海の五か国大藩を五大老として国政と夷戎の防禦に当たること。
三、一橋慶喜を将軍の後見とし、松平慶永を大老職として幕府を補佐させること。
しかし、これに対して幕府が明答しないため、大原は十三日に再登城して回答を催促したが、外国事務担当老中の脇坂淡路守（安宅・龍野藩主）と板倉周防守（勝静《かつきよ》のち伊賀守・備中松山藩主）は、態度を決定しなかった。

島津久光も、十四日に脇坂を説き、十六日には、幕府に決断を求める書を送ったが何の反応もなかった。

なお大原が登城して脇坂と板倉に返答を迫ったところ、二人は、松平慶永の登用には賛成したが、一橋慶喜の登用には確答を渋っている。

勅使大原に随行した久光の従者で徒目付の海江田武次・奈良原喜左衛門は、側役の小松帯刀《たてわき》・大久保一蔵、小納戸役中山中左衛門らに意中を伝えた。

「幕府は不誠意だから、この上は決断あるのみ。我が薩摩藩の武力で、幕府を勅旨に従わせよう。一旦、京都へ戻り、大旗を掲げて迫る。まず久光公は勅使とともにご帰京されようが、勅使が無為無策で帰京されると物笑いになるから、われらのほか十五名ほどは江戸残留のため脱藩を願い、誓って奸物を斬ろう」

大久保は、慎重に答えた。

「案には賛成だが、なお幕府の返答を待ち、決行は最後の手段とすべきではないか」

この時彼は数えて三十三歳、海江田・奈良原は三十二歳、小松二十八歳、中山三十六歳であった。

「大久保さんのお説はご尤もです」

海江田は、大久保の言に同意した。

「なお、参考のために閣老の退出状況を下検分しておきたいと思います」

その提案を大久保が認めたので、海江田は、小野郷右衛門ら十余人とともに出掛けた。

その日、彼らが江戸城の大下馬へ向かうと、周辺を見張る衛卒に問われた。

「何のご用ですか」

咄嗟に海江田が答えた。

「私どもは島津の供の者で、供回りの参考のため、老中方のお城下がりのお行列を拝見しようと願って、参上いたしました」

「お行列参観は五節句の日に限られていて、その他の日は許されていません」

「私どもは供頭の役目なので、主人久光が他出の際に老中方のお行列にお逢いした時、それと知らずに通り過ぎれば欠礼となるので、一度お行列を拝見しておきたいのです」

「では徒目付の意向を確かめてきます」

城内に駈け込んだ衛卒に導かれてきた徒目付が達した。

「拝見は許されません。お退き下さい」

海江田は、やにわに腹を抑えて地面にうつ伏せになった。

「腹が痛い」

その一言とともに彼は、持っていた傘をすぼめて頭の下に当て、横になって苦悶した。

「いかがなされましたか」

徒目付に抱き起こされた海江田は、喘ぎながら述べた。

「持病なので時々痛みます。暫く静かにしていると治りますから、ご心配ご無用です」

やがて申の刻（午後三〜五時）に下城を知らせる太鼓が鳴ると、徒目付は戻ったが、数刻を経ても退出者はなく、間もなく士卒が慌ただしく門を出入りして弁当を運び始めたので、その一人に様子を聞くと、下城は遅れるらしいとのことなので、一同はなお待ったが、あたりが暗くなったので引き揚げた。

下城時刻の遅れは、暴徒による襲撃などの不慮の事態の発生を警戒したためであった。

六月二十九日、幕府は勅旨遵奉を回答し、七月一日、将軍がその旨を奉答して七日、一橋慶喜が将軍後見職を命ぜられ、九日には松平慶永が政事総裁職を命ぜられて、当面の政情は落着するかに見えた。

しかし、二十日、京都では、前関白九条尚忠《ひさただ》の家士島田左近が、木屋町の寓居で暗殺されるという事件が発生した。

島田は、先年、桜田門外で暗殺された井伊直弼の腹心の長野主膳と謀り、条約勅許の願いに反対する九条尚忠を説いて幕府側に加担させ、安政の大獄では、反幕府の朝臣や志士らを探索して、幕府側に通報するなどの行為があったため、早くから尊皇攘夷派の志士らから狙われていた。

襲ったのは、薩摩の商家の出の田中新兵衛と薩摩藩の有志で、島田の首は四条河原に曝されて、これは、幕末の洛中洛外で発生したいわゆる天誅の発端となった。


島津久光が勅使とともに帰京の途についたのは、八月二十一日で、大原勅使は閏八月に帰京する。約三百人の行列が品川・川崎を経て生麦村へ近づいた時、騎乗の上海商人ヘール・リチャードソン、横浜住人クラークとマーシャル、ボラデール夫人の英国人四人が、先供に制止された。

彼らが引き返すと、リチャードソンの乗馬が逆らって、行列の先頭の秩序が乱れたため、供頭当番奈良原喜左衛門が、無礼討ちにすると、他の三人は逃げたが、負傷して路傍に転落したリチャードソンは、海江田に止めを刺された。この騒ぎで島津久光は、籠の中で泰然と瞑目していた。

松平慶永の『逸事史補』によると、この日、江戸城に「三郎（久光）駕廻りの者に申付、英人一人を切殺し」と急報が届いたので、用部屋にいた松平慶永は直ちに将軍家茂にその旨を報告し、勘定奉行らと評議して、老中一同は善後策を協議したとあり、慶永が意見を求めると、勘定奉行小栗豊後守（忠順《ただまさ》）は「島津久光の行為は、幕府の迷惑となるように暴挙に出たに相違ないので、出兵して島津を討つべきです」と強硬に主張したという。

慶永と一橋慶喜は相談して「朝廷には攘夷論者が多いため、島津はこれを機に攘夷行動に出て、朝廷に薩摩藩の存在を注目させようとする狙いでしょうが、幕府のみが開国論を主張して、全国の攘夷論の中で乱を招くのは不適切ですから、静観してよろしいでしょう」との意見であったというが、英人は行列を横切ったのではなく、横を通ったのを久光が殺害させたとの説もある。

事件の現場では、騒ぎが一応静まると、小松帯刀が主張した。

「神奈川駅で予定していた小休止を中止して、戸塚駅へ急ぐべきです」

海江田はこれに反対であった。

「前例通り神奈川で休息すべきである」

海江田は、逃走した英国人の訴えで、英国駐屯兵が出動したならば、一戦は避けられぬと、覚悟していた。久光の従者一同も、ピリピリと全身の神経を研ぎ澄まして、殺気を孕ませていたから、その緊張感が街道筋から江戸へ伝わるには、さほど時を要せず、事件直後には、一つの風評も生まれた。

島津久光は、英国人の行列横断を機に、籠廻りの者に命じてこれを斬らせたに違いなく、その行為は攘夷の先駆となるため、全国に薩摩藩の功を吹聴できる効果がある、というものである。

一方、英国人は行列の横を通過しただけなのに、これを久光が斬らせた、との説も拡がると、事件を知った神奈川奉行阿部越前守（正外）は、事態の拡大防止のため、外国人居留地の関門を閉じた。

久光の一行は、この地に予定していた小休止を中止し、戸塚に直行して一泊した。

この夜、大久保と小松が厳戒の必要を説くと、海江田と奈良原は強硬に主張した。

「英国兵来襲の前に、百名ほどで先制攻撃して居留地を焼き払おう」

大久保が反対したので、議論は徹夜でつづいたが、英国兵は来襲せず、一行は戸塚を発った。（西河稱編述『維新前後實歷史傳』）

閏八月一日、会津藩主松平容保《かたもり》が京都守護職に任命された。

生麦村の事件後、京都では、諸藩の人士の入京が増えて、彼らの中には、堂上間に出入して強硬論をとなえる者も出てきた。

八日、伏見の邸に入った島津久光は、関白内覧近衛忠熙に謁して関東の事情を伝えた。

久光はまた、京都情勢から、幕府の方針が曲解されて、踏み出したばかりの公武合体が停滞することを心配し、議奏の中山権大納言（忠能《ただやす》）・正親町《おおぎまち》三条権大納言（実愛）・伝奏の野宮左近衛権中将（定功）ら三人に、この際、朝議を動揺されず、匹夫の過激論を御採用されず、幕府の処置を静観されるようにと、書を以て進言した。

さらに、近衛忠熙・権大納言近衛忠房父子から、極秘に天覧に供するので、現政務に関して具申するようにと達せられて、主に次の要旨の意見書を奉呈した。

朝議は確乎として御動揺なされぬこと。

匹夫の激論をみだりに御採用されぬこと。

堂上公卿方も忠誠を以て御奉公し、匹夫との不用意な御面談は取り締まられること。

青蓮院宮（尊融法親王のち中川宮）の御還俗と政事御参加を促されること。

幕府からの公卿の進退に関する進言があっても御動揺なされぬこと。

攘夷は重大問題なので、上は親王・摂家・公卿・幕府から、下は三家三卿・大小藩に至るまで建白させて、決議の結果は将軍と御相談の上で実施を御命令されること。

諸大名の上洛は無用で、今後幕府が朝廷尊崇を忘却する場合には速やかに上洛するように達せられること。

諸藩の武備充実を幕府に命ぜられること。

島津久光はまた、九日に参内して関白・議奏・伝奏の列座の中で孝明天皇の勅問に奉答して、詔褒を受けた。(『同前』)

二十三日、久光は離京し、九月七日に鹿児島へ帰った。

その後幕府は、参勤交代を改めて、諸侯の妻子の帰国制度を三年ごとに百日間と緩和し、武備充実政策を採ったが、一方、長州・土佐の入京者の公卿らとの交流が高まると、朝議も変化し、朝廷は幕府に翌年春の将軍上洛を求め、それに先立つ一橋慶喜の上洛を促すようになる。

浪士組

急激な時勢の変化に伴って、島津久光を支持する公卿らは、朝議の動向の硬化を憂慮したが、天皇も近衛忠熙に極秘の宸翰《しんかん》を下して久光の上洛を求めさせたので、忠熙はその勅旨を久光に伝え、また、青蓮院宮・中山・正親町三条も書を送って上洛を促し、久光に京都の現状に対する意見を求めた。

これに対して久光は、凶暴な所業を取り締まられ、朝廷または幕府から正邪を御探索の上、厳重に御処置され、京都守護職を定められた上は諸藩の者に帰国を命ぜられることなどを奉答した。

一方、勅使三条実美《さねとみ》（議奏・権中納言）・副使姉小路公知《あねがこうじきんとも》（右近衛権少将）は、土佐藩主山内豊範指揮の土佐・長州藩兵数百人の護衛で十月十二日に東下し、将軍に対して次の要旨の勅文を達した。

……天下を挙げて攘夷が一定しなければ、人心は一致しないのか、また人心が一致しなければ、異乱が国内に起こることを恐れる、早く攘夷を決定して大小名に布告せよ……

この勅旨降下は、朝廷の方針が攘夷へ急傾斜したことを示している。

すでに、一橋慶喜・松平慶永の努力で政策を変更し、翌年二月の将軍上洛を発表して、九月七日にはその準備に入った幕府は、この勅旨を受けてさらに喉元に刃を突き付けられるような窮地に陥り、早急な対策を迫られて、先に安政の大獄を招来した井伊家に対する十万石減俸の追罰と、当時の関係者の処分などを実施したが、なお公武間の安定をもたらすものとはならなかった。

十一月二日、幕府は、攘夷の勅旨を遵奉することに決定した。

この頃、松平慶永と前土佐藩主山内豊信は、島津久光に上洛を促していたが、十二月に入ると久光は、側役の大久保一蔵に命じて、青蓮院宮と国事御用掛鷹司輔熙にその意を伝えさせ、六月に復飾した近衛忠熙に次の趣旨の一書を呈した。

攘夷決定の場合、藩の軍備が整わなければ時機を失するので上京できないこと。

物情騒然の折から、将軍が江戸を留守にするのはよくないこと。

各藩士は在城して防衛に専念すること。

物価高騰で四民困窮の時に、二百年来絶えていた将軍上洛は人心に尊皇の道を示すことになるが、幕府からの願いは人心の折り合いにもかかわるので、その事情を天下に諭して将軍上洛を延期し、一橋慶喜か松平慶永の代理でもよい旨の勅命を達せられたい。（『維新前後實歴史傳』）

青蓮院宮と近衛忠熙が、久光の意見に賛成し、大久保一蔵を江戸へ派遣して松平慶永と協議させると、慶永は、力なく答えた。

「今日に至ってはなすべき術がなく、叡慮に従うのみである」

大久保は帰京してその旨を復命した。

十二月五日、将軍家茂は、攘夷決行の旨を奉答し、初旬には三条・姉小路の勅使が帰京の途についた。

このように何らの見通しも得られぬ不安定な政情下で、一方では尊皇攘夷論を強硬に主張する志士・浪人らも台頭してくると、この年の暮、幕府は彼らの行動を牽制・鎮静するため、浪人を募って洛中の治安に当てる方針を決定した。

この対策を進言したのが、出羽庄内藩の郷士清河八郎である。

清河は、十七歳で江戸へ出て東条一堂の塾で国学を学んでのち、西国を遊歴してから江戸へ戻って千葉周作の道場で剣を磨き、井伊直弼暗殺事件の影響から、攘夷運動に傾倒していた。たまたま酒の上で住民を無礼討ちにしたため幕吏に追われて、諸国を逃避中に多くの志士と交流した彼は、寺田屋事件に参画したと見られているが、事件が島津久光によって鎮圧されてからは、江戸へ戻って幕府の講武所剣術教授方の松平主税助（忠敏）と交流を始めたようで、浪人募集対策は、松平を通して幕府へ進言された。

その頃、清河は、松平慶永に、「幕府大執権春岳公に上る書」を提出しているが、漢文体の内容は口語体で大要次のように示される。

天下の英材を教育し、非常の変に処する者は、必ず非常の士を用いる故に、よく非常の大功を成すものである。非常に処して庸衆（庶民）を用いるのは、なお千里を志して駑駘《どたい》（駑馬）を策すようなものである。

労するといえども必ず敗れるが、今日誠に非常の急務とされて、聖主が宵衣《しょうい》旰食《かんしょく》（天子が政治に精励すること）の時に、下流（賤しい地位）に変発（変化が生まれる）しなければ、征夷の大事業を奏することができないものと懼れる。願わくは執事は疾く度外の令を施し、以て天下非常の士を収め、悉くその心力を幕府に尽くせば、即ち回天の業を奏するのに、何の困難があろうか。而して非常の人を用いるのに、非常の人でなければ、必ずこれを収攬することができず、即ち幕下の豪傑卓犖《たくらく》不群（武勇の人物で、すぐれて人にまさり、群を抜く者）の士両三輩を撰び、以てこの総宰とし、さらにこれを一官舎に説き（やどらせ）、その材に因ってこれに俸禄を施し、一切は簡略に従って、先ず天下馳名の士両三輩を挙げ、此の輩をして広く忠義節烈で英傑な独立不羈の士を募らせ、……

（平尾道雄氏『新撰組史録』）

すなわち、非常の時には非常の人士を用いよ、そのためには、優秀な人物両三名を総宰に選んで、彼らに広く人材を募集させよ、というものである。

幕府は、この提案を十二月八日に採択し、九日、松平主税助をその取扱いに命じて、講武所剣術教授方の現職のまま、手当三百俵の寄合席とした。

二十四日には、小普請組の鵜殿鳩翁《うどのきゅうおう》（長鋭《ながとし》）が、「浪士之内有志之者取扱」を命ぜられて同じく寄合席三百俵とされた。

その日の巳の上刻（午前九時頃）、京都守護職となった会津藩主松平容保が入京した。

京都町奉行の永井主水正・滝川播磨守が三条大橋の東に迎え、容保は本禅寺に入って旅装を裃に着替え、関白近衛忠熙をその邸に訪ねて天機を伺い、東山麓の黒谷の金戒光明寺へ入ってそこを宿所とした。

翌文久三年一月五日、一橋慶喜が上洛して東本願寺を宿舎とした。

慶喜は、ひそかに近衛忠熙と協議したが、とくに良策もないため、島津久光上洛の必要を認めて、薩摩藩邸の留守居役を召喚して指示した。

「先に関東から修理大夫（島津茂久・薩摩藩主）殿に参府を命ぜられたが、今は朝廷で三郎（久光）殿の上洛を急がせられているので、京都の御用が済むまでは、修理大夫殿は参府に及ばぬ。この旨は関東へ当方より申し伝えよう」

関白も、修理大夫の参府が猶予された上は速やかに上京せよとの内勅があった旨を、久光へ書を以て通告した。

やがて松平慶永も上洛して、二条通りの越前藩邸に入った。

七日、江戸では、老中板倉周防守（勝静《かつきよ》・のち伊賀守・備中松山藩主）が、松平主税助に、浪人有志を募り、早々にその名を取調べて提出せよと、大要次の趣意を達した。

一今般御政事向追々御改革遊ばされ候に付ては、浪士共の内有志の輩御集めに相成り、一方の御固め仰せ付けらるべく候。尤も篤と探索を遂げ、一旦過失これ有り候か又は遊惰に耽け候とも、改心の上尽力報国に志厚き輩已往の忌憚に拘らず、出格の訳を以て御免しの義もこれ有るべく候間、其の心得にて名前取調べ早々に申し聞かせらるべく候事。

浪人取締役

正月七日

松平主税介殿

（『史談会速記録』四一輯―菊地明・伊東成郎・山村竜也氏編『新選組日誌』）

つまり、募集に当たっては、応募者が以前に過失を犯したり、または遊惰に耽ったことがあっても、改心の上で「尽力報国に志厚き輩」となる誠意があれば、その過去を問わず特別に許すこともあると明示したものである。

それと同時に、浪士取締には、小普請旗本の山岡鉄太郎（鉄舟《てっしゅう》）、松岡万《よろず》、田安家奥詰の窪田次郎右衛門が任ぜられた。

松平主税介は、上総介と名を改めて、十四日、講武所師範役並を仰せ付けられ、諸太夫の格を与えられて、鵜殿鳩翁とともに、浪士募集に当たることになった。

募集は、鵜殿と松平の指揮で、主に池田徳太郎と石坂周造が、関八州から甲州・越後方面を廻って奔走した。

募集定員は五十人の目標で、池田に指示された山岡の方針は、「尽忠報国之志を元とし、公正無二、身体強健、気力壮厳之者」を貴賤老少にかかわらず求めるというもので、また、応募者には二人扶持に十両を支給するとの条件が加えられてあった。

二月四日に、指定の江戸小石川の伝通院に参集した者は、当初の予想をはるかに越えて、二百四十八人に達したとのことである。（『新撰組史録』）

しかし、予想外の多数の応募者の殺到に驚いて処理に不安を感じたのか、突然、松平上総介が辞任したので、鵜殿鳩翁が後任者となり、また、池田修理・堀宮内・中条金之助・土屋民部が浪士取締を命ぜられた。

五日夜、浪士一同は、伝通院の学寮大信院に集合して、鵜殿・中条から道中心得などを説明され、八日朝、七隊とその他諸役に編成されて行列を組み、中山道から上京の途についた。

出発に当たっては、山岡鉄太郎・石原宗順・池田徳太郎・河野音次郎らとともに、世話役になった清河八郎が一人で万端を指揮し、一行の中には惣髪・野郎坊主などの風体の者もいて老若入り交じり、無地木綿・割羽織・小袴・伊賀襠・野袴などの姿の者たちの中には、白木綿に筋金入りの鉢巻きを締めた者もいて、大小はいずれも長刀を帯び、その他に手槍や半弓、陣太刀を所持する者もいたといわれる。

（『東西紀聞』――『新選組日誌』）

武蔵調布町上石原の農家の三男に生まれ、長じて剣術を天然理心流の近藤周助に、漢学を溝口誠斎に学ぶうちに、剣の腕を見込まれて周助の養子となり、文久元年にその試衛館道場を継いだ近藤勇は、この時、同門の土方歳三・沖田総司らとともに一行の中に加わっていた。

この浪士組に加盟した早川文太郎の「尽忠報国勇士姓名録」によると、総勢は一組三十人単位の七組のほか、道中目付・道中世話役・道中取締手附の諸役に編成された。

その中で、近藤勇・山南敬輔・沖田総司・長倉新八・原田左之助・土方歳三・藤堂平助らと平山五郎・野口健次・平間重助らは六番組に、井上源三郎は三番組に加えられて、芹沢鴨は六番組の隊長、新見錦は三番組小頭とされ、芹沢は、十九日には取締役附を申し渡される。（『新選組日誌』）

一行の実質的総帥と見做される清河八郎は、前年までは攘夷を実行して事を構え、それを機に倒幕を実施しようと諸国を遊説していたから、寺田屋事件の背後には、彼の策動ありと見られていた。

その倒幕論者の彼が、幕府直属の浪士組を編成して上京するのは、幕府の手先となった変節であると見て、それまで協調していた同志たちは、彼に対する反感を次第に高めていった。

その批判を一掃するためか、清河は、上京を機として、胸中深くに期するものがあった。

十一日七ツ時（午後三～五時）頃、折から、松平慶永のもとへ山内豊信（前土佐藩主）から使者として派遣された土佐藩士乾退助《いぬいたいすけ》（板垣退助）が、慶永に謁見して伝えた。

「容堂（豊信）の命により参上いたしました。本日、勅使が一橋公の御宿所へ攘夷の件とやらで向かわれる由、容堂も参上いたしますので、一橋様より春嶽様にもお出で下さるようにとの口上でございます」

つづいて、一橋慶喜の使者も同様の趣旨を伝えた。慶永が、乾退助に供を命じて直ちに騎馬で東本願寺へ駈けつけると、山内豊信・松平容保と、沢勘七郎・杉浦正一郎の目付二人も参集した。

四ツ時（午後九～十一時）頃、国事御用掛権中納言三条実美が勅使として、国事御用掛姉小路公知・国事寄人滋野井実在・国事参政豊岡随資・修理権大夫壬生基修・国事御用書記沢宣嘉・国事御用掛野宮定功・国事参政橋本実麗・国事御用掛阿野公誠・国事寄人正親町公董ら約二十人を召し連れて物々しく参着し、迎え出て拝謁した慶喜と慶永に達した。

「幕府の今日までの攘夷の延期は勅意に反し、聖上はことのほか御心痛なので慶喜・慶永は至急協議し、江戸表の意見を求めなくても、攘夷期限を予定して言上せよ」

慶喜が奉答した。

「将軍は常々、勅旨を奉じていますので、攘夷を必ず奏効させましょうが、今日までの遅れには種々の事情がありましたもので、決して寛慢にする考えはありません。なお、今日の勅意はこの場で御受け出来難いので、暫く下がって相談の上御返事いたします」

退席した二人は別室で、豊信・容保・杉浦・沢・大目付岡部駿河守（長常）と協議したが、その間に勅使が帰還する気配はなかった。

慶永は、協議の中で提言した。

「今は攘夷の時期ではなく、たとえ実施しても負けるばかりか、幕府は倒れます。昔、保元・平治の乱は我が国だけのことでしたが、攘夷は海外を相手にするため、玉座も崩壊しかねず、そのため朝廷にかれても、幕府の盛衰だけで終わると考えられるのは大きな誤りです。出来ぬ攘夷と知りながら、後見・総裁職で実施を引き受け、その場だけを飾って御返答申し上げては、後見・総裁の職責も立ち難いので、断然、攘夷は不可能と言上してはいかがですか。もし慶喜公や容堂・肥後（容保）殿が御同意なければ私一人で申し上げ、勅使が彼此申されたら、その場で割腹して国家に尽くすより外に道はないと存じます」

慶永の憂国の至情溢れる言葉を聞いて慶喜らは、あるいは驚き、あるいは泣き、あるいは苦悶の中にも笑い談じて、容易に結論は得られなかったが、やがて豊信が申し出た。

「私は後見でも総裁職でもありませんが、幸い三条公は親戚に当たりますから、御返答の時は私も同席し、お側からお口添えいたします」

三条実美の母は、第十代高知藩主山内豊策《とよかず》の女紀子で、豊策の五男豊著《とよあきら》の子が豊信だから、実美と豊信は従兄弟の間柄になる。

慶喜らは、豊信の申し出を了承した。

豊信が実美に謁見して、早急な攘夷の決定は不可能であるとその理由を説明すると、実美は述懐した。

「私の立場も御推察されたい」

実美らは、脱藩して上京した萩藩医久坂義助（玄瑞《げんずい》）ら尊皇攘夷派志士の強硬論に左右されていたから、なすすべもなく戻ると、彼らから責め立てられる恐れがあるため、悉くに強硬な攘夷実施を要求したのである。

豊信は戻って慶喜らに伝えた。

「三条公も幕府の申し分を充分に了解されていますが、浪士らの脅迫によって余儀なくこの次第に至ったものですから、何とか善処してはいかがですか」

慶喜・慶永・容保・豊信ら四人はなお協議を重ねた結果、慶喜が結論を出した。

「今日のところは後見・総裁職の両人で重大な事件をお引き受けいたしかねるので、将軍の上洛を待って決定するとの趣旨を御返答申し上げたらよかろう」

この提言は賛成され、四人は勅使の前に伺候し、慶喜から言上した。

「攘夷の日限は私どもから御返事申し上げかねますので御猶予賜りたいのですが、それはお許しがなかろうと考えますので、将軍に早飛脚で伝えてもよいと存じますが、将軍も上洛の途についたかもしれません。たとえ将軍が攘夷の事を決定しても、その旨は三家始め諸大名へも申し聞かせなければならず、それぞれ兵備も必要なため、十日や二十日で攘夷の早急な実施はできません。攘夷の期限は将軍上洛の際、諸大名もすべて上洛いたしますので、その上で決定いたしたいと存じます」

豊信も、実美に対してつぶさに事情を説くと、実美はなお下問した。

「将軍上洛の上は、御両人で請け合われるか」

慶喜・慶永・豊信らが請け合った。

「尽力いたします」

その結果、攘夷期限は、将軍上洛後二十日を限って決定された。

「それではその趣をこれから参内して奏聞いたそう」

実美ら勅使一行が退去したのは、夜明け近くであった。

慶喜らが、握り飯と酒肴の朝食をとったのは五時頃である。

しかし、攘夷期限はその後なお一転し、五月十日と定められる。

将軍家茂が、上洛の途についたのは十三日である。

二十日、萩藩主毛利慶親の世子毛利長門守（定広）は、加茂八幡への行幸と親征の儀を献言した。

天子は、嘉永以来たびたび伊勢・加茂・石清水に攘夷安民の御祈願をされているので、このたびの行幸も、格別非常の御取り計らいとして御参詣され、御親征の思召しを以て速やかに取り進められたいというのが、その趣旨であった。

二十三日、三条大橋のそばに、足利三代の将軍であった尊氏・義詮・義満の木像の首が梟《さら》された。これは、前夜、洛西の等持院から木像が盗まれた結果の出来事である。

現場には、名分を正すべき時勢に当たって、鎌倉以来の逆臣一味の巨魁として、先ず天誅を加える旨の高札が掲げられてあった。

手を下したのは、伊予松山藩の尊皇攘夷派の神職三輪田綱一郎(元綱)ら十九人で、この行為には、徳川幕府討滅の必要を世に訴える意図が含められていた。

浪士組が入京したのは、この日である。
一同は、直ちに洛外壬生村の地蔵寺・更祥寺・新徳寺・更雀寺・村会所ほか付近の民家に分宿した。
清河八郎とその一派の石坂周造・池田徳太郎らは、新徳寺の寺宿田辺吉郎方に、鵜殿鳩翁・山岡鉄太郎ら幕府役人は、壬生寺はす向かいの新徳寺の隣の前川荘司方へ旅装を解いた。
子母澤寛の『新選組遺聞』によると、郷士の八木源之丞方には、近藤勇の試衛館道場の一門と、芹沢鴨の水戸出身の一派が、次の顔触れで草鞋を脱いだ。
近藤勇　御府内浪士　天然理心流
土方歳三　近藤勇門人
原田左之助　伊予松山脱藩　宝蔵院流

藤堂平助　御府内浪士　津藩主藤堂和泉守（高猷）落胤
山南敬助　仙台脱藩　千葉周作の玄武館で北辰一刀流免許皆伝
沖田総司　御府内浪士
井上源三郎　御府内浪士
永倉新八　松前脱藩　神道無念流
芹沢鴨　水府浪士　神道無念流
野口健司　水府脱藩
新見錦　水府脱藩　神道無念流
平山五郎　水府脱藩
平間重助　水府脱藩

この二十三日夜、清河八郎は、浪士組の主立った者たちを新徳寺へ集めて達した。

「われわれが上京したのは、近く上洛する将軍の警護のためと考えられているかもしれないが、目的は攘夷の尖兵となることにあるので、この趣旨を御所へ献言する」

清河は、一同を睥睨《へいげい》して、その趣旨を縷々と熱弁を奮って説明し、締め括った。

「不賛成の者はいまい」

俣野時中の『史談会速記録』四一輯によると、二十四日、清河から学習院へ呈上された建白書は漢文混じりだが、おおむね次のように読み下される。

謹んで言上奉ります。今般私共が上京仕りましたのは、大樹公が御上洛の上皇命を尊戴し夷狄を攘斥するという大義を御確断遊ばされる御事について、草莽中のこれまで国事に周旋していた者は申すに及ばず、尽忠報国の者があれば既往の忌憚に拘らず広く天下に御募り、その材力を御任用して尊攘之道を主張遊ばせられる御意で、私共始めを御召しになってその周旋をするようにとの義ですので、夷変以来累年国事に身命を抛った者共の旨意も全く征夷大将軍が御職掌を御主張されて、尊攘之道を達すべしとの赤心《せきしん》ですので、右のように言論を洞開し人材を御任撰遊ばされれば赤心報国の志は、従って是非徹底するであろうと存じて、御召しに応じて罷り出ました。然る上は大将軍家に於いても断然攘夷の大命を御尊戴補佐し奉り朝廷は勿論のこと、万一因循《いんじゅん》姑息公武離隔の姿になりましたならば、私共は幾重にも回挽の周旋をいたしますが、なおその上にも御採用なければ是非に及ばず、銘々神明に愧《は》じぬ心得にございます。その節、寒微《かんび》の私共は誠に以て恐れ入り奉りますが、固より尽忠報国し身命を抛って勤王仕る志意ですので、何とぞ朝廷に於て御憫察下され、何方なりとも尊攘の赤心を遂げるよう御差し向け下されれば有難い仕合せに存じ奉ります。右に付き、幕府の御世話で上京仕りましたが、禄位等は受けず、只々尊攘の大義を期し奉りますので、万一皇命を妨げ、私意を企てる者があればたとえ有司の人でも、聊かも容赦なく譴責仕りたいのが一統の決心でございます。此の段威厳を顧みず言上仕りますので御聞き置き下され、微心徹底仕るよう天地に誓って懇願し奉ります。誠恐誠惶頓首謹白。

文久亥年二月二十四日

河野音次郎
宇都宮左右衛門
和田理一郎
森土鉞四郎
草野剛三
西　恭輔
外二百二十九名
（『新選組日誌』）

この建白書の申し分は、そのまま尊皇攘夷の道へ挺身しようとする一同の意気込みを示しているが、それとともに、幕府が攘夷に対して因循姑息な姿勢に終始しているため、公武間の連携が隔絶したならば、彼らはその周旋に尽力し、皇命に反する者は容赦なくこれを譴責して、倒幕をも辞せずとする示唆を含んでいた。

建白書は、河野音次郎ら六人の代表者によって、主に尊皇攘夷派の人士が出入りする学習院へ提出された。

学習院は、十八年前の弘化二年に、公家子弟の学問所として設けられたのだが、その二月から、草莽微賤の者も入って時事を献言できるとの朝旨が示されて、現実には、尊皇攘夷派公卿と在野の志士らとの交流、集会の場と化していた。

建白書を提出した河野ら六人は、国事書記御用掛の鴨脚《いちょう》和泉・松尾伯耆の二人から、手順を踏んで幕府を通して呈上せよと、受理を断られたが、河野らは、懸命に歎願した結果、国事参政の橋本実麗《さねあきら》・豊岡随資へ謁見を許されて、建白書は受理された。

二十六日、先に三条大橋で足利三代の木像の首を梟した当事者の三輪田綱一郎は、同志三人とともに、祇園新地の妓楼で逮捕され、やがて他の共謀者も捕縛されて、中には自決する者も出た。

二十八日、近藤勇は、六番組の小頭となった。

二十九日、浪士組の代表者が、国事掛から呼び出されて、次の要旨の勅諚を達せられた。

近年醜夷が猖獗《しょうけつ》して皇国を覬覦《きゆ》し、実に容易ならざる形勢に付き、万一国体を汚し神器を欠いては、列祖の心霊に対せられて、是全く当今の寡徳の故と宸襟《しんきん》を痛ませられるので、蛮夷拒絶の叡旨を奉じ、固有の忠勇を奮起し、速やかに掃除の効を建て、上は宸襟を安んじ下は万民を救い、黠虜《かつりょ》（悪しきえびす）は永く覬覦の念を絶ち、国体を汚さぬようとの叡慮にあらせられること

（『新撰組史録』）

つまり、これは、浪士組の建白への回答を意味し、内容には、浪士組の申し分を肯定してその活動を期待する意味も含まれていた。

この朝廷側の姿勢の背後には、国事参政橋本実麗に対して、清河八郎が、気脈を通ずる土佐藩士武市半平太や萩藩医久坂玄瑞と連携した裏面工作の成功があったとみられている。（原庚史氏『激録新選組』）

なお、『新撰組史録』では、同時に二十八日付で、時の関白近衛忠熙からも、つぎの大意の達しが出さ

れたとあるが、近衛忠熙は、この年の正月に関白を辞任しているから、達したのは、彼の後任となった鷹司輔熙と解される。

醜夷拒絶の期が一定したならば、闔国《こうこく》の人民が戮力《りくりょく》して忠誠を励むべきは勿論のことで、先達有志の者が誠心を以て報国尽忠し周旋致すべきことは、叡聞に達し、叡感斜めならず、これによってなおまた、言路を洞開され、草莽微賤の言と雖も、叡聞に達し、忠告至当の論と否を論ぜず、壅塞せざるようとの深重の思召しであるから、永く忠言を韜まず、学習院へ参上し、御用掛の人々に迄揚言を仰せ出されるので、心得て申し出るべきである。

つまり、関白もまた、浪士組の提言に共感して、なお意見を具申せよというものである。

これからみても、浪士組の言動は、朝廷側から肯定されたことになるから、幕府は、その神経を逆撫でにされ、飼い犬に手を噛まれる結果となった。

二十九日、この事態に対処するため、浪士組取締役山岡鉄太郎は、早急に各組隊長・目付・世話役に、新徳寺集合を指示する廻状を出した。

廻状の要旨は、「攘夷の儀が切迫に及んだので、存じ寄りを申し立てたい人々は新徳寺本堂へ集会されるよう……」というものであった。

集まった浪士組の主立った役付きの者たちの中に、当然、六番組小頭の近藤勇や、道中取締役付の芹沢鴨も加わっていたものとみられる。

その際、趣旨通りに、参集者が「存じ寄り」を述べたのであろうが、根岸友山の『御用留』によると、翌日学習院に提出された上書には、次の要旨が述べられていた。

私どもは、微賤ながら尽忠報国のために罷り出たので、このように外国御拒絶の期となった上は、関東で何時戦争が始まるかも計り難いので、速やかに東下し、攘夷の御固めに差し向け下さるべく……

つまり攘夷のために関東へ下るという意志決定で、京都へ上るという当初の目的とは、百八十度の転換を表明するものとなったが、彼らの二度の上書は疑問である。

そもそも、先に浪士組の取扱いを命ぜられた松平主税介に指示された浪士募集の目的は、「御政事向の追々御改革」のために「一方の御固めを仰せ付けられるべし」という点にあった。

そのため、この二度目の上書が事実であれば、「御固め」とは、攘夷実施のために上洛する将軍家茂を警護するためと認識して応募し、はるばる上京した浪士らは、関東でいつ戦争が始まるかもしれないので、速やかに東下を要するというのだから、彼らは、その目的の大きな矛盾に気付かされたことになり、そこに不満が生まれぬ筈がない。

言い換えれば、彼らの第一目的は、上京直後の清河八郎の巧妙な計略により、尊皇攘夷こそ重大事と強調されて、二十四日の学習院に対する建白書提出へと目標をすり替えられたことになる。だが、建白書の中では、攘夷のために東下を望むなどとは、一言も述べられていないから、この二十九日の集会後、東下を望むとの結論に達したことは、余りにも唐突であった。

取締役側は、集会の席上で、「存じ寄り」を申し述べよと指示したが、それには、当初から一同の意見を求める意図はなく、あらかじめ準備して前提とした「東下」の目標に、そのまま賛同させるところに主眼があったらしい。「東下」の目的は、江戸に浪士組の本拠をおいて討幕の挙に出ようとする清河派の意図を把握するところにあったらしく、集会の目的は、上書に及んだ一派の意志確認にあったものと判断される。当然、是々非々の論が交錯し、その中で、芹沢・近藤一派が、上京目的は将軍指揮下の京都警護にあり、学習院への建白書呈上は、将軍の命で上京した目的に反する自分勝手な行為なので、清河らと関東へ下っても同調できないと主張した。

この反対論に意外であった清河の同調者たちが反駁すると、芹沢・近藤らはすかさず応酬し、双方の極論が激突して、ついに一刀に賭けても、という間一髪の状態となったところ、道中取締手附の河野音次郎が執り成して事なきを得たと、俣野時中が『史談会速記録』四一輯で述べている。学習院への建白は、何よりも、当の清河が署名していないのだから、当初から胡散臭いものがあったといえよう。

三月三日、鵜殿・山岡に対して、関白鷹司政通から、つぎの朝命が達せられたと『新撰組史録』が記しているが、政通は、前年隠居しているので、朝命を達したのは鷹司輔熙と考えると、関白が浪人組に直接下命するのは疑問だから、これは朝命を受けた幕府当局からの通達と察せられる。それは『史談会速記録』四一輯によると、次のような内容であった。

浪人奉行
鵜殿　鳩翁
同取扱役

今般横浜港へ英吉利軍艦渡来、昨戌年八月武州生麦ニ於テ薩人斬夷之事件ヨリ三ケ条申立、何レモ難聞届筋ニ付其旨及応接候間、既ニ兵端ヲ開クヤモ難計、仍テ其方召連候浪人共、速ニ東下致シ粉骨砕身可励忠誠候也。

文久三年三月三日

山岡鉄太郎

（『新選組日誌』）

これに先立つ二月十九日に、英国代理公使ジョン・ニールが幕府へ申し入れたのは、生麦事件の下手人を逮捕して厳罰に処すこと、償金十万ポンド（三十万両）を支払うこと、島津家に被害者の遺族扶助料として一万ポンドを支払わせること、の三項目である。

それにしても、三日の東下命令は余りにも早く、二十九日に浪人組が集会してから僅か三日後のことであった。

しかもそれは、直接浪人取扱の当事者に達せられた。

この時点で、幕府自体の攘夷実施の姿勢は未定であったから、幕府がこれを命じ得る状態にはなかった。その状況下で直接東下の命が下ったのだから、その背後には、清河一派の策謀した朝廷側に対する働き掛けがあったものと察せられないでもない。

この命を受けて、当然清河は、我が意を得たりと、会心の笑みを洩らしたことであろうが、命令の対象とされたのは、浪士取扱鵜殿鳩翁と浪士取締役山岡鉄太郎であって、そこに清河八郎の存在はないから、当局が清河を無視していたことは、充分に有りえることである。

この命令の目的は、十九日の英国側の申入れに対する交渉が決裂して戦端が開かれた場合に、浪人組を東下させてこれに応戦させようとする点にあったと考えられる。

しかし、当局が、幕府組織の末端に生まれたばかりの軽輩の浪人組に、直接指令することは不審で、まことに奇っ怪な措置と解せざるを得ない。

けれども、清河派の言動に手を焼く幕府側としては、動機や理由はともあれ、彼らが自ら関東における攘夷を意図して東下を望むことは、その実質的な離京を意味するから、願ってもない好機がここに到来したことになる。

言い換えれば、山岡らが二十九日に、「存じ寄り」を申立てさせるために集会を開いた結果、東下希望者に殆ど清河派が集まったため、事態は幕府の意図する彼らの実質的追放が可能となったことを意味する。

となるとこの集会は、山岡らの着想から生まれたものではなく、その背後に別の力が存在していた可能性が濃い。

結局、清河は、浪士募集を口実に関東における攘夷実施を意図し、その統率者としての地位を獲得するところに狙いがあったもので、その献策に幕府は巧みに乗ぜられたことになるが、幕府はその報復を果したものともいえる。

元来、浪士組の結成は、洛中の横行浪士の取締りにその目的があった筈だから、幕府として、折角京都へ集めた浪士組を東下させることは初期の目的に反する。したがって清河の洛中における活動を封殺し、その一派を覆滅するためには、彼を浪士組の指導者にまつりあげて、視界の範囲内で常時監視しながら対処することが最も効果的であった。

清河の東下は、まさにその好機を彼自身が提供したことになり、一見、遠回しにも見える幕府の政策は、やがて彼の暗殺を果たして効果を上げ、京都に残留を望んだ芹沢・近藤らの一派十三人は、その後新撰組へと転身する道を踏み出して、彼らは、幕府の当初目標とした洛中における治安対策に威力を示すまでに成長を遂げる。

二月十三日に江戸を発った将軍徳川家茂は、三月四日に上洛した。

五日、将軍後見職一橋慶喜は、将軍名代として参内し、庶政の幕府への委任を奏請して勅許された。

この頃、浪士組では、東下組と残留組とが反目して仇敵関係となり、芹沢・近藤一派は、清河とその一派（村上俊五郎・石坂周造・木村久之丞・斎藤熊三郎・白井庄兵衛）を梟首しようとしてその機会を狙っていたが、その企図はついに果たされなかった。

七日、将軍家茂は、在京諸大名を従えて参内し、関白から次の趣意の勅旨を達せられた。

征夷将軍の儀をこれまで通り御委任遊ばされる上は、弥以《いよいよ》て叡慮を遵奉し、君臣の名分を相正し、闔《こう》国《こく》一致して、攘夷の成功を奏し、人心帰服の所置をするよう。国事の儀に付いては、事柄に寄り、直ちに諸藩へ御沙汰されるので、兼ねて御沙汰成し置かれること。

十日、残留組が京都守護職松平容保へ歎願した趣旨は、近藤勇の郷党への書簡『志大略相認書』から大要次のように把握できる。

これまでも密々御城外を夜廻りし、寸志の御警衛を申し上げた愚意をお酌み取り下され、御下向されるまで銘々の退去延引の程を御許容なりましたならば有難き仕合せでございます。

すなわち、これまでもひそかに城外の夜警をしているので、その意中を酌まれて、将軍の下向まで各自の退去の延期を許されれば有難いというものであるが、なおそれには、芹沢・近藤・新見・平山・山南・沖田・野口・土方・原田・平間・藤堂・井上・永倉ら十三人のほか粕谷新五郎・斎藤一・佐伯又三郎・阿比留鋭三郎の名があるから、粕谷ら四人は、二十九日の集会後に加盟したようである。（『同前』）

十日、京都守護職松平肥後守（容保・会津藩主）は、二条城の御用部屋で老中板倉周防守（勝静・備中松山藩主）からつぎの指示を達せられた。

……当所ニ罷在候浪士共之内尽忠報国有志之輩有之趣ニ相聞、右等之者ハ一方之御固モ可被仰付候間其方一手エ引纏差配可被致候事……

（『新選組遺聞』）

文意は、浪士らに一方の固めを命ずるので容保の一手に纏めて支配せよということである。

残留組の在京歎願は、幕閣へ伝えられたようで、彼らの市中警備を認識していたらしい板倉は、願意を採択して、それが容保への指示となったようである。

なおこの頃、浪士取扱の鵜殿鳩翁は、浪士の中の殿内義雄・家里次郎の二人に対して、次の旨を達している。

有志之者相募候ハヽ、京都江戸之内江罷出候義ハ其者之心次第可致候。京都ニ罷在度旨申聞候者ハ会津家々中江引渡、同家差配ニ可随旨可被談候。（『会津藩庁記録』―『新選組日誌』）

浪士らが京都や江戸に住むのはその心次第で自由とし、京都居留希望者は会津家中へ引渡し、同家差配に従うべき旨を伝えよとの意であるが、これは、前述の老中の意志であり、それを達せられた松平容保の意向を示すものである。

十一日、攘夷祈願のための加茂社行幸が執り行われた。関白以下の公卿・殿上人、将軍以下の後見・総裁両職、在京の諸大名すべてが車駕に供奉し、関白・大臣は輿、その他は騎馬で、折柄の雨をそれぞれ緋傘で避けて進む行列の壮観は、古画を見るようであったという。（山川浩『京都守護職始末』）

長州側の献言によって進められたこの行幸には、天皇の攘夷祈願を名目として、世上に倒幕意識を高めるための意図も秘められていた。

この日幕府は、講武所師範役高橋謙三郎（泥舟《でいしゅう》）を浪士取扱に補任し、また、剣術教授方の佐々木唯三郎・速見又四郎・高久安二郎・依田哲次郎・永井寅之助・広瀬六兵衛らも出役として、東下する浪士たちに同行させることにした。

歎願書を提出した近藤ら十七人は、なお不安であった。

彼らは、諸国から上京してきた浪人の頻繁な往来を天下の危機と憂慮し、これらの者を斬戮して微意を示すべく、なおも願い出ようとする姿勢にあった。

もし、願意が聞き届けられなければ、京の地で再び浪々の身となり、勤皇攘夷の精神に徹して命を捨てようと覚悟していたところ、十二日夜九ツ時（午後十一時〜午前一時）に至り、ようやく願いの趣意が聞き入れられて会津藩預かりが決まったと、『志大略相認書』は記している。（『新選組日誌』）

江戸へ帰る浪士たちは、十三日に京都を発った。彼らは二十八日に江戸に着くが、やがて、攘夷資金を強要しているなどの噂が、江戸の巷に拡がる。

十四日、島津久光が上洛した。

久光は、国事御用掛近衛忠房に伺候し、中川宮（一月に青蓮院宮から還俗）・関白鷹司輔熙・将軍後見職一橋慶喜に所見を述べて、攘夷を軽率に決定しないこと、政情の変動下に辞官謹慎中の中川宮・前関白近衛忠熙・前権大納言正親町三条実愛や、朝譴によって蟄居中の前国事御用掛大原重徳らの復官、天下の大勢の将軍への委任、後見職による長州の毛利父子の所存聴取、異説を信用する公卿らの排除、暴論を唱える浪士に対する幕府の処置等について、その是非を討論した。

この頃、世上では「島津が主張する公武合体論は因循姑息で、攘夷を時期尚早とするのは、外国と意を通じようとするものである」と久光を批判し、また、「会津藩は、長州人の進出を阻んで、公卿間に迎合しようとしている」との噂が浮かび上がった。

それは、会津・薩摩両藩に対する批判で、会奸薩賊の名を冠するほどの憎悪感が込められ、両藩の動向を否定する姿勢の存在を物語っていた。

芹沢・近藤らの歎願の結果、京都残留を認められた者は、八木源之丞方に止宿中の一同十三人のほかに、『新選組遺聞』は、西村兼文の記述として、田中伊織・新田革左衛門・葛山武八郎・松原忠治・安藤早太郎・河合義三郎・酒井兵庫・奥沢栄助・佐伯又三郎・川島勝次の九人が加わったとしているが、これを数えると十人だから、合計は二十三人となる。

十五日、芹沢・近藤らの残留者は、御礼言上として、会津藩公用方へ赴いた。

応接に当たった会津藩京都公用所の田中土佐・松平（横山らしい）主税の藩庁への報告書には、おおむね次の説明がある。

江戸から百弐三拾人登ってきた浪士共の内、横浜へ英船が渡来したので、ここへ廿四人が残り、その余は江戸へ立ち戻り、右の残りの者共当十五日御次（次の間）へ罷り出て公用方にて面会に及びました所、……

また、田中土佐・横山主税が、二十五日に本国の萱野権兵衛らの重臣に宛てた書簡には、「江戸浪士之内爰元へ相残候人別」として次の氏名の記載がある。

芹沢鴨、新見錦、近藤勇、根岸友山、山南啓助、佐伯又三郎、土方歳蔵、沖田宗司、井上源三郎、平山五郎、野口健次、平間重助、永倉新八、斎藤一、原田左之助、藤堂平助、家里次郎、遠藤丈庵、殿内義雄〆弐拾人、外ニ粕屋新五郎、上城順之助、鈴木長蔵、阿比類栄三郎右四人之者ハ病気ニ而不参之由、以上

（『新選組遺聞』）

この中で、「〆弐拾人」とあるが、数えてみると十九人で、病気のための不参者四人を加えると残留希

望者は、前述の人数と同じく二十三人となる。

子母澤寛は、「この報告こそ一番正しかるべき筈であるけれども、姓名の書き方に誤りが目立ち、のち公式に新選組編成後の、幹部就任の顔ぶれから見て、これまた多くの疑を持たざるを得ない。」と述べている。

なお、この記録では、先に述べた子母澤の把握した二十三人のうち、田中伊織・新田革左衛門・葛山武八郎・松原忠治・安藤早太郎・河合義三郎・酒井兵庫・奥沢栄助・川島勝次の九名の名がなく、根岸友山・斎藤一・家里次郎・遠藤丈庵・殿内義雄・粕屋新五郎・上城順之助・鈴木長蔵・阿比類栄三郎の九人が加えられている。

これに脱落していた清水五一（『新選組日誌』）を加えると、ちょうど二十四人となるが、東下か残留かと、その身の振り方に迷う浪士らの心中には、少なからぬ葛藤があったものと察せられる。

前述のように、残留者一同が、会津藩公用方を訪ねた時、松平容保は留守であったが、応接した田中土佐と横山主税は、次のように対応したことを報告している。

「このたび私ども（残留者ら）が御差配に随うように仰せ付けられましたことにつきましては、この末御厄介になる御礼、御頼みかたがた参上しましたと申したので、相応の返答をしようとすると、（容保公は）折柄御登城で御留守につき、拙者どもが応接した所、尽忠報国のため身命を抛って御奉公つかまつりたい赤心ですので、何分の御差図を下されたい旨を申したので、主人もお逢いすべき所、留守のためそれは出来ませんので、追ってその旨を報告致しますが、時刻になりましたので、賄いを申しつけたいなどと、取り繕って伝えて退座した所、初めて罷り出て御丁寧に御取扱い下され、御酒食を下されることには、厚く御礼申し上げますと申して、退りました」

このように会津藩へ挨拶した京都残留組は、やがて新撰組となるが、その時に中心となるのが、当初、洛外壬生村の八木源之丞方に止宿した芹沢・近藤らの十三人である。

彼らが、清河の主張する江戸への引き揚げに反対したのは、将軍家茂が在京中のため、あくまでもその警護に尽力すべきであるとの考えからであった。

また、近藤が京都残留を決めたのは、取締出役の佐々木唯（只）三郎から、「京都守護職の松平容保公に属して御所を守って欲しい」と懇請されたためでもあった。

佐々木唯三郎（泰昌・高城）は幕臣であるが会津藩出身で、直心影流の榊原鍵吉の門下となり、免許皆伝の腕を持つ講武所の剣術指南であった。

旗本佐々木先太夫の養子で、実兄の手代木直衛門（勝任）が会津藩の若年寄であったから、彼は、複雑な政情下にある会津藩への協力を求めるために、近藤へ接触していたのである。

浪士らの中では、攘夷の沙汰書を受けながら江戸へ引き揚げないのは不当だから、切腹させよととなえる者もいたが、「関東で攘夷を実施するのも、京都で王城を守るのも勤王には変わらぬから、腹を切るには及ぶまい」との説に落ち着いたといわれる。

十六日、八木家の門の右の柱に幅一尺、長さ三尺ほどの新しい檜の厚板へ、次の二行の文字が書かれて掲げられたという当主源之丞の倅の為三郎談が『新選組遺聞』に記されている。

松平肥後守御預
新　選　組　宿

なお為三郎は、「新選組のセンの字は確かに『選』で、この名札は、ずっと大正になるまで残っていたのですから間違いはありません。」と語っているが、隊士島田魁の日記は、次のように記している。

同八月十八日長州人引揚ノ節、当組南門前ヲ守ル。其節転奏ヨリ新選組ノ隊名ヲ下サル。

（『続・新選組隊士列伝』）

転奏とは、朝廷で奏事を伝達奏聞する役職の伝奏を指すものと解される。

「長州人引揚ノ節」とは、この五ヵ月後の政変で、勅勘を蒙って追放された三条実美ら七卿の都落ちに随伴して、長州藩兵が国許へ退去したことを指すが、この時、壬生浪人と称して五十二人に達していた芹沢・近藤の一派は、会津藩配下として政変に参加した功で、朝廷から「新選組」と命名されたもので、島田の説によると、その五ヵ月前に「新選組」の名札を掲げたとの八木談は疑問となる。

したがって、残留組は、三月時点では何の名称もなく、『騒擾日記』によると「京都壬生村に住居致候故、壬生浪人と号し居候者共」とあるから、彼らは「壬生浪人」を自称していたのである。（『新選組日誌』）

なお、近藤勇が、のちの池田屋斬込事件を故郷へ報じた書簡中に、「新撰組」と書いているのは、朝廷から命名の際の「撰」を使用していたためと解され、島田魁は「撰」を「選」と誤記したとも考えられるので、本稿では近藤に倣って「撰」を用いる。

この頃、江戸府内では、攘夷が実施されたならば、「品川、高輪などの海岸が焼き払われる」「老幼婦女子はその国許か山の中へ移される」「諸藩邸は兵営にされるらしい」などの風聞が生まれた。

噂は京都へも伝わり、在京する将軍の侍臣たちの間では政情の厳しさを認識する者が少なく、自己本位の考えから、江戸への帰還を望む声が日毎に高まった。

将軍も、江戸帰府に心を傾けるようになったので、十七日、一橋慶喜は鷹司関白のもとに伺候して、将軍の東下帰府を奏請した。

これを聞いた松平容保は驚いて登城し、慶喜や老中に対し、将軍帰府は叡慮に反し、人心が離反して容易ならぬ事態を招くものと訴えて、その中止方を進言したが結論が得られぬため、前尾張藩主徳川慶《よし》勝《かつ》と協調して、関白や伝奏・議奏間を奔走し、将軍に滞京を命ずる勅旨の下賜を奏請した。

これらの経過に先立つ十日、徳川慶勝は、松平容保からも要請されて、攘夷決定に対する善後策を朝廷に奏請していたから、朝廷はこの十七日、それを受容し、一橋慶喜と老中板倉周防守を召して、次の趣意の勅旨を伝えた。

大樹（将軍）帰府の儀を再度願われたが、帰府してはいかなる変事の出来もはかりがたく、そうなっては実に以て一大事のため宸襟を悩まされているので、天下、かつは徳川氏のためをもふかく思召されることは、今しばらく滞京して攘夷の基本が立ち、叡旨を御貫徹し、人心が安堵するまで、宸襟を安んじ奉るように周旋あるようとの御沙汰である。

別紙

英夷の渡来による関東の事情切迫について、防禦のため大樹が帰府する儀は、尤もの訳柄ではあるが、京都や近海の守備警衛の策略は、大樹自ら指揮すべきである。かつ、攘夷の折から、君臣一和しなければならぬところ、大樹が帰府して東西に離れては、君臣の情意が通ぜず、自然間隔の姿になり、天下の形勢は救うべからざる場に至るので、当節大樹帰府の儀は、叡慮が安んぜられぬため、滞京して、至術の計略を厚く運ばせられ、宸襟を安んじ奉るようとの思召しである。英夷応接の儀は浪花港へ廻し、拒絶の談判をすべきで、兵端を開く時は、大樹自ら出張して前軍を指揮してこそ皇国の気を挽回する機会があろうと思召されるので、関東防禦の儀は然るべき人を選んで申し付けられるべきであるとの御沙汰である。

しかし、幕府は結論を出さないため、松平容保はこの日、幕府に対し、将軍はなお在京して、外交問題が切迫した時は、後見職一橋慶喜か政事総裁職松平慶永が出動して外敵を排除すべきであると上書建言した。

それにもかかわらず、慶喜や慶永は当初から和親を望んでいたから、攘夷の表面に立つ姿勢を見せなかった。

とくに慶永は、攘夷は到底不可能で、今日まで無為に過ごしてきたのは、機を見てその議を覆そうと願っていたためだが、この勅命が下った以上はなすすべがなく、不可能と知りながら勅命をお受けするのは上を欺くことになるから、むしろ責めをこうむっても上を欺くにはしのびないとの、消極的な考えにあった。

慶永は、諸般の情勢から、その任に堪えずと、病と称して引き籠もり、九日に辞表を提出したが認められぬため、二十一日に無断帰国するが、その後免職となり、謹慎を命ぜられた。

将軍滞京

対英問題が切迫し、尊皇攘夷論が急激に高まる情勢の中で、島津久光は、京都へ伴ってきた従者たちに、その意中を伝えていた。

「英国側の申し入れで、幕府はその対策に苦慮し、皇国の大難となっているが、原因は当家にあるため、他藩に先んじて粉骨砕身し、天下国家のため、外敵に当たるよう心得よ」

久光は、内外情勢の緊迫の中で、持論とする公武合体策が、尊皇攘夷一途の激論者から因循説として批判され、これに対する藩論の反発もあって、紛争発生も予想されたため、何よりも国許の防衛を第一と考えて急遽、十八日に帰国の途につき、四月十一日に鹿児島へ帰着する。

久光の帰国は、在京の尊皇攘夷派激論家の活動をほしいままにさせる結果を招き、そのため、洛中は尊皇攘夷一色に彩られる様相が濃くなった。

三月二十二日、将軍家茂は、一橋慶喜・松平容保・老中以下を従えて参内し、常御殿で天皇に拝謁して、鷹司関白ただ一人が控える玉座の前で、次の勅旨を下された。

万事を委任したうえは、なお滞京して、諸侯を指揮するように。諸藩にも、将軍に委任したから、その指揮を受くべきを命ずべし。公武の一和は、億兆の安堵の基であるから、朕は特に意をこれに注ぐ。

家茂が優渥《ゆうあく》な聖旨と感動して拝受し、関白に拝謝して、東下帰府の意志がないことを奏上すると、関白はなお達した。

「叡慮が万事を御委任される以上は、英国の賠償要求などの件も含まれているから、関東に伝えて、無謀な戦いは避けるように計らうべきである」

家茂は、関白に伺いを立てた。

「先日御下賜の勅旨には、英艦と浪花港で兵端を開けば、私自ら指揮せよとのことでしたが、只今親しく賜った勅旨と異なるのは、先日の勅旨を改められたためですか」

家茂が指摘したのは、下賜された勅旨が、十七日に一橋慶喜を通して達せられた勅旨で開戦を示唆された内容と、相違するためであった。

これに関白が答えようとした時、天皇自らが答えた。

「浪花は帝都の要港であるから、万が一にもその地で開戦することのないようにせよ。先のような勅旨は朕のいささかも知らぬことである。今親しく汝に命ずることだけを、速やかに奉行せよ」

天皇の直言は明白であった。

この結果、伝奏衆から伝えられる勅旨には、真勅でないものの存在が判然とした。

言わば偽勅であるが、この頃の勅命と称するものが、少なからず内容に矛盾を持っていることは、朝廷内の特別な一派によるこのような偽勅工作に基づくためであった。

同様の事態は、なお引きつづいてその後の政情の推移の中でも少なからず出現し、朝廷内部の陰湿な行為は、歴史の変動に大きな影響を及ぼして行くのである。

この日は一橋慶喜・松平容保・板倉勝静も、小御所で関白から優渥な勅諚を賜った。

家茂は、叡慮に感泣して東帰を断念したが、従臣の中には、なお望郷の念を断ち切れずに、将軍の滞京を不満とする者が絶えなかった。

松平容保は、その者たちに説いた。

「将軍家御上洛以来、行幸に一度随従したほかに何の用もなく、今日も優渥な勅旨に接しながら、何ら報いることなしに東帰したならば、公武間は疎遠となり、天怒に触れよう。よろしく滞京して聖旨に報いなければならぬ」

しかし、大方の者は、容保の目に触れぬ所で、東帰の話題に熱中した。

老中の間では、山形藩主の水野和泉守（忠精《ただきよ》）以下が東帰中止に反対し、賛成者は板倉周防守ただ一人であった。

折から、鷹司関白は、徳川慶勝を招いてその意中を伝えた。

「将軍の滞京を望まれる聖旨が下された以上、東帰された場合に不測の事態の発生は避けられぬ。卿は、天下と徳川家のため、将軍に滞京を勧めて攘夷の基を立てさせ、叡慮を貫徹させて、人民を安堵させるように」

慶勝は、その一言に感じて、松平容保とともに二条城へ登城し、熱心に将軍滞京の必要性を説いたので、多くの有司はようやくその説に服した。(『京都守護職始末』)

しかし、一方で幕府当局は、二十三日に将軍が東帰する旨を布告したので、松平容保は、折角軌道に乗っている公武合体策を崩壊させ、尊皇攘夷派から違勅行為と指摘される恐れがあるとして、その措置に反対した。

会津藩の横山主税・田中土佐、水戸藩家老大場一心斎、尾張藩付家老で犬山城主の成瀬隼人正(正肥《まさみつ》)らも、一橋慶喜や老中たちに意見を述べたが認められなかった。

会津藩士の中では、将軍東帰を諫止するために、百人ほどの決死の覚悟の者たちが、二条城へ馳せ参じたという。

壬生の浪士たちも、この動きに足並みを揃えて、芹沢・近藤の連名で二十二日夜、老中板倉周防守を宿所に訪ねて提出した建白書は漢文体だが、次のように読み下される。

叡慮により大樹公御上洛の上、攘夷の策略の御英断これ有り候事と一統は大いに悦び奉り候処、明二十三日大樹公御東上の由承り、驚き入り奉り候。大樹公は攘夷の為暫く洛陽(京都)に御滞留遊ばさるべき旨御沙汰につき、天下人心安穏に相成り候処、計らずも、明二十三日御下向の趣承り、天下の安危此の時に懸って、止むを得ず、毛塵の身は顧みず、愚案申し上ぐべく候。若し御下向遊ばされ候ては天下囂然《ごうぜん》の時節、虚に乗じ万一謀計を為す候者も計り難く候。何卒今暫く御滞留遊ばされ候儀然るべしと恐れ乍ら存じ奉り候。去り乍ら取捨は君公の思召次第、士芥の身は及ばざる事に候得ども、尽

忠報国、高下も御座無く候に付、此の段憚り乍ら申し上げ奉り候。以上

芹沢　鴨

近藤　勇

この経過は、会津藩の二十五日付けの「密事往復留」の一文から次のように読み下される。

——又御家に御取始末成られ候幕府の浪士二十四人一同板倉様へ罷り出で、御留の儀直訴に及び候由、追って御家へ罷り出で、右体の暴業に及び候儀は恐れ入り候次第、最初御家へも伺いの上、罷り越すべき筈に候え共、如何にも事情切迫の場合、手越し処置に及び候段をも深く恐縮致し、申訳旁罷り越し候由——（『新撰組史録』）

彼らは、事前に会津藩へ出向くべきところ、事情切迫のため非常の措置に出たもので、暴挙に及んだのは恐れ入る次第と、会津藩に詫びを入れる結果となった。

将軍上洛の先駆けとして結集した彼らにとって、将軍の東帰はその目標を失うことにもなるため、この行動は、彼らにとってやむにやまれぬものであった。

右の一文で建白書提出に出向いたのは二十四人とあるが、『志大略相認書』によると、次の十八人である。

芹沢鴨・近藤勇・新見錦・根岸友山・平山五良・山南敬助・沖田総司・野口健司・永倉新八・土方歳三・井上源三郎・藤堂平助・佐伯又三良・斎藤一・平間十輔・遠藤丈庵・清水五一・原田佐之助

提出の際、議論が交わされたが・真夜中八ツ時（午前一時〜三時）に将軍の滞京が決定したので、彼ら

は引き揚げたという。（『新選組日誌』）

なお、十日に松平容保へ歎願書を提出した十七人の京都残留希望者から、粕谷新五郎と阿比類栄三郎が抜け、新たに根岸友山・遠藤丈庵・清水五一が加わって十八人となったのは、十日から二十二日までに、何らかの理由で人数の増減があったことを示している。

このような動きから、尊皇攘夷派にも不穏な姿勢が察せられ、松平慶永の帰国などもあったため、幕府は、在京中の水戸藩主徳川慶篤《よしあつ》に、将軍家茂の名代として江戸出向を命じ、慶篤は二十五日に出発した。

その背後には、幕府が生麦事件の賠償問題に対して、英国側から交渉を強く迫られている事情が大きく影響していた。

三月二十五日の夜、四条橋の上で斬殺された者がいたと、会津藩士小野権之丞の弟本多四郎の『世話集聞記』にあり、被害者は、「頭上を切わられ、袈裟ニ切られ」、腰の大小には柄袋が掛けられていて、二人の者に闇討ちにされたとの説もあるが事情は不明とし、なお、「壬生浪士之内ニ殿内義雄と申者之由ニて、兼而浪士仲ケ間ニても如何之儀共之有、にらまれ居候由ニて、右殺候者ハ仲ケ間之内ニて殺候と申説なり」と記されていて、加害者は、同士の壬生浪士であったらしい。

殿内は、先に鵜殿鳩翁からの指示で家里次郎とともに東下希望者の募集に尽力したから、襲われたのは、東下に絡む事情があったためか、彼が単なる離脱者でそれを知られて誅されたのか、それらの理由は不明であるが、彼は、浪士組内部から出た最初の犠牲者であった。
さらに、永倉新八の『同士連名記』では「水府浪士脱走糟谷俊五郎」とあって粕屋新五郎の脱走が分かり、根岸友山も一党から脱して東下し、のちに新徴組へ加わったとされているから、この頃は少なからぬ離脱者があったようである。(『同前』)

四月二日、先の将軍の上洛に従ってきた八王子同心の一人井上松五郎は所用で大坂へ赴き、八軒屋で乗船して帰京する時、「芹沢、近藤、渡辺(野口健司の誤りらしい)、新見、土方、沖田、右七人」に会ったと日記に書いていて、これには永倉の名が抜けているらしいが、芹沢らの目的は金策にあった。
岡山藩士本城新兵衛の『風窓紀聞』には、大坂の平野屋五兵衛宅へ主人の留守中に訪れた二、三名の浪人が金子借用を申し出たので、店の者が主人帰宅の上で返答する旨を答えると、彼らは一旦去ったのち、二、三度現れて、ついに六、七人となって、主人の帰宅を待つと言うため、内々に奉行所の意向を求めたところ、乱妨しなければ平穏に示談せよと指示されたので、番頭たちは、次の証文と引き換えに、一金百両也を用立てたと、記されている。

尽忠報国為兵募、拙子共国事周施(旋)仕雑費等ニ而借用致候。済方之義は、攘夷一方之御警衛相立候上は返金可申者也。

野口健司
文久三年亥四月　　永倉新八

仲田惣司
土方歳之

京都壬生役
浪士
新見　錦
近藤　勇
芹沢　鴨

大坂
平野屋
五兵衛殿

別に左之通添書有之。
口上覚
尽忠報国と表を鎊、天下浪人を申偽、向後金子無心申入候者於有之は、拙者共之旅宿へ一応談判可及様挨拶可致、然ル上は同者之内罷出、急度埒明可申者也。

亥四月

大坂
平野屋五兵衛殿

右半切ニ認メ有之。

八木源之丞宅へ旅宿有之。

やがて二十一日、摂海防備状況巡検に出発する将軍の警備に随従する浪士らは、一様の服装に身を整えるから、この日の借金は、その費用に充てるためだったのであろうか。なお、この証文などに記された姓名の序列から見ると、芹沢以下の位置が分かるが、何故か、山南敬助が加わっていないことは不審である。

しかし、この序列は、やがて定められる局長制の前提となるものであったようである。

六日、先に会津藩から京都残留を認められた二十四人中の一人の阿比類栄三郎は、病死した。(『同前』)

攘夷切迫

四月十一日、石清水八幡宮への行幸が執り行われた。

行幸には、将軍家茂が供奉する予定であったが、家茂は病の故と称してそれを辞退したため、将軍名代として、一橋慶喜が供奉した。

行幸は、天皇の乗った板輿が朝から発って、夜に到着するほどの長旅であった。(松平茂勲『維新前後』)

この日は暑気が加わり、供奉の者の疲労は一段と増した。

折悪しく腹痛であった慶喜は、中途で一息を入れて、休みながら供奉したが、行列が八幡へ到着すると、耐え切れずに山下の寺で衣冠を解いて休息し、出仕を辞退するほどであった。

翌日、還幸の時刻になって、扈従《こじゅう》する者たちが衣冠を正して拝謁する通路に臨むと、一帯で二、三百人ほどの者たちが、俄かに不穏な気配を醸成して、色めき立った。

咄嗟に、異変の発生を危惧した慶喜が、先へ立って中啓を打ち振るい、周囲を睥睨すると、一帯は静穏に戻った。

天皇の板輿は、親兵とその付随の浪士・長州藩兵・諸藩の護衛兵・幕府側供奉者などが列を重ねる前を通るから、慶喜は、いつ不測の事態が発生するかと憂慮していたが、やがて何事もなく一切が終わって、安堵することができた。

この時、幕府側には、将軍が供奉したならば、いつ天皇に召し出されて、どのような勅諚が下されるかという危惧と不安があった。

将軍が、天皇の前に伺候する時は、玉座から十間も離れて着座し、慶喜はさらに十間隔たって侍座するから、天皇の将軍に対する下問は慶喜に聞き取れず、また、慶喜から将軍に対して助言することも不可能で、老中らも扈従せずに、天皇の左右に諸藩から出た親兵だけが控える中で、将軍はただ一人で、虎穴に置かれたも同然の身となる。

そのため、天皇の下問に対する将軍の奉答内容次第で、幕府が窮地に陥ることは、充分に有り得ることであった。

行幸に、将軍が不快のためとして供奉を辞退したのは、松平容保の深慮から出た進言によるものとされている。

江戸へ戻った清河八郎は、その機に乗じて、ひそかに横浜の外国人居留地焼き討ちを、四月十五日に決行する構えにあったが、十三日夜、親交のあった上ノ山藩中老金子与三郎の麻布の家で夕食の饗応を受けて帰る途中で、速見又四郎・佐々木唯三郎・窪田千太郎・中川周助・高久保次郎・家永某らに赤羽橋近くで襲われて斬殺され、ついに決行二日前にその企図は挫折して、享年三十四歳で生涯を散らした。

幕府は、清河が闇へ葬られると、江戸の浪士組の主立った者を大名預けとし、平隊士二百二十七人ほどを、牛込もちの木坂下の田沼玄蕃頭（意尊《おきたか》・遠江相良藩主）預かりの屋敷に収容した。

関係者の高橋伊勢守（泥舟）・山岡鉄太郎・松岡万らは、浪士組統括不始末の責めを問われて小普請入りを申し付けられ、京都出発の際に急遽、取締役出役に任命された佐々木唯三郎・速見又四郎・高久保次郎・永井寅之助らは解任された。

高橋らの小普請入りは役目不首尾のための扱いだが、佐々木らの解任には、清河の暗殺への関与を隠蔽する意図が秘められていた感触がある。

しかし、暗殺を指示したのは幕府とする説があるから、彼らの処分は、周囲の目を逸らすための一時的方便であったかもしれない。

とくに、彼らの中の佐々木唯三郎が、のちに見廻組与頭として、土佐脱藩の坂本龍馬暗殺に参画することを思うと、その感触には色濃いものがある。

江戸の浪士組は、改めて庄内藩主酒井左衛門尉忠篤の付属となって「新徴組」と命名され、隊士たちは伊賀者次席の格を与えられ、三人扶持二十五両を給与として出羽の公領地二万七千石を充当されて、彼らは江戸市中警備の任に当たることになり、十四日、鵜殿鳩翁・松平上総守・中条金之助の三人が新徴組取扱を命ぜられた。

しかし、新徴組は、翌元治元年五月に一応解散させられ、有為の者が庄内藩の配下に組み入れられて、自然消滅する。

十七日、三条大橋そばの岸辺に何者かが張り紙の高札を立てた。始めに将軍の名を特書して、上洛以来の経過を述べ、多くの罵詈雑言とともに、一橋慶喜に対しては、八幡の神前で御用があるのに行方を晦ましたと指摘し、板倉周防守・大目付岡部駿河守（長常・前外国奉行）らの奸臣が多く、井伊直弼や安藤信正の行為の二の舞を演じたなどとも記した内容は、根拠のないものであったが、何者の行為によるものかは不明であった。

十八日、幕府は、外国御用掛小笠原図書頭（長行・唐津藩世子）に対し、東下して償金支払いを拒絶するように命じたので、彼は、十九日に京都を発った。

先の三月末、将軍名代として東下していた水戸藩主徳川慶篤は、攘夷に対しては無策のままに日を過ごしていたが、執政の武田耕雲斎（正生）は、後見職の一橋慶喜に対し、水戸一藩では対処できぬので東下して協力を望む旨の書を送ったため、慶喜は東下の旨を上奏した。

それを知って松平容保は、慶喜に東下中止を求めた。

「若年の将軍家が参内の際、過激な堂上方から、時事に関する議論を持ち掛けられて、応答に失言でもあれば、悔いても及ばぬため後見職は決しておそばから離れられぬよう。攘夷の件は慶篤卿に任されているため、いま公が東下されると政令が二途に分かれて、事は渋滞するばかりですから、適切ではありません」

しかし、慶喜の意志は変わらなかった。

石清水行幸は事なきを得たが、常上方の尊皇攘夷派公卿らは、なおも在野の支持者と呼応して、攘夷の実施を幕府に強硬に迫っていった。

思えば二月十一日に、一橋慶喜の宿所東本願寺へ迎えた勅使三条実美に対して、慶喜が約したのは、将軍上洛後二十日を以て、攘夷の期限とするものであったが、三月四日の将軍上洛から二十日目は二十四日だから、すでにその期日は経過していた。

幕府が小笠原長行を、急遽東下させたのは、償金支払い拒否を英国側に通告する考えからで、攘夷実施の一端となるものであったが、それだけですべてが解決するものではなかった。

四月二十日、幕府は、五月十日を攘夷期限と上表した。

この点に関して、『京都守護職始末』には、十九日に、伝奏衆から松平容保に、次の趣意の勅旨が沙汰されたとある。

外夷拒絶の期限が、五月十日をもってかならず断行する由の先達ての奏問については、列藩にも布告するよう。往年、幕府が諸外国に和親の通商を許したのは、奏問を経なかったため、天下を沸騰させ、今日の形勢に至ったものであるから、よって一橋中納言東下の上は断然、拒絶の実績を奏すべし……

ここで、二十日の幕府からの上表と、十九日の勅旨沙汰が前後するように解されるが、朝議は深夜から早暁にわたるのが通例とされているから、幕府の上表は十九日深夜から二十日へかけて行われたものと考えられる。

結局、一橋慶喜の東下は、ここに認められたことになる。

二十一日、将軍家茂は、摂海防備状況巡検のため、大坂へ下った。

これには、朝廷側からも国事参政姉小路公知が加わり、沿道の警備は厳重を極めた。

この時、壬生の浪士組は、松平容保を通じて、道中警護を幕閣に願い出て許され、会津藩公用人の外島機兵衛・広沢富次郎の総括のもとに、将軍の往復に扈従した。

この日の彼らのいでたちは、一様に外套で身を包み、地を引き摺るような長刀を帯び、髻先を風になびかせた異形の風体で列を連ねて進んだので、その偉貌には沿道の衆目が集中した。

二条城を発った将軍は、竹田街道を進み、鳥羽・淀城を経て石清水八幡へ参詣後、舟で淀川を下って大坂へ入ったが、浪士組は八軒屋の京屋に宿泊した。（『井上松五郎日記』――『新選組日誌』）

二十三日、中川宮（尊融法親王）に極秘裡に次の大意の宸翰が降った。

先の石清水行幸は、過激な公卿らの主張によるもので已むを得ぬものであった。今又親政を望む声があるが、それは必ずしも朕の本意ではなく、卿の智謀で今後の方針を定めたいので、島津久光を召して相談したならば激論の徒も考え直すであろうか。今の時に当たっては、参政、国事掛、寄人らを廃さねば国家の騒擾の止む時はない。卿は深く謀を帷幄《いあく》の中に巡らして、功を収めよ。憂慮の余りこの旨を告げるので努力せよ。関白以下の諸人に洩らさぬように。

重大な秘事を打ち明けられて天皇の信頼の厚さに宮は感泣し、たびたびの参内は出来かねる状況のため、必要の場合は天書を賜るようにと奉答した。（『維新前後實歴史傳』）

二十四日、八王子同心の井上松五郎は、淀川筋の城下で芹沢・山南・平山らと雑魚を肴に酒を汲み、その後加わった近藤を夜に入ってから送り、常安橋会所に泊まった時、家里次郎の切腹を知った。『井上松五郎日記』に「家里次郎殿少々切腹いたし、浅きつ」とあり、家里は絶命したようである。(『新選組日誌』)

殿内義雄とともに、鵜殿鳩翁に命ぜられて浪士募集に奔走していた家里の死は、浪士組分裂や、殿内殺害にも関連しているらしいが、家里は、壬生浪士に同行して大坂に下っていたのであろうか。家里は、芹沢らに詰腹を切らされた色合いが濃い。

摂海方面巡察を終わった将軍家茂は、五月十一日に帰京するが、行旅の往復を警護した壬生浪士は、これを機に大坂へ地歩を築くことになり、その後彼らは、八軒屋の京屋忠兵衛方を定宿としたようである。

攘夷切迫

四月下旬、朝議は、五月十日の攘夷期限とともに、横浜・長崎・箱館の三港の閉鎖と、その旨の在港各国人へ伝達すべきことを決定した。

しかし、英国公使は、償金請求に対する回答が遅れているので、この上は期限中に確答が得られなければ、談判には応ぜず、究極の処置に出ると幕府に迫っていた。

一方、幕府は、各国公使に鎖港を伝えて理解を求めようとしても、交渉が進まぬため、内外情勢の圧力の狭間で苦慮していた。

外国御用掛小笠原図書頭は、先に別勅を受けて東下を認められた一橋慶喜に先立って江戸へ戻り、慶喜の到着を待って、生麦村の一件と、前年十二月の英国公使館襲撃事件に対する賠償問題の解決を考えていたが、回答期限が切迫したため、五月八日の慶喜の帰府を見て、償金十万ポンド支払いを外国奉行浅野伊賀守（氏祐）に命じて英国公使に回答させ、賠償金は九日に支払われた。

その一方で、幕府が攘夷期限と上奏していた五月十日を迎えると、幕府にその実施の意志がないとみた長州藩は、庚申・癸亥の二艦を出動させて、下関海峡で米船ペムブローク号を挟撃し、砲弾数発を命中させて、ここに攘夷の火蓋を切った。

十一日、将軍は二条城へ帰還した。

十二日、前月に天皇から極秘の勅書を受けていた中川宮は、勅書と奉答書の写しを添え、島津久光にその意中を問う一書を送って上洛を促したが、対英国問題解決を迫られている久光としては、それに応じがたい状況下にあった。

これら諸般の情勢から一橋慶喜は、鎖港を不能と見て、十四日、将軍後見職の辞表を提出した。

二十日、江戸幕閣から英国へ償金を支払った旨の報告があったので、松平容保は、水野和泉守・板倉周防守の老中二人とともに参内して、大要次のように経過を奏上した。

「小笠原図書頭の一存で償金を支払った不始末は、よくよくのこととお察し下さいますよう。この上は、将軍自身が奸吏どもを罰した上で、急速に攘夷の成功（開港拒否）を奏上いたすべく、将軍自身の発向を願いました」

本来、償金支払いと通商問題の交渉は、別個のものである。

幕府側の一部では、賠償金支払いの義務があるならば、先ずそれを果たした上で通商拒否の交渉を進めるべきと考えられていて、小笠原は、過激派公卿らがあくまでも朝議で償金支払いに反対したため、やむなく違勅の措置を取らざるを得なかったものと見る向きがあった。

そのため、松平容保らも、公武一和のためには、幕府の方針に反対する過激派公卿らを朝廷から排除する必要性を痛感するようになった。

この頃洛内では、世上の不安をなおも一層掻き立てるかのように、突如として一事件が発生した。二十二日に、国事参政姉小路公知が暗殺されたのである。

三条実美とともに、尊皇攘夷派公卿の中心的存在であった彼は、この夜、朝議を終わって亥の刻（午後九～十一時）に宮中を退出後、御所の北の朔平門外東南の猿ヶ辻で、刺客に襲われて重傷を負い、ついにその二十五歳の生涯を終わった。

現場には、薩摩刀が残されていた。

一年前の四月八日の晩、土佐藩参政吉田元吉（東洋）を暗殺し、薩摩藩邸に潜伏した土佐人某がこれを見て、鹿児島の商家の出で薩摩藩士仁礼源之丞（景範）の部下の田中新兵衛のものに似ていると述べたため、伝奏が仁礼ならびにその下僕と田中を召喚した。嫌疑を受けた田中は、捕縛されて西町奉行所へ送られたが、証拠の刀を示されると、直ちにそれを奪って切腹したという。

その結果、薩摩人に対する嫌疑は動かぬものとされ、下手人は田中に相違ないものとされて、仁礼は芸州藩に、下僕は米沢藩に預けられ、薩摩藩も、禁裏北東の乾門警護の任を解かれて、一藩すべて九門の出入を禁じられた。

二十三日、長州藩は、下関海峡で仏艦キンシャン号を砲撃した。

二十四日、将軍家茂の東帰を許す朝旨が下った。

この頃、近藤勇が、郷党の萩原彦次郎・寺尾安次郎・蔭山新之丞・佐藤彦五郎ら十八人の連名に宛てた書簡が、『新撰組史録』に掲載されている。書面は漢文混じりだが、それには極めて注目すべき点があり、その一部を読み下し文に改めると次のようになる。

……既に去る三月中島津三郎義御内命を奉じ上京仕り候処公武御合体と相見え候間、一両日滞留（三月十四日上洛、十八日帰国）仕り、直ぐ様書置相残し別紙文面通りに御座候。然るに関東の大小名、御旗本衆国家の安危を顧みず、唯々（将軍の）御下向のみ差し急ぎ、過日水府公（徳川慶篤）攘夷御名代と為り御下向遊ばされ候得共、いづれも御沙汰御座無く候。亦一橋侯攘夷期限拒絶の応接御召命を承り御東帰遊ばされ候処、是れ以て未だに拒絶決せず、漸く延引仕り候趣は、之に仍り御届け相成り、天朝より拒絶之応接如何と御挨拶之れ有り、然るに今般大樹公醜夷東討して御下向（四月二十一日の摂海巡視のための大坂下向を指すらしい）之後、尾州前公（前尾張藩主徳川慶勝）より御願出し相成りし処（三月十七日一橋慶喜からの将軍東帰方奏請に対し、慶勝・容保らによる将軍滞京方勅許の奏請）叡慮に叶わざる由、未だ攘夷決せずして下向相成り候は、君臣自然と離隔の姿にも相成るべき由。然るに大樹公御下向遊ばされ攘夷の応接を遊ばされる由に御座候得共、前々水一両侯（慶篤と慶喜）御東着相成り候え共、攘夷は決せず、左候えば大樹公御発駕遊ばされ候共、万一拒絶延引に相成り候えば、其の罪逃れ難く候。其の虚に乗じ内奸相図り万一攘夷之御勅上（諚）薩長土へ落チ候者（ママ）いたし候わば、速に勤王の兵旗を挙げ候は勿論に御座候。然らば東西に相分かれ、関東之れ有る心は無く候（関東が存在する考えは失われる）。其の後違勅の罪糾明に候えば、則ち国乱と相成り、終に醜虜（外国人）の策に陥り申すべしと存じ奉り候……

文面は、主に三月中旬頃からの朝幕間の政情の概要を報じていて、事件によっては記述が前後するものもあるが、なお、この頃に発生した個々の事件についても述べられてあり、とくに、学習院・老中・守護職に対する建言については、原文で次のように述べている。

……右ニ付去廿五日同志一同決死朝学脩（習）院、閣老板倉侯、守護職松平肥後守殿へ右三通別紙之通奉差上、方今形勢切迫仕次第義論逢い（合い）、……

ところで、ここに廿五日とあるが、何月の二十五日かは不明である。

この記述は、浪士組による三月一日の学習院に対する攘夷のための東下要望の上書、同十日の松平容保に対する京都残留の歎願書提出、同二十二日夜の板倉周防守に対する将軍滞京要望と見られる建白書提出の三行為を、同日に行ったと解されるから、慎重な吟味を要する。

この書簡は、内容全般から見て、五月二十六日以後に書かれたものと判断され、文中の二十五日との記述は、五月二十五日とも解されるから、事件経過の把握には、少なからぬ混迷を覚える。

三月二十二日夜の建白の趣意は、将軍の滞京要請にあって、それは二十三日早暁に決定され、将軍滞京は認められて、請願の目的は達せられた筈だから、五月二十五日になって、近藤らが重ねて幕府に請願する理由は存在しない。

そのため、ここの二十五日という記述は、誤記と見なされる。

ちなみに『両雄逸事』は、次のように書いている。

是歳五月二十五日。昌宜与芹沢鴨（旧水藩士）等三十五人。連署上書大樹公。

（『同前』）

この記述では、昌宜（近藤勇）と芹沢が三十五人を引き連れて、連署した上書を将軍に提出したことになり、『国事異聞』は三十四人の名を上げているが、近藤書簡は「同志一同」としている。将軍に直接上書するなどは許される筈がなく、近藤は学習院・老中板倉・守護職松平へ提出したとしている。『両雄逸事』等は、経過をそれほどの吟味もせずに記述した感がある。

この頃、すでに三月二十三日には将軍滞京が決定し、五月九日には英国に対する賠償金も支払われ、二十四日には将軍東帰が勅許されているから、幕府の外交上の懸案事項は、一面では解決しつつあった。

したがって、芹沢・近藤らが、今更幕府の政策に対して横から容喙《ようかい》すべきいわれはない。しかも内容は将軍の行動に対する建言だから、それは、身の程を弁えぬ思い上がりも甚だしい僭上《せんじょう》の行為と見られても仕方はあるまい。さらに、近藤は次のように付言している。

夫より大樹公ニも五十日間御滞在極り候、仍而攘夷応接上使之義未夕御沙汰被仰出無御座候。

将軍滞京の五十日間が極まったという意味は、一考すると、滞京指示の勅旨が下った三月二十二日から起算して、五十日目は五月十一日となるから、攘夷期限とされた五月十日は過ぎた、ということであろう。

そのため、攘夷交渉を実施すべきなのに、実施の担当者は未だに決定されていない、という意味で、明日にもどうなることかと計り難く、心配していると近藤はつづけている。

すでに四月十八日、賠償問題は、小笠原図書頭が交渉を担当することに決まって、五月九日には償金が支払われて一応解決され、外交問題の交渉は漸く前進しているのに、五月十日を過ぎても攘夷交渉の上使が未決定であることを、近藤は憂慮しているのだが、その攘夷とは、なお未解決の鎖港問題を意味していよう。

それにしても、この文の解釈には手を焼かされるが、なお注目すべき記述がつづく。

……尽忠報国有志之輩相募り候得共、未タ浪士取扱、取締役等出来不申、依之水府脱藩士下村嗣司事芹沢鴨と申仁、拙者両人ニ而同志隊長相成居、既ニ同志之内失策等仕出候者ハ速ニ加天討（誅）候。

ここでは浪士取扱・取締役等が未定とあるが、書簡を書いたのは五月末らしいから、この頃の近藤らは、上京当初のように、なおも浪士取扱や取締役などの存在を望んでいたのであろうか。

彼らは、京都残留を望んでそれを認められ、すでに会津藩配下となっていたから、あるいは、会津藩直属となることを望んでいたのかもしれない。

芹沢と近藤が、一党に浪士取扱や取締役などがいないために隊長となったと書かれているのは、一党が会津藩直属とならぬため、自己組織内の統率の必要から隊長制をとったとの意味であろうが、この措置は、その後の局長制の前提となったものと考えられる。

なお、書簡は部内の殿内義雄と家里次郎の死についても大要次のように触れている。

去頃同志殿内義雄と申す仁、四月中四条橋上ニ而打果し候。亦家里次郎申者大坂におゐて切腹いたし候。大樹公御下坂之節ハ如願御警衛御供被仰付亦御帰京之節御供ニ而五月十一日帰京いたし候。

この記述から、先の三月二十五日夜、四条橋の上で斬殺され、仲間内で殺されたと噂された殿内義雄は、壬生浪士組によって討ち果たされたことが分かるが、四月中とあるのは誤りである。

近藤は「同志殿内義雄と申す仁」と鄭重に述べながら、一方では「打果し候」とその理由の説明もせずに淡々と書いているが、その姿勢からは、何か不気味で冷徹な感触を与えられる。近藤書簡は家里次郎の四月二十四日の切腹についても理由を明かさず、二十一日の兄新太郎の死に触れている。

廿一日之晩儒者家里新太郎申者、三条河原江梟首被致候。尤右家里次郎兄御座候。

家里新太郎は、伊勢松坂の儒者家里悠然の養子として家を継ぎ、斎藤拙堂などについて儒学を学んで嘉永年間に江戸へ出て、諸国の士と交流して尊皇攘夷論を唱え、安政の大獄では危うく逃れてのち、和歌山藩に志士追求の緩和を献策したために誤解されて、刺客に襲われた。手を下したのは、佐幕派となろうか。

その弟の次郎が切腹したのは、尊皇攘夷派としての兄を持つ立場の苦悩からであろうか。あるいは、兄の死に伴うわが身の危険を予測して悲観したためであろうか。

しかし彼は、兄を誅した者への復讐を謀っていたのかもしれず、彼の切腹は、それを察知されて追い詰められた結果との見方も成り立つ。

追い詰めたのは壬生の浪士集団であろうか。

現に彼らは、果たせなかったとはいえ、清河一派の梟首を狙って行動したから、その可能性がないとは言えまい。

なお、近藤書簡は姉小路暗殺にも触れている。

廿二日五ツ時（午前七〜九時）朝御還掛、国事掛之姉小路殿御所内ニ而殺害ニ相成候。右狼籍之者、同廿六日会津公手ニ而三人召捕ニ相成候。壱人ハ自殺仕候。尤薩摩之由御座候。夫是よって洛陽不穏候事。

姉小路が暗殺されたのは、すでに述べたように、五月二十日の亥の刻（午後九〜十一時）が通説とされているが、近藤の記述にこれと一日以上の差があるのは疑問である。

なお、以後の文面は、すでに触れた清河派に対する誅戮の失敗や、近藤の父を思う心情などが述べられていて、とくに注目すべきものを含んでいないので、割愛する。

五月二十六日、これらの情勢下に長州藩は、下関海峡を通過しようとした蘭艦メジュサ号を砲撃した。

この日、一方で近衛父子は、島津久光に手書を送っていた。

内容は、久光が上洛しなければ洛内の過激派の策謀は消えず、姉小路暗殺事件も、今や薩人の行為とされて慨嘆に耐えぬ状況にあって、京では、島津父子が速やかに上洛して彼らを除くべしとの風説があるが、過激派は、たとえ父子が上洛しても意に介せずと、卿を嘲笑して憚らぬ勢いがあるとし、その窮状を訴えるものであった。

先に述べたように、将軍東帰を許す朝旨が下ったのは二十四日であるが、しかし、将軍が離京することを心細く思った天皇は、二十九日、ひそかに勅書を以て前関白近衛忠煕に対し、将軍を東帰させずに攘夷を決行する方法を下問した。

忠煕は、その宸翰を徳川慶勝と松平容保に示し、次の趣意の叡慮の内容を伝えた。

……大樹の東下は、来月二日の暇乞いの参内がほぼ決定とのことで、悲嘆これに過ぎるものはない。尾前大（尾張前大納言慶勝）にも頼むほかはなく何分にも大樹を今少し留めおいて、一和して攘夷を祈るところである。

それは、天皇の不安を訴えるもので、容保は、これらの事情から将軍の滞京を勧めるようにと諸有司に説いたが、朝議が将軍東帰を許可したことを知った者たちは、耳を傾けなかった。

時に、小笠原図書頭が西上するとの噂が伝わって、一時朝廷を驚かしたが、幕府は、有司らの意見で、当面の方針として、将軍が大坂へ下って小笠原の来意を糺し、その軽率を罰して上洛し、経過を上奏後に東帰して攘夷を実施することと決定した。

この頃、久留米藩の水天宮の祠官真木和泉は、その尊皇攘夷思想から、藩の方針と対立していた。

前年の寺田屋事件に参画するなどで、蟄居・拘禁などの再三にわたる処分を受けていた彼は、ようやく許されて上京する途中の五月三十日、長州藩主毛利慶親に謁見して攘夷親征を説くと、慶親以下の藩首脳はそれに賛意を示すようになったので、真木は、長州藩に地歩を築くことができた。

六月一日、朝廷は、前月十四日に提出されていた一橋慶喜の辞表を却下した。

また、長州藩は米艦ワイオミング号と下関海峡で交戦し、庚申・壬戌の二艦を撃沈され、癸亥を大破された。

近藤勇が、武州小野路村の寄場名主小島鹿之助に宛てた書簡によると、この日大坂で、抜刀した天下浪士と名乗る一味が暴行しているとの風聞で、壬生浪士十人がその夜下坂して探索し、三日に二人を捕らえて奉行所へ差し出したとある。（『新選組日誌』）

三日、将軍家茂は参内し、大坂下向後に攘夷を決行する旨を上奏した。

大坂力士との乱闘事件

壬生浪士らが、大坂力士と衝突して騒動となったのも六月三日で、近藤は故郷の小島鹿之助宛ての書簡でその様相を、大要次のように述べている。

同三日、申の刻（午後三～五時）頃、水稽古のため、稽古着に小脇差だけで小舟に乗り、下流へ下ると少し病人が出たので、仕方なく上陸して住家へ寄って手当していたところへ、稽古着に小脇差と侮ってか、裸体に頭巻の相撲取が二、三十人で筋金入りの樫棒を携えて、理不尽にも打ち懸かったので、やむを得ず小剣を抜き打ち合ったところ、十四人も負傷したように存じ奉ります。同志の内では一人も薄手を負った者はなく、一同無事でございます。その節は大坂で相撲興行があり、関取熊川熊次郎が翌朝死去した由で、他に三人が死にかかっている由でございます。

この経過を松村巌の『近藤勇』の記述から見ると、次のように要約される。

大坂に赴いた芹沢・近藤以下は、八軒屋の旅宿京屋忠兵衛方に宿泊し、一夕、芹沢・山南・沖田・永倉・平山らは、淀川に舟を浮かべて清暑し、帰りに陸へ上がって北新地の住吉楼へ入る途中、力士に遭って前後を二人に遮られ、他の力士もすべて傲然として道を譲らなかったので、芹沢らはその無礼を憤り、手当り次第に殴り散らしてこれを懲らした。

折からの相撲興行で、辺りには力士が多く集まっていた。

殴られた一人は、芹沢らが住吉楼へ入ったのを知り、仕返しのために呼んだ仲間とともに門内に乱入して叫び合った。

「我ら大坂力士が、攘夷の先鋒を望む義士であることを聞かぬか、何ゆえ敢えて無礼を加えたか」

彼らは、それぞれ鉄樫の角棒を揮って浪士らに挑み掛かった。

芹沢らが、彼らに抜刀して斬り込むと、二、三人が微かに棒で傷つけられたが、力士側は多くを殺傷されて退散した。

京屋へ戻った一同から委細を告げられた近藤は、直ちに町奉行に対して、不逞の暴行に遭い、やむを得ず手を下した、と弁明することに決心した。

ところが、事件に参加した永倉新八は、その手記『七ケ所手負場所顕ス』に、大坂北新地の貸座敷のある所で、大坂相撲、七、八十人が、続を結び乱妨して打ち掛かってきたので、隊長芹沢と副長山南ほか、副長助勤の沖田・長倉・平山・野口・斎藤一と伍長島田の八人でこれに斬り向かい、相撲五人を即死させ、十七、八人に傷を負わせると力士たちは狼狽して逃げたとあり、その時、島田が横に振った脇差が当たった。

此時ニ長倉新八腕ヲ斬ル。

と永倉は書いているが、永倉が自分の姓を長倉と書いているのは、明らかな誤りである。
全員を京屋へ引き揚げた芹沢は、近藤と相談して、次のように対処を決定したという。

明日相撲興行妨ニ相成リテハ気毒ニ存シ、何者ヤラ六七拾統ヲ結ヒ打テ掛リ無余儀切リ捨テル。即死六七人、手負拾八九人、今晩ニモ押シテ来レハ用捨斬リ捨ルト、町奉行小笠原豊後守エ届イタス。

（『新選組日誌』）

その結果、奉行はただちに与力・同心に京屋を警護させ、両者を仲裁したので、事は済んだという。
しかし、これは明治四十四年の記述だから、力士側の死傷者の数はやや過大と見受けられるほか、町奉行名の誤記もある。
奉行名は、『新選組遺聞』が大坂西町奉行所松平大隅守（信敏）としている。
なお、松村巌が『土佐史談』第六十号に発表した永倉の手記『浪士報国実記』によると、文久三年七月、大坂へ下ったのは、芹沢・近藤・山南・沖田・長倉・斎藤一・平山・野口・井上・島田の十人で、稽古着の軽装のまま小舟に乗って納涼中に、斎藤が急に腹痛を起こしたので、住吉楼で介抱しようとして、舟を鍋島の岸へ着けて上陸し、斎藤を介抱しながら北の新地に向った、とされていて、なお、おおむね以下のような経過を辿ったと記されている。

時に大坂に相撲興行があって、多くの力士が四方より集まった。行き違いの際、力士が新撰組の足を踏んだ。新撰組はその無礼を叱責し、殴打して去った。既にして又、一力士の前方から来るのに会った。街上を闊歩して傍若無人である。新撰組はその倨傲《きょごう》を悪み、故意に譲らなかった。忽ち力士が芹沢の刀鞘に触れ、却って怒って口罵した。新撰組は皆激昂し、交々進み殴打して去った。既にして、住吉楼に至り、休憩してしばらくすると、門前が俄に騒がしくなった。芹沢が起きてこれを覘うと、前の力士が、仇を報じようと仲間を呼集めてきた。芹沢の顔を見ると、「我が大坂力士に内山与力が八角の樫の棒を与え、以て攘夷の先鋒たらしめようと欲している。今日の士人は無礼で、我党に暴行を加えるのだ」と大いに叫び、棒を奮って進んだ。力士は小野川秀五郎の部屋の衆である。これによって芹沢等は短刀を抜いてこれを防いだ。時に芹沢は刀を一力士の腹に挟んでこれを刔り、山南も亦、逃げる一力士を追ってその背を割り、長倉は一人を斫殺《きりころ》し、力士の即死三人、負傷者十四人となった。新撰組は沖田・長倉の二人が腕を打たれ、平山が頭を打たれた。

なおすでに両者はこれを町奉行に届け、力士側は相手が壬生浪士と知ると非常に恐れて、あえて復讐の念を挟むことができず、相撲年寄の仲裁でともに和解してのち、新撰組は小野川らの力士と親しくなったとのことである。（伊東成郎氏「力士乱闘事件の真相」――『歴史読本』昭和六十二年十二月号）

なお、もう一人の参加者島田魁は、その日記に次のように記していて、その内容は、以上の経過とは必ずしも一致しない。

此頃大坂与力ノ風聞甚不宜、故ニ当組ニテ是ヲ探索ス。当組ノ数人探索旁堂島辺ヲ歩行シ蜆橋ノ側ニテ相撲両三人来リ、道ヲ塞キ悪口ヲ申シ、遂ニ投倒シ三人ノ相撲遁去リ、直ニ四五十人六角ノ棒ヲ以テ四方ニ向ヒ不得止切殺ス。三四人死ス。深手八九人其他皆遁去。

一方、芹沢と近藤が、事件経過を奉行所へ提出した「口上覚」は、近藤の書簡中に記載されているが、次のように要約される。

口上覚

浪士八人

右の者は、今申の刻（午後三〜五時）頃小舟に相乗りして水稽古に出船したところ、流れにしたがって下流へ下ると、俄かに病を発した者がいたため、過日下坂の節常安橋大会所へ泊まったので、その家へ立ち寄り、なお手当もしようと上陸し、当地の道筋に不案内のためかれこれ迷い、何町の何家でしょうか立ち寄って手当していた処へ、何者か分からぬ裸体で頭を巻いた者が手頃の棒を持って、理不尽にも打ち懸ったので、止むを得ぬ事でした。もとより此の方は水稽古ゆえ撃剣の稽古着で、小剣のみでしたが、抜き払って打ち合ったところ、先方は八九人程薄手を負ったかと存じ奉ります。それから狼藉者は逃げ去りました。味方で手疵を受けた者は一人もございません。もともと此の方の真義は稽古着で小脇差ゆえ彼の方から仕懸けたので、止むを得ざる事は右の仕合ですので、宜しくお察し下さい。万一、今宵にも彼の方から者共が徒党して此の方の旅宿へ来たならば、聊かも用捨《ようしゃ》なく打ち果たし申すべき心得でございます。此の段念の為御届け申し上げ奉ります。以上。

壬生村詰

浪士惣代

六月三日夜

芹沢　鴨

大坂

近藤　勇

東町
御奉行所
（『同前』）

これを吟味すると、次のような注目すべき諸点が浮上してくる。

先ず、水稽古で病人が出て、手当していると力士が集まってきたというのは唐突で、理由にはならない。

永倉や島田が書いているように、歩行中に言い掛かりをつけられて衝突した、とみるべきであろう。

そのため、近藤の書簡や口上覚が述べる乱闘理由の説明は、何か取ってつけたようで、真相が曲げられた色合いが濃い。

また、奉行所名も、口上覚では東町御奉行所とされているが、子母澤寛の『新選組遺聞』には西町奉行所松平大隅守（勘太郎信敏）へ届け出たとされていて疑問となり、『新選組日誌』によると、東町奉行は有馬出雲守（則篤）だから、永倉の記す小笠原豊後守も誤りとなろう。

さらに、口上覚では、力士側の負傷者を八、九人としているのに、近藤の書簡は十四人としているから、その数に誇張があることは明白である。また、事件については、『新選組遺聞』が以下のように述べている。

大坂力士との乱闘事件

この月（七月）の十五日に、忙中の閑で涼み舟で淀川を下った時、鍋島河岸で、些細なことから芹沢が角力を一人斬った。これが騒ぎのはじまりで、大坂角力大関小野川喜三郎部屋の角力取を相手に昼のように明るい月の下で大喧嘩となり、……

この記述で大きな疑問となるのは、近藤自身がその書簡に六月三日と書いているこの事件が、何故に七月十五日となるのかということである。子母澤寛は、西村兼文の記述に依っているようだから、日付の相違は、このあたりに起因しているのかもしれない。この点については、先に触れたように、永倉も『浪士報国実記』で七月としている。

それにしても、これらの間に、一ヵ月以上もの差があるのは不可解である。

なおまた、『激録新撰組』によると、小野川喜三郎は、久留米藩主の抱え力士として、江戸は芝の赤羽橋の藩上屋敷に部屋を構えていて、大坂で部屋を持っていたのは小野川秀五郎とのことで、先に触れた『浪士報国実記』からも、子母澤寛の記す小野川喜三郎は、小野川秀五郎の誤りと分かる。

一つの事件の記述内容が、執筆者によってこのように相違すると、接する者にとっては、少なからぬ混迷を与えられるものとなるが、以上の経過から、どこに真相があるかは、なお吟味を要しよう。

偽勅

六月五日、仏艦セラミス、タンクレードの二艦は、下関の砲台と交戦し、その陸戦隊は、砲台を破壊して、付近一帯の村落を焼き尽くした。

八日、上京して長州藩邸に入った真木和泉は、同藩の桂小五郎・佐々木男也・寺島忠三郎らとともに、攘夷親征の具体策を練ってゆく。

九日、小笠原長行は、六日の朝廷からの処罰要求で、その職を免ぜられた。

この日、勅許により二条城を発ち、伏見蓬萊橋から乗船して淀川を下り、亥の刻（午後九〜十一時）に大坂城へ入った将軍家茂は、十三日、順動丸で江戸へ帰る。

この動きは、将軍が尊皇攘夷派の台頭で、公武合体の姿勢を萎縮させ、なすすべもなく京から退散して、その威光を低下させるような感触を世に与えるものとなった。この年、家茂は未だ十八歳であった。

十一日、壬生浪士組は帰京した。

十七日、長州藩の桂小五郎は、東山の翠紅館へ真木和泉を招き、清水清太郎（萩藩家老）・佐々木男也・

寺島忠三郎らと、当面の対策を打ち合わせた。席上、真木が献策したのは、討幕を目標とする次の要旨の五事であった。

一、攘夷の権を攬《と》る事。
一、親征の部署を標す事。令を下し在京の兵を算える事。
一、天下の耳目を新にする事。
一、土地人民の権を収める事。
一、浪華に移蹕する事。

それとともに、勅使を下関に派遣し、攘夷の勅命をまだ知らぬ諸藩に、旨を伝えてその関心を高め、大坂湾に来寇があった時には、在京諸藩が禁闕《きんけつ》に集合して待機し、親征の部署の将には公卿を任じて、さらに、平安以後の制度を建国の風に復し、暦を改め、銭貨の制を正すなどして旧套を脱する必要があるので、諸大名の統率や、夷狄に対処する上で便利な、経済中心地の大坂へ速やかに遷都すべきであると定められ、一同はこれに合意した。（山口宗之氏『真木和泉』）

二十一日、徳川慶勝は、この頃自分に期待されていた大坂城守備の任を嫌ったのか、就任を断って帰国した。

『新選組遺聞』によると、壬生の浪士組が第一次編成として次のように構成されたのは、この六、七月らしいが、芹沢らが局長となったのは、浪士組が、会津藩の一局として認められたためであろうか。

局長　　芹沢鴨　近藤勇　新見錦
副長　　山南敬助　土方歳三
副長助勤　沖田総司　永倉新八　原田左之助　藤堂平助　井上源三郎　平山五郎　野口健司　平間
　重助　斎藤一　尾形俊太郎　山崎烝　谷三十郎　松原忠司　安藤早太郎
調役並監察　島田魁　川島勝司　林信太郎
勘定役並小荷駄方　岸島芳太郎　尾関弥兵衛　河合耆三郎　酒井兵庫

将軍東帰後の洛中では、幕府の攘夷の姿勢がなお不明確な情勢下で、当然の成り行きとして尊皇攘夷派の主張が高まり、その論鋒の矛先は、主に京都守護職の松平容保に向けられていった。

二十五日、その情勢下に参内を命ぜられた容保は、小御所で関白鷹司輔熙から勅旨を達せられた。攘夷の叡慮を貫くため、速やかに江戸へ下って、将軍に周旋せよというもので、持参して将軍に達すべき勅書は、次の大意であった。

大樹が二百年来の廃典を興して上洛し、万事恭順して君臣の名分を改正したことは深く叡感のところ、九日に暇を賜って下坂する以前に奏聞した件々の始末は分明でなく、とくに蒸気船でにわかに帰府し、かつ第一に攘夷期限等の件で不都合の次第は一つではないので、このたび御糺しあるべきであるが、深い思召しがあらせられるので追って御沙汰の儀もあろう。

この勅書伝達のための江戸下向を命ずる朝旨に対して容保は、将軍は帰府後日が浅く、まだ攘夷を断行できぬ事情にあると思いますが、やむを得ぬ場合は、長崎・箱館の二港はそのままとし、横浜だけの鎖港としてはいかがかと存じ、私は守護職の任にありますので、関東への下向は他の者にお命じ下さいますようにと、毅然として上申したが、朝議の結果はそれを許さなかった。

会津藩公用人の小野権之丞が、前関白近衛忠熙から召され、「昨日下された関東下向の御沙汰は、御真勅ではない。お上は、容保を深く御信頼されているので、関東へ下向の必要はない」と伝えられて、容保に対する内勅を渡されたのは、翌二十六日のことである。

内勅には、次の要旨が示されていた。

今日その方を召したのは、関東事情の検知と将軍の所置の感咎の両端で、その方を使として下向申し付ける由である。尤も、攘夷の次第の尋問はさもあろうが、この頃に守護職のその方の下向は、朕にとって好ましくないが、今の役人や堂上の風潮として申し条を言い張る次第は、とても愚昧の朕が申し出ても仕方がないため言いなりになったので、ただ今はこのように厳重な沙汰のようではあるが、実勅に相違ないので、そのように承知し、引き受けるか否かは存分に任せて返答するよう。決して下向を強いて申し渡す考えではない。

ただし、このように申したことが知れると彼らはまた蜂起するだろうから、ほどほどの相談でよしとすべきであろう。秘々。

（北原雅長『守護職小史』）

この極秘の勅書では天皇自らが「愚昧」と称しているが、このように自らを「愚昧」と極言する君子が、かつて歴史上に登場したことはあるだろうか。

容保は、自分の至誠が天聴に達しないものと悲嘆していたさなかに、宮廷内にどす黒く澱む陰謀の渦中を掻い潜って下されたこの内勅を拝読し、「愚昧」と自嘲してまでも、宮廷内の由々しき内情を臣下に告白する天皇の胸中を推し量って涕泣したが、天皇が、みだりに権を弄断する尊皇攘夷派公卿の姿勢に対する御憂憤から、この密旨を賜ったものと推察すると、心底深くに意を決し、身は守護職の大任にあって離京できぬため、使命は禁裡付目付の小栗下総守（政寧）に命ぜられるようにと奏請して、その任を固辞した。

この日、植村長兵衛という者が京の千本通りで梟首された。

添えられた罪状書によると、彼は、尽忠報国有志之輩と義名を飾って諸国を横行し、京に入って悪事を働き、徒党を組んで世間を騒がしたとされ、そのために名を騙られた壬生浪士らに誅殺されたらしいが、この種の事件はその後も発生する。（『新選組日誌』）

二十八日、朝廷は、松平容保の願いを裁許して、東下の任を小栗下総守に命じた。

一方、前関白近衛忠熙に対しても、次の要旨の内書が下された。

今会津藩を東下させようとする者は、勇武の藩なので過激な者が己らの姦策を行えぬために、これを他に移し、事に托して守護職を免じようとしているのである。関白（鷹司）もまたそれが姦策であると疑っていよう。尤も朕は会津を頼みとし、事に臨んでその力を借りようと想うから、これを東下させることを欲しないが、すでに偽勅が甚だしく行われているため、今後いかなる暴勅が下るかは測りがたい。その真偽は、会津によく察識させることを要する。

（『守護職小史』）

天皇自らが、このように、偽勅の存在を表明したことは、極めて異例の重大事であり、それだけに、天皇の松平容保に対する絶大な信頼を示すものとなった。

忠熙は、天皇の真意を知って、その宸書の写しを容保に授けた。これを拝読した容保は、「畏れ多い極み」と身を引締め、勤王の意志をますます牢固にしていった。

二十九日、先に真木和泉から長州藩に提案されていた五事の献策は、国事参政豊岡随資に差し出され、さらに鷹司輔熙・三条実美・烏丸光徳・徳大寺公純らの閲覧を経て、やがて七月二十四日、鷹司関白から天覧に供されるが、この献策は、大和行幸・攘夷親征の詔勅を下すように促し、ついに、八月十八日の政変を招来する要因となる。

この頃、中川宮（先の青蓮院宮）・近衛忠熙・国事御用掛二条斉敬の三人は、連名で島津久光に上京を促す書を送り、また七月に入ると、久光には急ぎ上京せよとの勅旨も下った。

しかし、時あたかも、英国艦隊が鹿児島へ向かっていたので、久光の出国は不可能であった。

生麦事件の下手人の処刑と、被害者の遺族養育料一万ポンド支払いの要求を掲げ、鹿児島前浜に来航した英国艦隊七隻を迎えて、交渉に臨んだ薩摩藩は、下手人が行方不明のため養育料支出は理由がなく、幕府の命令もないので即答不能と回答したところ、藩船二隻が拿捕されて放火されたため、久光と藩主茂久の命によって、沿岸各砲台は報復砲撃を加えた。その結果、英国艦隊は若干の損傷を受けて九十人余の死傷者を出し、藩側も十五人ほどの死傷者を見た。

七月二日と三日のことで、世にいう薩英戦争である。

この戦闘経過を藩主茂久が奏聞すると、朝廷は大要次のような褒勅を下した。

去る二日英船渡来の処、砲発血戦に及び候趣　叡聞に達し候、布告の御趣意を奉して二念なく攘斥候段　叡感斜ならす候、弥々勉励これ有り　皇国の武威を海外に輝かすべく様御沙汰候事。

（『維新前後實歴史傳』）

その後、改めて両者の交渉が行われ、幕府側立会いのもとに協議の結果、薩摩の支藩佐土原藩の名義で、被害者遺族に対する扶助金を交付し、下手人は召捕り次第死罪に処すことと決定して、生麦事件が解決するのは、九月二十八日のことである。

この二日、大坂では、浪人の石塚岩雄が天神橋に梟首された。

『東西紀聞』によると、彼は、前月末に誅された植村長兵衛と同じく尽忠報国の浪士と名乗って、攘夷の時期に軍用金を要するなどと称して、富裕な家から金子を強奪して遊興に充てたため、壬生浪士に捕えられて処断されたとされ、『鴻池善右衛門』には、なお四日に、壬生浪士の芹沢鴨と近藤勇が、富商鴻池善右衛門に武器料三十両を寄進させて預り書を出し、その後も二百両を寄進させて受領書を出したとされているが、彼らの行為には、同質のものが存在している。（『新選組日誌』）

声高に「攘夷」が提唱される時流は、浪人たちに、一種の金策の口実を与えたが、芹沢や近藤らさえも、同様の行為に及んだことは、この頃の彼らに、「尽忠報国に志厚き輩」という本来目標を志向する真撃な姿勢が欠落していたことを示している。したがって、彼らに植村や石塚を処断する資格はなく、むしろ富商からの金子入手は、処断された二人の行為と同質のものと見なされ、そこにはすでに、誰からともなく「壬生狼」と蔑称されて、蛇蝎《だかつ》の如く忌み嫌われる素地が醸成されていた。

十一日、島津久光に対して、近衛父子と二条斉敬からも上京催促の書が送られたが、久光は、対英戦後の諸情勢の処理もあって上京できなかった。

江戸から御使番牧野鋼太郎が上京して、松平容保のもとに、関白へ提出するようにと、将軍の奏聞書の写しを持参したのは十二日のことで、その内容には、次の大意が記されていた。

このたびの攘夷の件は水戸中納言と一橋中納言が申し談じ(三月二十五日の徳川慶篤の江戸派遣の際とみられる)、叡慮を貫徹いたすよう仰せ出され、謹承いたしました。然るに、右両家が申し談じたところでは、方今の万国の形勢と皇国の人心のあり方などを注視すると、当今の攘夷の軽挙暴動では、必勝の成算がないばかりか、却って夷狄の術中に陥り、皇国の御恥辱となっては恐れ入り奉りますので、内治を整え人心が一致する機会に臨んで全国の力で掃攘し、叡慮を徹底したいと存じ奉ります。就いては攘夷の件は一切御委任下されるよう願い奉ります。これによって水戸一橋両家から差し出した書面を添えて叡覧に入れ奉ります。恐惶謹言。

容保は、この内容の及ぼす影響を考慮して、あえて関白にそれを上呈せずに手元に保留し、牧野を帰府させて別途、閣老に対して、次の大意の書翰を送った。

このたび御直書を差し上げられ御使者牧野鋼太郎が持参致し拙者と殿下へ右の御使いを勤めるよう仰せ下され、また御直書写しの拝見を仰せつけられて、各々方へ御直書を以て周旋致すように仰せ下された趣は謹んで承知仕りました。就いては直ちに殿下へお伺いして周旋仕るべき筈でしたが、いずれにしても重大な御事柄ゆえ篤と勘考仕りましたところ、攘夷の儀は叡慮の始終を易えさせられず深い思召しを込めさせられ、すでに昨年勅書をお請け遊ばされ、その上、上様が親しく叡慮をもお伺いして御決心遊ばされたのは勿論、その最初水戸中納言殿が何れも叡慮を御遵奉なされた後は、実に至々極重大の事件になっております。然る処御直書の通り方今の時勢人情はやむをえぬ御儀ではございましょうが、叡慮の始終は易えさせられぬ御儀ですから、右の時勢人情の已むを得させられぬ件々は、何故に方今の外国の形勢や皇国のあり方の掃攘が出来ず、何故に夷狄の術中に陥り、何故に皇国の恥辱となったかと申すことや、また、それではいかにして今後内治を整え、人心一致に向かい、いかにして全国の力を以て掃攘致すべきかなどを申し、策の大略はこのようでございますから、攘夷の期限一切を御委任下されたい旨を一々御演説御歎願なされ、それによってお尋ねされる件を御弁舌なされれば、自然、叡慮の御感動の道もあるのではないでしょうか。小栗下総守が派遣されたのも右の事情などを熟察せよとの御趣旨であります。そのため、何れ事柄を確実にお取扱いなされるお方でなくては御誠意も貫徹仕り兼ねますので、これらの処をよろしく申し上げられ、一橋公が御名代となって至急御上京し、尤も右へ各様の内事情に貫達のお方がお付添い登京の上御歎願申し上げられて当然と存じ奉ります。一通り拙者が御使を勤めることは容易な儀ですが、当地の事情はただ今御直書を差し出す時節ではなく、たとい拙者が陳述しようとしても、江戸の御様子の御書面外の事情は想像するだけですから、何か口実のようにも聞こえて、かえって不都合となるかもしれず、その間の深意は筆紙に尽くし難い事でございます。最も朝廷御尊崇の上で重大な事柄は、爰元よりの勅使の三条殿姉小路殿へ仰せつけられたことでありますのに、このたび御使番などを差し登らせたのは余り順当ではなく、かたがた事実不都合を生じてはいかがと存じ奉りますので、御直書は至重の儀にございますが上様の御為筋と存じ奉った上で、恐れながら拙者が一先ずお預かり申し上げますので、早々の御登京を偏に待ち奉ります。右は必竟事柄を重んじ事実成就を期し忌憚を顧みず申し上げ奉りましたので、此の段悪しからず御汲み取り仰せ上げられ下されたく存じ奉ります。右の趣早々に申し上げたく此の如くにございます。恐惶謹言。

尚又委細の次第は家臣へ申し含め差し下しますので宜しく御聞き取り下されますよう伏して希い奉ります。再拝。

（『守護職小史』）

ところで、七月十五日に壬生浪士と大坂力士が乱闘したとされているのが、六月三日の誤りらしいことは、先に述べた。しかし、『新選組遺聞』は、近藤勇が事件を西町奉行所へ届け出た際に、与力筆頭の内山彦次郎が「ただ無礼をしたから斬ったでは相わからぬ、如何なる無礼であるか、それを詳細に申されたい」と執拗に追求したため、近藤は「この上の立入ったおたずねを受けるような身分の者ではない」と述べ、「われわれは会津侯支配であるから、たって聞きたければ、その方へ照会されたらよろしかろう」

と突っ撥ねたので、喧嘩別れに終わったと書いている。

この内山は、翌元治元年五月二十日に、沖田総司・原田左之助・永倉新八・井上源三郎ら（一説に土方歳三・島田魁・山崎烝も参加）の手によって暗殺されたというから、事件は年を越して尾を引くことになるが、それにしても、乱闘事件の七月十五日説は、先の六月三日の近藤書簡から見ても不審で、誤りと判断できる。

十六日、松平容保は、牧野鋼太郎を野村左兵衛とともに江戸へ派遣して、将軍の直書の保留に対して謝罪させた。

二十一日、将軍家茂は、閣老を通じ、京都所司代稲葉長門守（正邦・淀藩主）に対して、京都警護は時宜により守護職の差図を受けて勤め、非常の際の京都守護は松平肥後守（容保）の指揮を受けるように、大坂城代並びに同付属役々のほか、在京の近国諸大名、伏見・奈良奉行始めその他役々へ達せよとの命を下した。

この命を受けて松平容保は、京都以外に大坂・奈良周辺一帯の警備指揮権を与えられて身を引き締めた。

二十三日、さらに容保は、朝廷からも、海岸防禦の件は往々にしてその不備を聞くため、紀州加太浦・播州明石浦などへ監察使を派遣したところ、傍観する藩があるらしいので、今後このような輩があればきつく沙汰して官位を召し上げるから、諸藩もそのように心得るべしと沙汰された。

親征論

在京の松代藩士片岡春熙の『莠草年録』に、八月二日のこととして次の記述がある。

……千本通辺に男壱人、女壱人切捨置候。是ハ二條御城内之者と申事ニ御座候。

（『新選組日誌』）

遺体の男は佐々木愛次郎で、女はその恋人あぐりであった。

この春、十九歳で浪士組へ入った大坂鎊職人の倅佐々木愛次郎は、八百屋の娘で十七歳のあぐりと恋仲になったが、たまたまあぐりに惹かれた芹沢鴨に、彼女を取り持とうとした佐伯又三郎は、佐々木に、隊長から見込まれたらどうにもならぬからと、脱走をそそのかした。

決心して、あぐりとともに脱走した佐々木は、待ち受けていた芹沢の配下四、五人に斬殺されて、あぐりは、佐伯に犯されようとして争っているうちに、舌を嚙み切って命を絶ったという。

この話を、八木為三郎（壬生宿舎の主八木源之丞次男）の遺談とともに、子母澤寛が『新選組物語』に書いているが、佐々木の死は、あぐりに対する芹沢の横恋慕から生まれた結果によるもので、それとともに、あぐりは、哀れにも惨死を遂げたことになり、事件は、芹沢の代表的暴掠行為の一つとなった。

四日、松平容保が伝奏から達せられた御沙汰書は、大要次のように鎖港・攘夷を幕府へ伝えよと迫るものであった。

去る五月十日蛮夷拒絶の期限を決定したとはいえ、横浜箱館両港の通商が未だに止まぬのはいかがかと思召されている。速やかに破約して攘斥すべきである。且つ長崎港拒絶の件は朝廷から仰せ渡されたが一同に早々に布告するようにとの御沙汰である。

朝廷側が、京都以外に大坂・奈良周辺の地へも勢威を示すようになった松平容保に対して、このように幕府に対する攘夷の実施を性急に督促したことは、幕閣よりも間近に存在する容保の権力に対して危惧を覚え、容保を当面の敵として意識したことを示している。

この頃、長州の松平大膳大夫（毛利慶親・萩藩主）は、吉川監物（経幹・岩国藩主）・益田弾正（右衛門介・萩藩家老・須佐領主）らを上京させ、関係筋へ攘夷親征の実施を強硬に主張させていた。

この時流の傾向を慨歎し、鳥取藩主池田相模守（慶徳）は、議奏に対して、主に次のような趣意の建言書を提出した。

……もし夷賊が近畿及び境辺に進んで伺うことがあれば、幕府が排除するのは勿論ですが、さもなければ公卿・諸藩の将兵に詔して皆殺しの術を尽くさせてもなお敗戦が多ければ、親王方が将帥となられた上での御親征が考えられます。この御評議は壮んとはいえまだその機会はありませんが、勅旨が一度下れば戻れません。それをお認めなくかりそめに仰せ出され、詔勅がしばしば信を失う時は、下の人心が上を疑い遂には皇権を軽んずる結果になるでしょう。匹夫の言を用いるのは堯舜の時代のみですが、軽々しく下の言を用いて国道を誤ることも少なくありません。何事も慎重な御処置で名実相叶って皇権が重ければ、兼ねて奉仰するところの王室に天下億兆の者で、従わぬ者がありましょうか。そのため御親征を此の上なく有難い事としてその機会に当たらぬ者は、かえって皇威を損ずるばかりでなく、もしこのことが天下に流布して実がなければ、結局は天下の心を失われるでしょう。しかし御親征の御希望は終始宸襟に御蓄え遊ばされたく、たとい夷賊が大挙乱入しても、宸襟はそのために撓めさせられず、また騒動や遷幸や鹵簿《ろぼ》の退くことがあっても、その時こそ鳳輦《ほうれん》は進んで尺寸も退かぬようにあらせられたく、天子の徳は始め潜んでのち広大に伸びるもので、兼ねて右の御英気を御養い置きますとまことに掩うべからざるものがありますから、御威徳を高めようとしない者は誰もいないでしょう。また、将軍が帰城されたので、関東では攘夷の計画が追々定まるでしょう。先に小栗長門守（下総守）が叡慮を奉じて下向しましたので是か非かの御請けがあるでしょうが、関東の儀はまずそのまま差し置かれ、中国西国の緊要の諸港へ監察使を遣わされて奏聞され、速やかにその賞罰をお糺しになれば、御親征同様となって朝威は盛んになるでしょう。右監察使派遣の御趣意を在京諸藩は勿論、四方の藩国へ御布告されたく、右御手続きに相成りますと過日も申し上げた通り明らかに列藩も朝命を慎守するでしょう。とにかく上の御処置が御鄭重でなければ恐れながら御実効は立たぬであろうと存じ奉ります。呉々も何事によらず朝議を尽くされ一旦行われたことは必ずお仕遂げになら

れるよう絶えず願い上げます。誠恐々頓首々々謹言

（『守護職小史』）

このように、慶徳の憂国の至情が吐露されても、なお朝議は強硬論が大勢を占めていたが、その情勢下で、中川宮も、政局の行方を深く憂慮していた。

八日夜、中川宮邸に差遣された議奏の権中納言徳大寺実則と国事参政の烏丸光徳は、宮に鎮西大使として中国・九州に下向させ、攘夷を実施させようとする内旨を伝えた。宮はこれを受諾したが、考える所あってか、翌九日にこれを辞退した。

しかし、宮のその姿勢とは無縁のように、朝廷内の親征論の高まりは、その留まる所を知らなかった。

同じ夜、城兼文（西村兼文）の『近世野史』によると、元長州藩で壬生浪士の斉木又三郎（佐伯又三郎）が、島原の廓内で捕えられ、翌暁、千本通り朱雀村の畑で、切り殺されたという。（『新選組日誌』）

『新選組遺聞』が伝える八木為三郎の話では、佐伯は、島原の女に迷って隊長の煙草入れの根付けを盗んだ嫌疑により、芹沢鴨に連れ出されて、頭から鼻筋まで割られたと語られている。

この話とは別に、西村兼文の説では、佐伯が長州藩士と交わってその行動を探っていたのを、久坂玄瑞が見破り、島原の角屋に呼び出して処置したとされている。

十二日、次のように勅旨が下り、大和行幸が発令された。

今度攘夷の御祈願として大和国へ行幸、神武帝の山陵春日社へ御拝、暫く御逗留ありて、御親征の軍

議あらせられ、其上にて神宮へ行幸の事仰出され候事、

（『維新前後實歴史傳』）

親征の発令は、突然であった。

この朝廷の姿勢を知った在京の会津藩士たちは、これで公武協調の道も絶たれると慨歎、激昂して、容保に守護職辞退を迫るほどであった。

この夜五ツ（午後七〜九時）頃、壬生浪士が、今晩葭屋町一条の糸問屋大和屋庄兵衛宅の土蔵を焼き打ちするから町内の者は一人も外へ出るなと町年寄へ達して、次のような行為に及んだ経過を『莠草年録』が記している。

浪士らは、大和屋の糸蔵へ放火する時、火が拡がらぬように、前後の建物を打ち壊してから、蔵の中へ火藁を投げ入れてこれを焼き払った。会津藩などから火消しが出たが、町内の者は一人も出なかった。額に白鉢巻を締め、襷掛けで高く袴の股立ちをとった浪士三十六人が、板切れなどを手にし、抜刀して火をつけていたので、火消したちは近づけず、何の手出しもできなかったという。

浪士らは、大和屋の本宅の内部から棒で屋根を突き上げて瓦を剥がし、引き裂いた羅紗や毛氈などの切れ端を棒の先へ付けて、旗のように方々へ立て、糸や布地の外に諸道具も表へ投げ出して山積みにし、その中の一人が、屋根の上から指図をしていた。

『官武通紀』によると、現場には火消しの他に所司代・両町奉行・諸屋敷からの手の者も駈けつけたが、

浪士らが抜身を振り廻すので近寄れなかったとされ、鳥取藩士前田水穂の『皇国形勢聞書』は、十四日の晩までつづいたこの騒動の蔭には、大和屋の交易で糸類を買い占められた衆人の難儀があったとし、西村兼文の『新撰組始末記』は、大和屋が朝廷に一万金を献じて、天誅組へ軍資金を提供した噂があったためとして、「芹沢ハ土蔵ノ屋根ニ攀リ、此体ヲ見下シ愉快セリ。」と述べている。（『新選組日誌』）

芹沢鴨は、近藤勇や新見錦とともに、浪士組の局長である。

彼は、常陸芹沢村の豪農芹沢貞幹の三男で、本名を木村継次と称した。

水戸系の尊皇攘夷論者で、烈公（徳川斉昭）を崇拝して、その遺志を継ごうと称していたらしく、剣は神道無念流を使い、常に携行する三百匁の自慢の鉄扇には「尽忠報国ノ士芹沢鴨」と彫り込まれていて、彼には、気に食わぬことがあればそれで部下を打擲するなどの粗暴な行為が、少なからずあったとのことである。

芹沢が、この騒動を指揮したことを考えると、先の大坂力士との乱闘事件も、彼のこの種の粗暴な性癖による言動に起因していたものと、充分に察せられる。

当然、松平容保は、芹沢の行為に怒りを示して、近藤・山南・土方・沖田・原田に彼の処置を命じたが、一方では、この騒動以上の由々しき事態が浮上する。

政変

八月十三日夜、一本木の会津藩公用人の寓居をたずねた薩摩藩士高崎左太郎（正風）は、秋月悌次郎（胤永）・広沢富次郎（安任）・大野英馬・柴秀治（太一郎）らに、容易ならぬ情報をもたらした。

「大和行幸の計画は、長州と流浪の徒真木和泉との密議によるもので、御親征の途次、にわかに諸卿に詔を下して天下に号令しようと策するもので、布令は国事掛などの過激な者が堂上を脅迫して企んだ叡慮を矯める偽勅です」

高崎の一言に、一同は色めき立った。

真木和泉は、久留米の祠官で、身を尊皇攘夷運動に投じ、筑前の平野国臣・肥後の宮部鼎蔵・出羽の清河八郎らと連携して、長州藩主父子にも討幕挙兵を建言するなどの動きにあったが、六月には上京して、学習院御用掛として出仕するようになり、洛中の尊皇攘夷派の中心人物となっていた。

大和行幸案が、真木の画策にあると知らされて驚きを隠せぬ一同に、高崎は、さらに重大事項を申し入れた。

「天子の御発輦は、二度と救えぬ事態を招くかもしれぬため、この際傍観すべきではなく、叡慮を安んじ奉るためには非常手段に訴えるべきです。我が藩の意志はすでに決まっていますが、残念ながら兵力が乏しいため、守護職で兵力の多い貴藩に是非御協力頂きたいのです。できなければ、薩摩一藩でもこれに当たるつもりです」

気迫に溢れる高崎の言に、緊張した秋月らが尋ねた。

「そのためには、いかなる手段がありますか」

「御聡明な中川宮様は、すでに情勢を御洞察されて鎮西大使を御辞退されましたから、宮に対して我らの考えを申し上げれば、御理解頂けるでしょう。その他に事態を憂慮される諸卿もおられるので、断乎行えば鬼神もこれを避けましょうから、事の成就は間違いありません」

秋月らは、直ちに黒谷の光明寺の会津藩本陣へ駈けつけて、松平容保に高崎の言を伝えた。

容保は、先に内勅を下賜されて天皇の真意に触れていたから、高崎がもたらした「偽勅」との一言に信憑性があるものと判断し、各部署の兵に対して、外出停止と待機を命ずる一方、交代のために帰国途上にある兵を召還した。(『守護職小史』)

この動きから、両藩の間には、いわゆる会薩同盟が結ばれた。

ここに会津藩は、その行く手に待ち構えている抜き差しならぬ方向へ、何らの疑念も抱かずに進み始めたのである。

このときの両藩の提携が、やがて戊辰の戦いの対決となって、会津藩の惨憺たる敗北を招く布石になろうとは、藩内の誰が予測し得たであろうか。

容保は、極秘裡に秋月・広沢らを禁裏南西の下立売門に接する中川宮邸へ急派した。

薩摩藩からは、高崎ほか京都留守居役内田仲之助（政風）と神職の井上弥八郎（石見）も同行した。

一同は、宮の諸大夫武田相模守（信発）を通じて宮に謁見を請い、委細を言上して支援を願うと、宮は承諾した。

「明日払暁に参内し、勅を奉じて相模守からその旨を伝えさせよう」

この宮の意向を受けて、高崎・広沢・大野・柴らは、急報のために待機した。


十四日を迎えると、関白鷹司輔熙は、鳥取藩主池田相模守（慶徳《よしのり》）・岡山藩主池田備前守（茂政《もちまさ》）を召して、大和行幸の趣旨を伝えた。

「幕府は五月十日の攘夷期限を定めながら未だに攘夷を実行しないが、長州藩はすでに下関で開戦したのに隣国の小倉藩は傍観していたという。聖上は、天下を励ますため、御軍議として石清水八幡社あたりまで鳳輦を進ませ給えば、諸藩も奮起して攘夷を決心するであろうとの御沙汰である」

池田慶徳は前水戸藩主徳川斉昭の第五子、茂政は同じく第九子だから、その幕府に対する影響力を期待されて旨を達せられたものらしいが、二人はその非を指摘し、かかる大事は在京諸侯の意見を求めるべきで、とくに老練の聞こえが高い米沢藩主上杉弾正大弼（斉憲）の意見を求めるようにと具申した。

関白はそれを容れ、在京諸侯を召集した。

参内した斉憲に関白が意見を求めると、斉憲は次のようにつぶさに陳述した。

「将軍が勅旨に違反していないのにもかかわらず、突然の御親征の仰せは、幕府を無視するもので適当ではなく、先に武職を御委任された勅命も無用になるものと存じます。攘夷は、公武一体天下一致で実施しなければ成功し難く、まして敵もいないのに御親征と申せば御威光を軽視されるでしょう。その上人気を高めるために八幡あたりまで出御されるとは、事は策略にもなって、天下の奮激を招くかもしれません。列藩が王室の守りにありながら鳳輦を悩まし奉っては、王室を守る資格もなく恐れ多いことですから、この件は御延期が望ましいと存じます」

慶徳と茂政も諫言したが、関白は嘆息した。

「学習院の強論があって、これは抑え難い」

茂政は、それでは国事掛の諸卿を召されたい、我らが論弁して理解させましょうと具申した。

その結果、国事掛・議奏・伝奏らが朝議に参加を求められ、公武列席の場で、親征の是非を問う激論が展開された。

斉憲・慶徳・茂政らの主張は当然であったから、異論であった者はすべてその説に屈伏した。国事掛の権中納言三条実美だけが賛成しなかったが、大勢には抗し得ず、ついに彼も親征保留説に屈伏する結果となった。

議論は寅の刻（午前三～五時）までつづいたが、不思議にも親征はさほど延期されず、発輦の日は二十五日と決定した。

一方、早暁に参内した中川宮は、簾前に伺候して奏上した。

「御親征の勅旨は最も重要な事柄でございますが、仰せ出された上は定めて神謀がおありでしょうから、お考えを承ります」

天皇は、不思議そうに下問した。

「何事であるか」

宮は、先に布告された勅書を奉った。

「朝議はすでに行幸を決しました。今日参内した諸侯で池田相模守・池田備前守・上杉弾正大弼らが親征の不可を諫争いたしましたのも、事の意外にして容易ならざる陰謀を企てる者の存在を察したためでございます」

奉呈された勅書を見て天皇は、驚愕して宣べた。

「親征の機会は今日にあると、三条や東久世（通禧・左近衛権少将・国事参政）からしばしば奏請があったが、思う所があって未だ許していない。しかし、神武天皇の山陵を拝しようと思うのは、朕の素志であるからこれを許したが、急いだものではなく、よい機会を定めて奏請を待つだけである」

「事実がこのように相反して聖旨に背き奉ることは、まことに恐れ多いことでございます。速やかに、趣旨を曲げた過激の者の御処分を、関白にお命じ下されたいものでございます」

「たとい関白に命じても、関白は三条らと同意しているから仕方がなかろう。朕には、宜しく熟慮する処があろう」

天皇の一言から、宮はすべてを悟り、深々と一礼して退出した。

高崎や秋月らは、武田相模守の返事を待っていたが、数時間過ぎても連絡はなかった。やがて諸卿の参内する頃になると中川宮は退出したので、高崎らが宮邸へ伺候して、武田相模守に事の成り行きを尋ねると、「今日は行われ難い」との返答を得て、柴秀治は、直ちにこの旨を黒谷の本陣へ急報した。

ややあって、秋月・広沢らが、宮に謁して事の首尾を伺うと、宮は彼らにその経過を伝えた。

「聖上はいたく偽勅を憎ませ給うたが、事は重大なので御即決されず、なおよく顧慮しようとの叡慮である」

秋月・広沢は落胆したが、事情を伝えられた会・薩両藩は、叡慮を助け奉るのは、中川宮以外にはいないと、意見の一致をみた。

薩摩藩側は裏面工作を着々と進め、高崎左太郎と井上弥八郎は、前関白近衛忠熙・国事御用掛近衛忠房の父子に、中川宮との協調を要請して受諾されたのは、十五日のことと察せられる。

会津藩の大野英馬らも、国事御用掛二条斉敬《なりゆき》を説いたが、斉敬は容易に賛成しなかったので、大野は懸命に力説した。

「その昔、御先祖の藤原鎌足公が蘇我入鹿を誅されて、すでに傾こうとする皇室の危機を挽回されたのは、今日のような場合ではありませんでしたか」

　大野の一言に、斉敬は、はたと膝を打った。

「よろしい。賛成しよう」

　中川宮は、これらの経過を報告されて直ちに参内し、委細を奏上して誓言した。

「近衛殿父子と二条殿も御同意されましたので、いかなる場合に至りましても、聖上が断然として御動揺なければ、雲霧を掃攘して叡慮を安んじ奉ります」

（『守護職小史』）


　この動向とは裏腹に、肥後・土佐・久留米・長州の四藩は、朝廷の命で行幸準備を分担することになり、真木和泉は、学習院で熊本藩の宮部鼎蔵・長州藩の桂小五郎（木戸孝允）・山田亦助・久坂玄瑞ほか、国事御用掛三条実美・国事参政東久世通禧・同万里小路博房・同烏丸光徳らとともに、親征実施の策を練っていた。

　その際に、在京中の鳥取・近江大溝・伊予小松・肥前佐賀・備前岡山・平戸新田・伊予大州・淀・米沢・丹後綾部・伊予新谷・長門清末などの各藩主は、大和行幸の随従供奉を命ぜられ、また、それぞれ国許にあった金沢・熊本・高知・久留米・長州・津和野の各藩主も、至急上洛して行幸に供奉せよと命ぜられ、薩摩藩主島津茂久も上洛を下命されたが、この態勢は、真木和泉の献策に基づくものであった。

　十六日寅の刻（午前三〜五時）、中川宮が参内した。

九州鎮撫使辞退のために上奏するとの名目であったから、参内は、誰からも怪しまれず、天皇に拝謁した宮は、ひそかに奸臣排除の件を奏上した。

天皇も同じ考えにあったが、時機についてはなお危険として、それは許されなかった。

宮は、辰の刻（午前七～九時）に退出した。

この朝、宮邸には広沢・秋月・高崎らが待機していた。

事前の打合せでは、中川宮が未明に参内して早朝に勅許を得て、堂上方が参朝する前に、会津・薩摩の兵が即時禁門を閉ざし、勅許のない者を一人も参内させずに、廷内改革を実施するという手筈であった。

ところが、宮の退出前に、過激派の公卿らが次々と参内してきたため、計画の実施が危ぶまれた。広沢・高崎らは、事が露顕したものと思い、黒谷へ一報したが、なお宮邸で待機をつづけた。

やがて退出した宮は、まだ事は発覚しないが、万一、密議が洩れるような場合は、速やかに九州へ下り、鎮撫使として任地の名護屋へ赴くほかはないと嘆息し、大いに苦慮の様子であった。

その夜、中川宮へ、極秘裡に次の趣意の宸翰が伝えられた。

……一昨夜の奏事を熟思すると、肥後守に命じて処理させる他はない。よろしく命令処分せよ。

宮は畏まって、直ちに旨を松平容保に伝えて待機させた。

十七日、たまたま大和国に一事件が発生した。中山忠光の挙兵である。

権大納言中山忠能の七男で、幼少時から奔放な性格であった忠光は、早くから尊皇攘夷派と交わり、三月には国事寄人の官位を返上して京を脱し、長州藩士や諸国の志士たちと連携行動をとっていたが、六月に京へ戻り、真木和泉や久坂玄瑞、土佐の吉村寅太郎らとともに、攘夷親征を画策していた。

大和親征の議が起きると、忠光は吉村ら百五十人ほどと行動に出て、大和の五條代官所に放火し、代官鈴木源内ほか五、六人を斬って、貢租を半減するなどと喧伝し、十津川などに布陣して気勢を上げた。

この報を受けた朝廷は、直ちに紀州・桑名・彦根ほか近隣諸藩に討伐を命じた。討伐は一進一退するが、やがて九月に入って平定を見る。

中川宮の諸大夫武田相模守から、会津藩の公用人に対して、国事御用掛二条斉敬・前関白近衛忠煕・国事御用掛徳大寺公純・同近衛忠房ほかの諸卿が参内したから、松平容保も即刻参内せよと仰せがあった旨の内報があったのは、この忠光挙兵の夜の九ツ半（午後十二時）頃であった。

子の刻（午後十一時〜午前一時）を過ぎた頃、中川宮が参内し、京都守護職松平容保・京都所司代稲葉長門守（正邦）は、国事御用掛葉室長順から書付を以て次の沙汰を達せられた。

薩州の御警衛は以前の通り仰せ付けられ、長州の堺町御門御固めは御免となり、その代わりは所司代へ仰せ付けられる旨を仰せ出された。

というもので、それとともに、即刻出兵せよと沙汰が下り、なお、関白及び要職の宮家堂上であっても、お召しのない者は一人も参朝できないという厳重な沙汰も下されて、禁裏を囲む九門はすべて閉ざされた。

また、両役並びに参政衆・国事掛寄人まで参内の差留めが達せられ、近衛忠熙忠房父子・二条斉敬・徳大寺公純らにつづいて、鳥取藩主池田相模守（慶徳）・岡山藩主池田備前守（茂政）・松平淡路守（蜂須賀茂韶・徳島藩世子）・米沢藩主上杉斉憲らのほか、在京諸大名にも、「主従必死の覚悟」で即時参内せよと沙汰された。

宗藩の名代として在京していた長州清末藩主毛利讃岐守（元純）以下の長州人は、ことごとく参入を停止され、非番の親兵の参入も停止された。

一方、会津・鹿児島・淀藩の人数も、武装して駈けつけた。

なお、禁裏南側の堺町門を警備中の長州藩屯所には、夜明けの頃、派遣された執次鳥山三河介からつぎの朝命が下された。

勅詔候事
堺町門守衛之儀は思召を以て唯今より免ぜられ候猶追って御沙汰あらせられ候迄屋敷に引き退くべく

堺町門警備の隊長は、「我々は君命で御門を守っており故なく退去できぬ、理由を示されよ」と申し立てたので、鳥山は一旦戻って朝廷と打合せた上で、再び朝命を達した。

攘夷一件は長州の処置叡感の御事に候。精々御依頼あらせられ候。但し数多の藩中の心得違い之輩之れ有り候ては如何故厚く鎮撫之れ有るよう唯今勅使を以て仰せ下され候間心得違い之れ無き候事
（『同前』）

この文面では、長州側には非がないように解釈されるから、長州を褒めているのか責めているのかは

曖昧で分からない。

むしろ長州の責任は不問にして、それは「数多の藩中の心得違い之輩」に帰せられるものとして、長州を刺激させぬ配慮が含まれていることが分かる。

長州側では、清末藩主毛利讃岐守（元純）・岩国藩主吉川駿河守（監物）・須佐領主益田右衛門介（萩藩家老）らが、宮廷内の突然の戒厳実施を聞いて出動しようとしていた矢先に、この急報を受けたから、狼狽して堺町門へ兵を率いて駈けつけると、固く閉鎖された門前には、武装の薩摩藩兵が厳戒していた。

長州藩兵も、甲冑姿で出動して、門の左右に向けて銃隊を配置し、砲を据えて狙いを定めた。

薩摩藩兵はこれを見て、勅命が下ってもこれに服さぬのは違勅行為のため、速やかに掃討すべきですと、松平容保に開戦の命令を求めたが、容保は、軽挙を戒めて命令を下さなかった。

この時、真木和泉は、三条実美に対して、三十二藩から選出の親兵（近衛の兵）二千を率い、強硬に参内して事情を聞くように勧めたが、三条の辞退により、それでは鷹司関白に冤罪を訴えようと方針を変え、三条は、親兵に守られて鷹司邸へ向かった。

三条らは、堺町門の東の鷹司邸の裏側から進入し、兵器を携えて邸の内外を固めた親兵は浮浪の者も含む数千人といわれた。

毛利元純らは直ちに鷹司関白に謁した。

「いかなる事態かは存じませんが、諸藩の兵が出動しましたのに、長州だけが一人も参内ならぬとの御沙汰は理解できません。長州に何かお疑いがおありなのですか」

「事態の理由は皆目不明である。諸太夫から伺ったが、唐門からの参入はならぬとのことでやむを得ない。ただ謹慎するだけである」

一方、壬生の浪士らに対しても、会津藩公用方の野村佐兵衛（直臣）から命令があり、五十二人が出動した。

『騒擾日記』によると、彼らは、上に山形を付けて誠忠の二字を黒く打抜きに書いた騎馬提灯を掲げて、浅黄色の麻地で袖口を山形に白く抜いた揃いの羽織を着て出動したという。（『新選組日誌』）

彼らは、「誠」の一字と、その下に山形を白く染め抜いた赤地の縦四尺、横三尺の旗を押し立てて二列の隊を組み、先頭に近藤勇が立ち、中央に芹沢鴨が位置して、ともに小具足で身を固めて烏帽子を被り、新見錦が最後尾となって進んだ。

彼ら一隊が、禁裏西南の蛤門から進入しようとすると、警備の会津藩兵が制止した。

「怪しい者と見受けるので通行はならぬ」

「怪しい者とは何か。我々は松平容保公お預かりの者である。お固めを仰せつけられ、仙洞御所まで参るもの、通らぬわけにはゆかぬ」

守兵らは、槍の鞘を払って詰め寄ったが、一同は退かなかった。

芹沢は、五寸ほど顔先へ突き出された槍の穂先を見ると、腰から抜いた鉄扇を開いてこれを扇ぎ立てながら、悪口雑言を浴びせた。

守兵たちは、一隊が壬生浪士であると知らなかったから、芹沢の傲慢無礼な態度に激昂した。あわや大事に至ろうとする寸前、飛んできた軍事奉行西郷十郎右衛門や公用掛が中へ入って双方を説得したので、騒ぎは収まって事なきを得た。

壬生浪士隊は蛤門を通り、御花畑を過ぎてその先の仙洞御所へ着くと、そこの会津藩守備隊から、味方識別用の黄色の襷を渡されて大いに喜び、それを肩から掛けて存分に戦えると勇み立った。

芹沢と近藤は、具足櫃に腰を掛けて待機し、浪士らは夜に入ると高張り提灯を四ヵ所に掲げ、それぞれ手提灯を揃えて、槍を脇に抱え、甲冑に凭れて仮眠した。（『新撰組史録』）

未明からの召命によって、会津・薩摩・淀の各藩兵は甲冑に身を固めて、武器を携え、砲を曳き、急遽集結して禁裏周辺の持場を固めた。一帯では、人馬の足音や、具足と武具の触れ合う音と、砲車の車輪の軋みなどが、大気を突き破って切迫する事態を告げていた。

間もなく、御所の南門近くの御花畑凝華洞から砲声が轟き渡った。人数参集を告げる空砲一発である。

すでに、簾前には中川宮が、近衛父子・二条・徳大寺ら諸卿とともに侍座していた。

宮は重々しく旨を達した。

「この頃、議奏・国事掛の者が長州の暴論に従い、叡慮にあらせられぬ事を御沙汰のように申したことは少なくない。中でも御親征・行幸等の事に至っては、現在その機会は来ていないと思召されているのを、矯めて叡慮のように実施したことについては逆鱗少なからず、攘夷の叡慮はお変わりないが、行幸は暫く御延引遊ばされた。一体、右のような過激踈暴の所業があって、全く議奏並びに国事掛の輩が、長州の容易ならざる企てに同意して聖上へ迫り奉ったことは、不忠の至りにつき、三条中納言始め追って御取調べに相成るべく、先ず禁足し他人との面会は止められる」

つづいて、執次鳥山三河介から次の諸卿に対して、「参内並びに他人面会無用」の旨が達せられた。

議奏広幡大納言忠礼　徳大寺中納言実則　三条中納言実美　伝奏長谷三位信篤　飛鳥井中納言雅典

野宮宰相中将定功　国事掛三条西中納言季知　東久世少将通禧　河鰭少将公述　参政橋本中将実梁

豊岡大蔵卿随資　万里小路権中将博房　寄人滋野井中将実在　東園中将基敬　烏丸侍従光徳　正親町少将公董　四条侍従隆謌　壬生修理権太夫基修　錦小路右馬頭頼徳　沢主水正宣嘉

間もなく権中納言柳原光愛・右衛門佐三室戸雄光が兵の護衛で参内し、議奏加勢を仰せ付けられた。また、先に解職されていた権大納言中山忠能・権大納言正親町三条実愛《さねなる》・宰相中将阿野公誠が召されて議奏復職の命があったが固辞したので議奏格とされ、なお、権中納言庭田重胤・左大弁葉室長順が、議奏加勢を命じられた。

非常事態を知ったその他の公卿らは、急遽参内しようと馳せ参じたが、各宮門で、「勅命なれば」と入門を制止されて、空しく立ち戻った。

その際に、国事御用掛野宮定功は、怒気を含んで守兵に迫った。

「かかる変事に、聖上を守護し奉って国家に尽くすべき我らの職掌を、何者が妨げるのか」

「勅命です」

「では仕方がない。守護職が参内したならば、職務を充分に尽くされるように伝えよ」

野宮は退去せざるを得なかった。

これらの経過から、公武合体派と過激尊攘派との権力抗争の方向は大勢を決し、中川宮を中心とする公武合体派は、とりあえず宮廷内に着実な地歩を築いた。

一方で、朝命で謹慎を命じられたにもかかわらず、三条実美が過激論者に迫られて、鷹司邸の裏門から邸内に入り、武装した親兵らもこれに従った状況に対しては、再び退去命令が下されたが、彼らはそれに従わず、邸内から溢れ出た者たちは、前進する構えを見せた。

高橋左太郎らの薩摩藩兵と会津藩兵がこれに向かい、鷹司邸の練塀の上から撃たれぬように布陣して対峙した。


七ツ半（午前六時）を過ぎた頃、権中納言国事御用掛柳原光愛《みつなる》が、混乱の中を鷹司邸へ下向し、やがて関白鷹司輔熙を導いて参内した。

簾前に召された輔熙に、次の大意の勅書が下った。

夷狄御親征の儀は未だその機会にこれ無き叡慮であった処宸衷を矯めた御沙汰の趣を施行に相成った段は全く思召しにあらせられず尤も攘夷に於いて叡慮は少しも替えさせられぬが行幸は暫く御延引を仰せ出された。

（『守護職小史』）

すなわち、大和行幸を、天皇の意志を曲げるものとして、その延期を意味するものであった。輔熙は謹んでこれを拝受し、なお、三条実美のために弁明して歎願した。

「お疑いがございましたならば、召されて糾問賜りますよう」

権大納言国事御用掛近衛忠房が、参内した諸侯にこの件の処置を問うと、松平容保が述べた。

「今は、召される時ではありません」

容保は、池田備前守とともに、その理由を具申すると、他の諸侯も同意見で、朝議はその方向に決定した。

鷹司輔熙は、かつて三条実美・姉小路公知らの急進論者をなだめて公武合体論を支持していたが、急進派の圧力で辞任した近衛忠熙に代わって関白となってからは、攘夷期限の決定を督促するなどの積極姿勢を示していたので、三条を庇護する態度をとったのだが、この日の彼は微妙な位置に立たされて、やがて四日後に辞表を提出し、それは十二月に聴許される。

鷹司邸内外の騒擾は六ツ半(午前八時)頃、一時静まったように見えたが、全く平穏というほどではなかった。

未の下刻(午後二〜三時)頃、鷹司邸前に三列に布陣した長州藩兵は砲を曳いて前進した。

その行動を、薩摩藩兵が、朝命に反する無礼と怒って砲撃の構えを見せると、会津藩兵も同じ態勢をとった。

その状況下に薩摩側は会津側に、長州が発砲したら応戦せよと伝えた。

百二、三十尺の至近距離にあった両軍の間隔が、次第に縮まると、二人の薩摩藩兵が、手槍の鞘を払って、長州藩兵の構える前に進み出て問い糺した。

「いずこへ参られるのか」

「鷹司関白殿下のお迎えのためである」

「ここは朝命によって通されぬゆえ、お帰りなされよ」

薩摩藩兵から静かに告げられて、長州側はやや後退したが、双方はそのまま睨み合った。

申の刻（午後三～五時）頃、二条の加茂川そばの長州藩邸に、柳原光愛が勅使として下向するとの沙汰が達せられると、毛利讃岐守・吉川監物・益田右衛門介らは申し立てた。

「藩邸に下がってお待ち申し上げるのは、幾重にも迷惑の次第」

これによって、勅使下向は鷹司邸へ変更された。

長州側としては、出兵して禁裏を目前にしながら、再び藩邸へ兵を引くことに、行動上の不利を察したのか、そのため、勅使下向先の変更を求めようと配慮したらしい。

その不遜でしたたかな申立てを、朝廷側は何の疑問も抱かずに容認し、勅使下向先を堺町門東側に接する鷹司邸へと変更したのである。その結果、長州側は、遠距離にある藩邸への退去が避けられ、あくまでも禁裏間近に位置することができた。

鷹司邸へ下向した柳原光愛は、次の趣意の勅命を達した。

攘夷御親征はかねてから叡慮にあらせられたが、行幸について疎暴な所置があったことについては御取調べがあった。攘夷はどこまでも叡慮が確乎であらせられるから長州でもますます尽力すべきである。これまで長州が朝家に効を示して人心も振興したことで、以後もいよいよ御依頼に思召しているので忠節を尽くすべきである。藩中は多人数なので鎮撫を加え、決して心得違いのないように勤王し忠力を竭すべき旨を仰せ出された。

文面は、長州の行為を譴責しているのか賞賛しているのかが不明で、そのいずれにもとれ、むしろ長州の姿勢を支持しているかのような感触を与えているが、勅命であることには変わりがない。

柳原が、万一跡暴の者がいて騒乱が発生しては、宸襟を悩ます事態を迎えるため、勅命を奉じて撤兵せよと説くと、讃岐守らはついに承諾したが、なお、次の骨子の嘆願書を呈上した。

勅書の趣は畏れ奉ります。しかし御取調べの儀はどうなっているか存じませんが、行幸などの儀はすでに御決定となり、正義忠誠で人望もある三条殿始め有志の公卿方を残らず御譴責されるようで又、堺町御門の御固めを除かれて脇方へ御預けられ、通路をも差留められた由で、その外各御門通路留めの御沙汰になり、ことに人数を多く引き入れて諸所の警衛を仰せ付けられたかれこれの御様子は尋常でなく、朝廷の一大事と存じ奉りますから関白殿下まで参殿いたし、九重内の御様子はお伺いいたしませんが、万に一つの心得難い儀もありますので、御座所近くを御警衛いたしたい寸誠だけで、家中一同跡暴の所業を仕る者はございません。この段を深く御諒察下され、三条殿を始め速やかに御復職あらせられ、その外の諸事について尋常のごとく御沙汰を仰せ出されますよう願い上げ奉ります。

この文面の表現からは、鄭重な配慮が窺われるが、反面、真っ向から朝廷の措置に抗議を示す姿勢が秘められていることに気付かされる。むしろ、なおも兵を禁裏近くへ進めようとするしたたかな意図が漲っている感を深くする。

さらに、吉川監物と益田右衛門介は申し立てた。

「薩摩と会津が、我が方に砲口を向けて不穏な姿勢を示しているのは、憤慨に堪えません」

柳原光愛はその言を容れ、薩摩・会津の両藩兵に対して達した。

「砲口を他へ向けよ」

やがて、長州藩兵が堺町門から退去すると、淀藩兵が代わって警備についたので、柳原は戻った。

しかし、その後ほどなく、なおも謹慎を命ぜられた三条実美ら諸卿が、御親兵とともに鷹司邸へ集まったと伝えられたので、再び勅使として、宰相中将清水谷公正が出向いて、三条以下諸卿に次の趣旨の朝命を伝えた。

思召しを以て参内並びに他行他人面会無用の旨を今朝仰せ出された処鷹司家に集会の由で容易ならざる儀は違勅で軽くなく参政国事寄人は止められたので早々に退散すべき事

参集していた公卿らの一部の者は、この勅命に服して退去した。

しかし、三条実美を中心に国事寄人三条西季知・国事参政東久世通禧・国事寄人壬生基修・同四条隆謌・同沢宣嘉・同錦小路頼徳らの七人は、再度の勅令にもかかわらずそれに服従せず、その数約二千七百人といわれる長州藩兵とともに、大仏妙法院の空殿に結集した。

朝廷は、諸藩に朝来の禁裏周辺の警護をつづけさせ、松平容保を御車寄北側の諸太夫の間に待機させた。

禁裏周辺の情勢が急変すると、洛中の人心の動揺を憂えた京都町奉行永井主水正（尚志）は、厳戒の態勢を整えた。

この日、松平容保に対して、武家伝奏の権中納言飛鳥井政典から勅旨が沙汰された。

今暁来非常の形勢混雑に付いて召され候処早速参上し鎮撫之段御満足の叡感に在らせられ候猶此上忠勤之れ有り候様仰せ出され候事

（『同前』）

一夜開けた十九日、三条実美ら七卿と久留米藩出身の随行者三十余人は、妙法院から約四百人の長州藩兵とともに西へ下った。世にいう「七卿落ち」である。

益田右衛門介らは、書状により重ねて次の要旨の退去の弁を申立てた。

勅書を仰せ下されたので歎願の次第は恐れながら委細を勅使へ先刻申し上げた通りでございます。如何の御評決を仰せ付けられるのですか。何度も願いの筋が叶うように謹んで御命令を待ち奉るべきところ、堺町御門の御固め御免を仰せ付けられたことについては、専ら国許の海防に尽力仕りたく存じ奉りますので、毛利讃岐守並びに吉川監物始め詰めていた者は只今より帰国仕ります。尤も攘夷はいよいよ御依頼されると仰せ付けられて有難く存じ奉ります。付いては此の上格別に挙国必死の尽力を仕ります。猶又歎願も仕りました通り三条殿を始め積年の誠忠に人望を集めた御方は今度攘夷の先鋒を御懇願あらせられる由につき、国許まで御供仕りますので、何分早々に御復職などの御沙汰を願い奉ります。以上。

内容は、あくまでも執拗に三条らの無罪を訴えるものであった。

しかも、退京の理由の一つを、攘夷の先鋒となる七卿に従うためとしている申し分には、多分に牽強付会の気味があるが、朝廷側でも、鷹司邸で攘夷の名によって忠節を望むなどの勅命を下している。その内容は、尊皇攘夷派の心裡を擽《くすぐ》るような文言を操って、過激派の行為を譴責もせずに曖昧な表現に終始しているようなものだから、結果としては、逆に過激派の言動を容認していることにもなる。

その反面、長州側は、勅書の文言の言葉尻を巧みに捉えて反論した。この両者の応酬は、まさに文書合戦ともいうべき様相を呈しているが、これらのやり取りは、この頃の政争手段の一側面を物語っている。

この日朝廷は、松平容保に対して、会津藩の行動を重ねて嘉賞する旨と、なお警備は諸藩の交代で行うようとの沙汰を下した。

また、朝議による取調べのために三条実美の参内を命じたが、すでに彼は西下していた。

これらの事態を受けて、なお朝廷は、諸藩へ次の趣意の沙汰を下した。

今般行幸御延引仰せ出され候得共攘夷に於いては早く成功を遂ぐべき累年之叡念に候之に依り勤王之諸藩幕府之示命を待たず速やかに掃攘有るべき之由叡慮仰せ下され候事

つまり、大和行幸は延期したが、攘夷については、幕府の命を待たずに勤王諸藩は速やかに実行せよというもので、この沙汰の背後には、なお幕府を無視する強硬論の存在が窺える。

二十日、参内した松平容保は、簾前で関白から次のように達せられた。

「一昨日の容易ならざる形勢により召されたところ、早速参上して御守衛したことに深く御安心御満足である。これにより親王御方にも御対面あらせられる。猶又御警衛あるように」

天皇・親王方への拝謁を賜った容保は、勤王の志を一層堅固なものとした。

二十一日、容保は、十八日の事態に対して、大要次のように書を以て発表した。

春以来かれこれ叡慮に反した上、攘夷御親征の期は未だ到達しないが、何れ御親征あらせられるべきに付き、御祈願の為大和国行幸にあらせられるべき叡慮之処、御親征の機会は今日を過ぎるべからず、旁大和国に行幸し軍議在らせらるべき旨をしばしば遮って言上に及び叡慮を矯めたことを容易ならざる次第に思召された。之により御取調べあらせらるべきに付き参内を止められたが押して参上計り難く且つ暴論の徒の引卒推参があっては紛乱に及ぶので九門の御固めを仰せつけられた。尚又長藩に於いても士気壮烈に過ぎるので踈暴論の輩もあろうかと計り難く止むを得させられぬ事で堺町門御固めを免ぜられた。然る処長藩追々引退の節三条中納言以下堂上七人を同伴して帰国に及んだことは朝威を憚らず甚だ如何に思召された。(『守護職小史』)

すなわち、容保は、過激な者の無謀な言動を非とし、長州藩兵が七卿を伴って帰国した行為は、朝威を憚らぬものと指摘したのである。

新撰組は、松平容保の命により、この日から市中の昼夜見廻りを開始した。

なお、先にも触れたが、『島田魁日記』が次のように記している。

同八月十八日、長州人引揚ノ節、当組南門ヲ守ル。其節転奏ヨリ新選組ノ隊名ヲ下サル。

転奏とは、武家伝奏のことで、つまり、朝廷から「新選組」という隊名を賜ったということである。思うに、この命名には、無名の壬生浪士らの出動に対する嘉賞の意味と、あわせて彼らの士気を鼓舞する意図が存在していたようである。

つまり、万一の開戦を覚悟した松平容保が、彼らへの配慮から、朝廷に対する隊名付与の働き掛けを行ったものと察せられないでもない。なお、本稿で「新選組」を「新撰組」とする理由も先に触れた。

長州譴責

二十二日早暁、新撰組は、平野国臣捕縛のため、木屋町三条下るの山中成太郎方を急襲した。

福岡藩士の平野は、安政五年八月に脱藩上京して、勤王の志士と交わっていたが、安政の大獄によって潜行し、諸国を転々として真木和泉などと交流していた。やがて藩に捕われて投獄され、のち許されてこの七月上京を命ぜられ、八月十六日に学習院出仕となった。

彼は、大和で中山忠光が挙兵すると、三条実美からその激発の制止を内命され、十七日に京都を発って、十九日に大和五條に着いた。

その二日前、先に触れたように、中山忠光らは五條代官所を襲った。

これを知った平野が、実情報告のため下僕熊蔵と、京都情勢深索の役目を帯びた天誅組の浪士鶴岡陶司（久留米脱藩）とともに京都へ引き返したのは二十一日である。（『新撰組史録』）

その夜平野は三条付近の両替商で志士の山中清太郎方へ止宿を予定していたが、偶然に東肥の者に会い、祇園へ登楼した。（「平野書簡」――『新選組日誌』）

翌暁、山中宅を襲った新撰組の数十人は、裏表から門戸を打ち破り、屋根瓦を剝いで押し入ったが、平野は、危うく難を逃れた。

二十五日、前権大納言正親町三条実愛・権中納言柳原光愛・右衛門督広橋胤保が議奏を命ぜられ、議奏権中納言広橋忠礼・同権中納言徳大寺実則・同長谷三位信篤は議奏を免ぜられて、なお、次の諸卿が差控の処分を受けた。

大蔵卿国事参政豊岡随資　左近衛権中将国事寄人滋野井実在　左近衛権少将橋本実梁　国事参政万里小路博房　侍従国事参政烏丸光徳　右近衛権中将国事寄人東園基敬

その理由は、春以来、毎度迫って言上に及び、また、今回の行幸の件で叡慮を矯めたためとされ、都を脱した三条実美ら七卿は、不法な進退があったためとして、官位停止を達せられた。

二十六日、在京諸大名が参内を命ぜられ、松平容保は、簾前の諸親王列席の場で、伝奏から「去る十八日召しに依り早速参内し禁闕守衛に尽力の儀は厚く叡感にあられ」との要旨の勅書と、御持ち古しの御末広等を賜り、且つ兵士末々に至る迄の苦労を思召しに付き賜り物があるのでそれぞれ配分すべき事と達せられるとともに金一万両が下賜されて、宸筆による次の勅旨の拝見を許された。

是迄彼是真偽不分明の儀有之候得共去る十八日以後申出候儀は朕が真実の存意に候此辺諸藩一同心得違無之様之事

つまり、十八日以後に申し出たことは朕の真意であると、改めて天皇の直筆で明示されたもので、ともにこれを拝読した諸大名は、今更のように、いかに過激派が天皇の意志を曲げていたかを認識した。容保が拝領した金子の配分対象となった諸藩兵は、八千四百六十一人であった。

二十七日、この正月に還俗した中川宮が元服して、弾正尹《だんじょうのいん》に任ぜられ、名を朝彦と賜ったが、のち元治元年賀陽宮と改称する。

この日、奈良奉行山岡備後守から大和一揆の動向を報告された朝廷は、松平容保を通じ、左近衛権中将野宮定功《ののみやさだいさ》の指揮下に、和歌山藩主徳川茂承（紀伊中納言）・彦根藩主井伊掃部頭（直憲）・津藩主藤堂和泉守（高猷）・大和郡山藩主柳沢甲斐守（保申）らにその追討を命じた。（『守護職小史』）

真木和泉は出京後、長州へ到着して二十八日、七卿の使者として山口へ赴き、毛利敬親に会って七卿の長州下向の趣旨を述べ、あわせて、京都における実権回復への協力を依頼した。（『真木和泉』）

二十九日、毛利慶親・定広父子に対して、大要次のごとき御沙汰書が、朝廷から達せられた。

去る十八日毛利讃岐守吉川監物以下家来共に不束の取計いがあり如何と思召されたので宰相父子へ取調べを仰せ付けられ之れに依って暫く九門内藩中の輩の往来無用となすべく御沙汰があり且つ過日の行幸御治定に付き父子の内上京かの由であるが行幸御延引の事ゆえ上京の儀は相見合わすべく追って御沙汰これ有るべきの事

この沙汰によって、長州藩は九門内から締め出され、藩主父子の上京も拒否され、留守居役なども帰国を命ぜられた。

この頃、毛利父子は、かねてから毛利家の執奏の労をとっていた侍従勧修寺経理を通じて、歎願書を提出した。

内容は長文なので、要約して掲げる。

宰相父子は叡慮の御貫徹を望んで東奔西走し、この春宰相は帰国して武備に専念し、長門守（定広・萩藩世子）は滞京して攘夷の策を献言後、夷艦を掃攘しましたが、効果がなく恐れ入ります。小倉藩は非協力でしたが、因循の徒から敵視されても尽力していたところ、十八日以後の状態となって、因循の徒からどのような讒言をうけるか計り難く、諸侯をすべて集めた上で建言奉るべきですが、かねてからの御親征の御宸断は、神州一致して遵奉すべきです。

主上が石清水へ行幸されて御指揮されれば神州は必ず一致可能で、父子はひたすら御親征の御時を建言し奉ったもので、将軍家の御職分も立つと存じ奉ります。

しかるにこの願いも分裂し、寸誠も灰燼となったのは、痛哭血泣に堪えません。

攘夷の勅を受けて以来帰国してからも安居したことはなく、国中を奔走して叡慮の有難さを諭し、鎮撫すべきですが君辱臣死の儀で余儀ないものと御憐察願い奉ります。

堺町御門御警備の御免は謹んで畏れ奉りますが、尊皇攘夷に対する尽力を御感されて監察使なども差し向けられたことに感拝し奉ります。

はからずもこのたび御警衛を除かれたことは、いかなる叡慮からか降心できず深く恐れ入り奉ります。

早速私が上京いたし、赤心をもって御理解いただく筈でございますが、異艦防禦を精々重大と心得て先ず家来へ申し含ませて差し登らせますので、これまでの寸誠を思召され、出御御憐察の程を伏して歎願いたします。

此の段然るべく御沙汰を仰ぎ奉ります。（『守護職小史』）

結局、この文面には、すべてが攘夷の叡慮を奉じた結果の行為であったと終始強調されていて、自らの非を詫びる姿勢は毫も見受けられず、情状を酌むべき文言もあるにはあるが、総じてあくまでも自らの正当性を主張して憚らぬ意図が、少なからず存在している。

九月一日、真木和泉は再び山口城へ赴き、毛利父子に対して挙兵の急務を建言したが、父子や藩の中枢部は、慎重な態度を崩さなかった。（『真木和泉』）

三日、朝廷は、三条実美ら七卿の処置を決定し、中山忠光の行動に対する処置を諸藩に沙汰した。七卿に対しては、連れ立って他国へ赴いたのは朝威を憚らぬ行為として、官位停止の旨が沙汰され、中山忠光については、五月に出奔し、官位を返上し、祖父以下と義絶して庶人の身となって、大和五條の一揆では侍従と名乗った無謀な行為には、勅諚と唱えていたため斟酌《しんしゃく》する者もいたようだが、称えた官名はすべて偽名で、朝権を憚らず勅諚を唱えたのは国家の乱賊で、一切は朝廷から仰せ付けられたものではないため、早々に討手の面々に洩らさぬようと達せられた。（『守護職小史』）

先の十九日、朝廷は諸藩に攘夷の督励を沙汰したが、これに対して江戸の幕閣からは何らの報告もなかった。

そのため朝廷は、池田相模守（慶徳・鳥取藩主）・松平越前守（茂昭・福井藩主）に対して、江戸へ赴いて督促せよと沙汰したが、二人はその使命を辞退した。

五日、朝議は薩摩・土佐両藩からの建言を入れて、諸藩の石高に応じて、配置していた御親兵による禁裏守衛を解いた。

芹沢鴨暗殺

十三日、新撰組の田中伊織が殺害された。

『新選組遺聞』は、壬生墓地の一基の墓の七名連記の碑面を紹介しているが、その中に「田中伊織墓」とあって、九月十三日を没日としている。

しかし、『新撰組始末記』は、「同二十三日、田中伊織ハ近藤ノ意ニ応ゼザル事ノアルヲ悪クミ闇殺ス。」と述べていて、「二十三日」は誤記らしい。

田中は、近藤の意に逆らったために闇討ちにされたようである。


十八日夜、近藤勇は、配下の者と謀り、かねてから暴挙を重ねて内外から顰蹙《ひんしゅく》を買っていた芹沢鴨を、その就寝中に襲って殺害した。

新撰組が、島原の角屋で三、四十人の宴会を開いたこの夜、芹沢と平山五郎・平間重助の三人は途中で壬生へ戻り、芹沢は先に自分に靡かせた四条堀川の太物問屋菱屋の妾お梅と、平山は吉栄（一説に桔梗屋の小栄）と、平間は輪違屋の糸里と就寝中に襲われた、と『新選組遺聞』が書いている。芹沢・お梅・平山が斬殺されたが、吉栄は、事前に手洗いにでも立って急を知ったのか難を逃れ、平間と糸里はどうにか逃げ切ったらしい。

襲ったのは、四、五人で、土方歳三・沖田総司・原田左之助・井上源三郎・山南敬助らしい。

なお、『新選組遺聞』では、新見錦が「芹沢暗殺に先立つこと十日前後、即ち文久三年九月五六日の頃、近藤土方一味同志のため、祇園新地の貸座敷渡世山緒で切腹させられて終った。遊蕩にふけって隊務を怠り、且つ度々民家を襲うて隊費と称し黄金を強奪した事が発覚したためといわれる。」と述べているが、芹沢が暗殺された十八日の十日前後も先となると、八日頃になるから、「九月五六日の頃」としているのは辻褄が合わない。

新見錦については、田中伊織ではないかとの説がある。

これらの経過から近藤・土方らは、芹沢中心の水戸派をほとんど壊滅に追い込んで、新撰組の実権を完全に掌握したことが把握されるが、この事件は、のちに見られる新撰組部内の少なからぬ内紛の発端ともなった。なお、芹沢暗殺を十六日とする若干の説があるが、ここでは割愛する。

八木為三郎の遺談によると、芹沢と平山の葬式は、前川方で二十日に行われた。

二人の遺体は、傷を白木綿で巻かれ、紋付の羽織袴で、木刀を帯びさせられ、寝棺に収められて、屋敷裏の蔵の前に安置され、僧侶が招かれた葬式には、隊士一同や会津藩士、多数の武士らのほか、水戸藩の芹沢の兄二人が参列した。

近藤は、隊の代表として、奉書紙に書いた弔辞を読み上げた。甲高い声で、読み方も態度も立派で、為三郎の父の源之丞は、後で感心してほめていたという。隊士たちは、鉄砲を担ぎ、弓を持ち、槍を立てたりして葬列を組み、粛々と墓地へ向かった。

この日、芹沢・平山の死因について、「刺客が忍び込んだのだ、長州の奴らしい」「いかに熟睡中とは云え、芹沢先生を殺した上、証拠一つ残さずに去ったのは敵ながら天晴れ大胆な奴だ」などの噂が立った。

八木為三郎談では、事情を知る源之丞夫婦が、くすくす笑っていたと『新選組遺聞』が書いている。

二十二日、真木和泉は、なお山口へ赴いて、毛利父子に上洛を勧めた。

二十五日、新撰組一同は、朝廷から褒賞として各自金一両を下賜された。

これによって、新撰組は、朝廷内からもその存在を注目されるようになった。

しかし、新撰組は、八月十八日の事件の策謀者やその加担者などの探索・検束を急がれたため、「市中見廻り」の本来の役割を、実質的には尊皇攘夷派志士らに対する秘密警察的行動そのものに転換され、当初の指標とした「尽忠報国」の大義は、次第にその影を薄められて有名無実のものとなり、もっぱら尊皇攘夷派摘発機関への変貌を余儀なくされた。

このように、尊皇攘夷派との対立に緊張を高めてゆく新撰組にとって、芹沢一派のような綱紀紊乱者や、その後に発生する長州側への内通者等に対する粛清は、隊組織の統制上からもやむを得ぬことではあったが、やがて冷厳苛酷な隊規が制定されると違反者が生まれ、一方で同士間の内紛や隊の分裂も起きると、新撰組は、発足当時の「尽忠報国」の指標から大きく逸脱する道へ踏み込む結果を、自ら招くに至る。

二十六日、中山忠光の一党は、追討軍の攻撃で壊滅し、忠光は長州へ走ったので、大和一揆はここに鎮静された。

その後忠光は下関に潜伏していたが、幕府の意向を憚る長州藩によって長門の豊浦郡田耕村の山中に送られ、翌元治元年十一月十五日、享年二十歳で長州藩の暗殺者の手によって絞殺される。

文久三年十月三日、島津久光が上洛して、二本松の藩邸に入った。

十日、国政に対する意見交換の目的で、松平容保の呼び掛けにより、祇園の一力楼で集会が開かれ、これには、薩摩・土佐・芸州・細川・会津各藩の国政担当者が参集し、近藤勇も招かれた。

その模様を、近藤は、故郷の佐藤彦五郎へ宛てたらしい廿日付の書簡に記している。

出席者は、酒肴の山海の珍味を前に酔いが進んだが、誰一人として国家の大義などについて、意見を述べる者はいなかった。

その中で、会津藩家老の横山主税や薩摩藩の島津某から意見を求められて、近藤は、おおむね次のように答えた。

「つらつら愚考いたしますと、只今まで薩長による攘夷はありましたが、それはそれぞれの国内の攘夷で、全国を挙げての攘夷とは申されません。それならば第一に公武合体を専一にし、その上で幕府において断然攘夷を仰せ出されれば、自然に国内は安全になると存じます。元来、外国のことからこのように天下囂然となり内乱を招くのではないかと存じます。恐れながら政府を助けて皇国が一致し、海岸を防禦する策略より外はないでしょう」

参会者は、近藤の言に賛同したという。

八月十八日の政変は、公武合体派によるいわばクーデターとみられるが、その結果、尊皇攘夷派の地下活動が息をひそめて、権威を回復した幕府は、新撰組の者たちに対して禄位を与える旨を達したが、十五日、近藤は松平容保に対して、次の要旨の申し分を上書してその扱いを辞退している。

……全体私共は尽忠報国の志士として御召しに応じ、……外夷攘払の魁となりたい趣意をこれまで愚身を顧みず度々建白奉った通りですが、未だ寸志の御奉公もいたさぬうちに、禄位などを下され、公勤は有難い仕合せとは申しながら、そのために報国の志士どもが、恐れながら万一御処置にくじけることがあってはいかがかと心配いたします。

尤も私共は新徴組のようには成り申さぬ積もりでございます。私共の存意は只々報国の為の寸効を捧げたく、既に去月中より関東においても鎖港の趣は承知しておりますので、やがて攘夷の期限を仰せ出された節は、尊命を蒙って醜虜に当たり、御馬前の御奉公のみを待ち居り申すもので、その上で卿かの禄位を仰せ付けられるのは有難い仕合せに存じ奉ります。

右の御沙汰の暫時のところの御免を仰せ付けられることを、組一統伏して願い上げ奉ります。以上。

文久三亥十月十五日

近藤は、その身を、皇命を尊んで攘夷の英断を賜りたいために在京しているものとし、あくまでも攘夷の先駆となろうと念願した。

彼は同時に、会津藩公用人に提出した口上願書の中で、次の趣意を述べている。

……八月中の御所妄動の一件で不肖ながら御固めを仰せ付けられ、昼夜二日冑を纏い武門にとって有難く存じ奉ります。その後市中の昼夜見廻りと、三条木屋町の奸人召捕りを仰せ付けられたのは、あわせて有難い仕合せと存じ奉ります。しかしながらこの件は今日の御奉公と心得ます。私共の志意は外夷攘払の魁をいたしたく、そのため愚身を顧みず、及ばずながらかれこれ聊か周旋いたしましたが、未だ私共の本懐の御奉公をしていません。

新撰組惣代局長　近藤　勇

（『新撰組史録』）

右の「三条木屋町の奸人召捕り」とは、平野国臣の探索を指し、新撰組にとって、八月十八日の出動に次ぐ公式の行動ではあったが、十八日のそれは、およそ攘夷とは直接縁のない内政上の政変に加担するもので、平野探索はむしろ、市中見廻りの域を越えるものである。近藤にとって、新撰組が市中の昼夜見廻りを命ぜられることは、結成当初に在京を認められるための方便としては意義があったが、隊士が増加して組織が充実すると、その統制上からも、本来の使命を再認識することが重要であったから、いつまでも市中見廻りの行動に終始するのは、不本意なことであった。

この頃の近藤が、この種の幕政に対する発言を憚らぬようになったのは、あわせて新撰組の存在が、周囲から注目されてきたことを物語っている。

十八日、先の六日に召命を受けた松平慶永が上洛した。

つづいて、先に東下していた一橋慶喜が上洛したのは二十六日である。

この年の暮、幕府は、新撰組に対する待遇を決定した。

局長近藤勇に大御番頭取として五十両、副長土方歳三に大御番組頭として四十両、副長助勤に大御番組として三十両、平隊士に大御番組並として十両の月々の支給であるが、先の上書で禄位を辞退していた近藤はこの待遇を受容したようである。(『同前』)

文久三年の暮が押し迫った頃、副長助勤の野口健司が死没した。

先に触れた壬生墓地の七人連名の墓碑銘に、九月十三日没とされる田中伊織につづいて、「野口健司墓同十二月二十八日」とある。

野口の死は、切腹によるものであった。

八木為三郎談では、父源之丞が、芹沢派没落で、野口も何か詰まらぬ事から詰腹を切らされたのだろうと語っていたという。

切腹の際には、同じ副長助勤の安藤早太郎が介錯した。

たまたまこの日は八木家の餅搗きの日で、介錯を終わった安藤は、そのまま顔色一つ変えずにニコニコと平気で餅搗きの合取りをしたという。(『新選組遺聞』)

野口の切腹が、自決によるものか、制裁によるものかは不明であるが、彼は、芹沢派の只一人の生存者であった。

芹沢派の一味として狙われる不安や恐怖感から逃れるために、彼が自ら切腹することは考えられるが、それは、覚悟があれば、介錯を求めずに実行できよう。もし、野口から介錯を求められたとすると、安藤が、それを制止せずに求めに応じたとは考えられない。

安藤は、上からの指示があったからこそ、介錯したのである。介錯を武士の切腹に伴う作法と考えると、上層部は、その作法に従った切腹を処罰として野口に与えたことになる。

処罰の理由は、芹沢派に属していたという一事に尽きる。その処断として切腹が命ぜられたものと解釈せざるを得ない。

しかし、理由は、果たして芹沢派の一味であったというだけであろうか。それでは、私怨に等しいものとなるから、原因は、その他に存在するかもしれない。

長州征討決定前後

その後、朝廷側では、八月の政変後の諸問題や長州問題処理を図るため、雄藩大名の上京を求めて、とくに一橋慶喜・島津久光・山内豊信・前宇和島藩主伊達宗城・松平慶永・松平容保らを中心に、前佐賀藩主鍋島閑叟（直正）・福岡藩主黒田慶賛（長知）・熊本藩公子長岡（細川）護美・加賀藩主世子前田慶寧らと協議した結果、公武合体の推進には将軍家茂の参画が不可欠であるとして、将軍の上洛を促すために、京都町奉行永井主水正（尚志）を江戸へ派遣した。

文久四年正月八日、将軍家茂は、翔鶴丸で西上して大坂へ到着した。十五日に上洛して二条城へ入った家茂には、公武合体の期待が寄せられていた。

その情勢下で松平慶永・伊達宗城・山内豊信・島津久光らは開港論に傾き、長州に対する処置等についてもそれぞれ意見があって、幕府側は全面的にそれらを受容しなかったが、やがて長州征討の姿勢をとる。

二十一日に参内した家茂は、次の要旨の宸翰を下賜された。

……朕凡百の武将を見るに苟も其人有と雖ども当会津中将越前中将伊達前侍従土佐前侍従島津少将等の如きは頗る忠実純厚思慮宏遠以て国家の枢機を任ずるに足る朕之を愛する子の如し汝等之を親しみ与に計れ……

二十七日、再び参内した家茂に対して、さらに宸翰が下った。

……豈料らんや藤原実美（三条実美）等鄙野匹夫の暴説を信用し宇内の形勢を察せず国家の危殆を思はず朕が命を矯て軽卒に攘夷の令を布告し妄に討幕の師を興さんとし……是等の如き狂暴の輩必罪せずんば有べからず……嗚呼汝将軍及国の大小名皆朕の赤子なり今の天下の事朕と与に一新せんことを欲す……

（『守護職小史』）

二月八日、一橋慶喜・松平慶永・伊達宗城・山内豊信・島津久光らは二条城で協議し、つづいて中川宮・前関白近衛忠熙らと打合せた結果、先ず長州藩支族と家老を大坂で喚問して七卿の帰洛送還を命じ、聞かなければ征討軍を派遣する方針を決定した。

十一日、幕府は、新たな人事として、松平容保を陸軍総裁に任じた。

十三日には、松平容保の陸軍総裁は軍事総裁と改められ、紀伊中納言和歌山藩主徳川茂承が将軍名代に任ぜられて、征討軍を統率することになった。

十五日、松平慶永が、京都守護職に任ぜられた。

二月二十日、改元により元治元年となった。

三月一日、真木和泉は、山口城で三条実美を迎えて開かれた宴会で、長州藩主毛利敬親に対して、「紀綱振粛」「政令簡明」「風俗淳美」「人事倹素」の四項目を当面の急務とするように上書、建言した。

新撰組は、結成当初に会津藩抱えとなってその恩義を感じていたが、幕政の新体制による守護職人事を不満として、容保の後任となった慶永の指揮下に入るのを好まず、従来通り容保の配下となることを幕府に願い出ると、三月三日に、京都所司代稲葉長門守（正邦）から、これまで通り会津藩へ預ける旨を容保に達せられた。

この頃、一方では、事ごとに優柔不断な幕府の姿勢が、在京の諸藩主へも失望を与えて、その中から離京する者も出てくると、尊皇攘夷派は再び生気を恢復してきた。

三月二十五日、一橋慶喜が禁裏守衛総督に任ぜられると、二十七日には、関東で水戸藩士藤田小四郎らが攘夷をとなえて筑波山に挙兵した。「天狗党の乱」だが、のちに武田耕雲斎も加担してやがて悲惨な結末に終わる。

四月七日、松平容保は、軍事総裁を免ぜられて再び京都守護職を命ぜられ、松平慶永は守護職を解任された。

『幕末維新京都町人日記』・『改訂肥後藩国事史料』によると、二十二日夜、河原町通四条下ルあたりで五、六軒の火災があって、二人の侍が通行の邪魔になったため、新撰組の者がその一人を捕えて調べると、長州屋敷の門番と述べたが、それらしくないので追々厳重に拷問したところ、長州人二百五十人ほどが入京していることを自供したという。（『新選組日誌』）

この情報を得て新撰組は、長州側が何らかの行動に出るものと予測して、警戒を厳にした。

二十九日、朝廷は、三月五日に勅許された庶政の委任に引きつづき、次の要旨の勅書を下した。

……此度大樹上洛列藩之建議も有之候間段々聖慮を以て先達て幕府へ一切委任遊ばされ候事故以来政令一途に出て人心の疑惑生ぜざる様思召し候就いては別紙之通り相心得急に職掌相立つ候様致すべき事

但し国家之大政大議は奏聞を遂ぐべき事

別紙

一　横浜之儀は是非共鎖港之成功奏上有るべき之事

但し先達て仰せ出され候通り無謀の攘夷は勿論致す間敷く候事

一　海岸防禦之儀は尤も急務第一に相心得実備致すべき事

一　長州処置之儀は藤原実美以下脱走の面々併びに宰相之暴臣に至る迄一切朝廷より御指図は遊ばされず候間御委任之廉を以て十分見込み之通り所置致すべき事

但し先達て仰せ出され候御旨意を奉り所置致すべき候事

一方今必用之諸品高価に付き万民難渋に忍ばざる次第早々に勘弁致し人心折合之所置致すべき候事

五月二日、参内した将軍家茂は、二十九日の勅書の四か条に対する御請書の中で、次の要旨を奉答した。

……長州之儀は別段御沙汰之次第も在らせられ候間寛大を旨とし至当之所置仕るべく候此の段御請け

申し上げ奉り候

（『守護職小史』）

この日、家茂は東帰の暇を許されたが、幕府は横浜鎖港と、長州処分の緩和を朝廷に誓約したことになる。

それまで、家茂在京によって公武合体が成立したならば、市中見廻りの現状から解放されるものと期待していた新撰組にとって、家茂の東帰は、一つの衝撃とさえなった。

そのため、近藤勇は、会津藩公用方を通じて、月番老中酒井雅楽頭（忠績）に対する大要次のような上言書の提出を依頼した。

謹んで言上奉ります。そもそも昨年以来大樹公（将軍）が両度の御上洛を遊ばされた処、近頃頻りに還御の風聞がある中で、昨日御暇に御参内の由、併し此のまま御発駕を仰せ出されては、天下の士民の動静にも拘わると申すべく、既に昨春中御上洛遊ばされ、攘夷の台命を御尊戴の上、御東下在らせられると雖も、その義はかつて行われず、よって昨秋中人心沸騰の折柄、長州の如き族《やから》も有りますので、攘夷鎖港の御談判は御捨て置き、台命に従い亦々御上洛遊ばせられ、公武の御一和皇国の基本御成立の御謀り在らせられる趣を承り、我々に至る迄有難く心得罷り在りました処、成功もなく、終に還御遊ばされる上は、亦々形勢は沸騰するように相成りましょうか。

尤も公武御合体国事御委任の趣は承りましたが、皇国の基本御成立の御処置は格別仰せ出されず、殊に目前の長州の御処置の裁許は如何共仰せ出されず、然らば更に基本鎮治の場には及ばれ難いかと恐れながら存じ奉ります。且つ外夷の儀は此の節攘夷鎖港亦は開国等の議論粉々と沸騰する折柄に御座いますが、全てこれが御成立する御英断かとは存じ奉りません。その上、私共は昨年以来尽忠報国有志と御募り相成り、即御召しに応じ上京仕り是れ迄滞京罷り在り、昨年八月中市中見廻り仰せ付けられ、当四月中相改めて見廻り仰せ付けられ、有難く相勤め罷り在ります。併し乍ら見廻りの為に付き御募りに相成ったのではないのではないかと存じ奉ります。尤も私に於いても見廻り等の御奉公の見込みには決して御座らぬ心得に御座います。万一変事のある節は一廉の御奉公仕りたく、一同は心得て罷り在りますが、既に莫大な御物入りを天下に御懸け、両度御上洛遊ばせられましたが、固基の御決断はなく、御東下に成れば我々の始終の御見込みは覚束無く迷惑が拘るので、自然に銘々が失策を仕出し、却って御公儀の御苦労にも預かることになり深く恐れ入り奉ります。万一御発駕に相成れば、銘々は離散を仰せ付けられるのですか。亦は夫々御帰しに相成るのですか。何れ共御処置を仰せ付けられるよう願い上げ奉ります。併し乍ら身分を顧みず国家の御大政を議論仕りましたことは、甚だ以て多罪至極で御座いますが、已むを得ず心中を申し上げたのみで御座います。恐惶謹言

元治元年子五月三日

新撰組総代

近藤　勇

（『新撰組史録』）

近藤の申し分は、幕府の攘夷の姿勢は曖昧で、尽忠報国の有志として応募したのに、市中見廻りだけを要求される新撰組に対して、解散させるか帰郷させるか、いずれかの指示を望むというもので、幕府

に対する不満を公然と突きつけたことになる。

七日、将軍家茂は大坂へ下り、十六日、天保山沖から海路で江戸へ戻った。

この頃、新撰組では脱走者が出たらしく、『史談会速記録』八十三輯に留められた阿部隆明(十郎)の談によると、阿部を含む一部の隊士たちは、近藤を倒そうと企てたが、到底成功の見込みがないため、一時解散がよいと決まり、五、六十人の隊士のうち約四十人が解散して、近藤の手下が七、八人残ったという。(『新選組日誌』)

約四十人の解散・離脱とは穏やかでないが、先の上書から見てもこの事態は事実らしく、近藤には、この頃の新撰組の将来に対する見通しについて、多くの混迷があったことが分かり、このような組織統制上の苦慮もあったらしい。

一方で隊士側にもその姿勢が影響していたらしく、とくに、芹沢一派や隊士の一部に対する一連の誅殺や処断からは、内部にはただならぬ陰惨な雰囲気が瀰漫《びまん》し、隊士たちは、我が身の行く末の不安を掻き立てられ、それらが不穏な気配を醸成して、多数の離脱者の発生を見たものと思われる。

近藤は、三日に老中酒井雅楽頭に上書を提出した際、洛中はまだ手薄であるから精々勤めるようにと諭され、やむを得ぬものと承服せざるを得なかった。

この頃の事情を近藤は二十日付の書簡で多摩郡柴崎村の中島次郎兵衛に伝えているが、その文中に「局中頻ニ男色流行仕候。」とあるので、近藤はこの点でも隊内の士気低下を憂えて、その対策に手を焼いていたらしく、この風潮を脱するためにも局面の転換打開に苦慮していて、中島に対する述懐となったものであろう。

二十日の夜、大坂西町奉行所の筆頭与力内山彦次郎が、新撰組の手で暗殺された。

内山は、四つ時（午後九時〜十一時）に番所を退出して、護衛の剣客一名を連れて駕籠で天満橋の上へ差し掛かった瞬間、「橋の袂にかくれていた沖田と原田が左から、永倉と井上が右側から、一斉に躍り出て、素早く駕外から沖田が一刀ずぶりと突込んで終った。」と『新選組遺聞』が書いている。

深手の内山を駕籠から引き出して首を刎ね、血だらけのまま用意の青竹に突き刺して橋際へ晒し、「此者奸物ニシテ灯油ヲ買締諸人ヲ困窮セシムルヲ以テ天誅ヲ加ウルナリ」と捨札を添えて立ち去ったという。

『新撰組始末記』では、これとは逆に、沖田・原田は右から、長倉・井上は左から撃って掛かったとし、首を刎ねて青竹に刺したのは沖田としている。

翌二十一日、四条御旅所妙見宮傍に、次のように、内山彦次郎の行為を弾劾してその処断を周知させる内容が「天下義勇士」の名で張紙されたと、『甲子雑録』が記している。

此者儀塁年驕奢ニ長し、不憚天下非道之所業、……賄賂に耽り依怙を以て御政道を横弄し、剰昨年已来私欲ニ任セ諸色高値根源を醸し、万民之悲苦を不厭、……昨廿日浪華天神橋上におゐて加天誅候所、……

（『同前』）

右の一文から一考すると、天神橋は天満橋の北側に架かっていて、西町奉行所から近いから、『新選組遺聞』が現場を天満橋とするのは誤りではなかろうか。

内山は、前年の新撰組と力士との乱闘事件で、厳格な取調べをしたために、新撰組から反感を持たれたと見られているが、灯油買占めなどの行為があったとすれば、それは幕吏としては許されぬものであり、右の張紙の中にもなお「同勤八田五郎右衛門、大森隼太、右両人一味同心故、下移時日加誅戮候間、」とあって内山の同調者二名を成敗したというから、これらが事実ならば、内山は、峻厳な奉行所役人であったという評価とともに、悪徳幕吏の側面もあったと見做されなければならない。

新撰組隊士の島田魁は、この頃の洛中の五月下旬の情勢として、その日記に、四条小橋辺りの元江州大津の代官古高俊太郎と同調する長州人の動向を、次のように記している。

……三百余人姿ヲヤツシ三条大橋辺ノ宿屋ニ泊リ居ル。当組島田、浅野、山崎、川島是ヲ探索シ、会津侯へ達ス。

これは、前月二十二日に捕えた者の自白によって開始された市中探索の一端と見られ、主に、島田魁・浅野藤太郎・山崎蒸・川島勝司らが行動して、新撰組はその状況を会津藩へ通報したものと分かる。

長州人の洛中への潜入は、やがて迫る新撰組の池田屋襲撃の前兆となるものであった。

池田屋事件

熊本藩の兵学師範であった宮部鼎蔵は、文久年間から清河八郎と交流し、三条実美の知遇を得て長州藩士らとも親交があって、洛中の志士間の重要人物であった。

六月一日、この宮部の下僕忠蔵が、南禅寺の熊本藩の宿所へ使いに行く途中で新撰組に捕われて、宮部の所在先を追求されたが、白状しないので晒者にされ、数日後、熊本藩用達の宿の女将に助け出されたと『宮部鼎蔵先生殉難百年記念誌』に記されている。

長州藩の京都留守居役乃美織江の覚書には、これを知った長州藩側が、宮部らを藩邸へ匿うことを決め、その後六、七日間は門留にしたとある。

『時勢叢談』には、この頃、新撰組が川の東で中間《ちゅうげん》風の不審な者を捕えて拷問すると、謀反の計画を白状したとある。

その内容は、長州浪士が前月末から京都へ約四十人、伏見へ約百人、浪花へ約五百人が到着し、尹宮《いんのみや》（中川宮）と会津藩を討ち取るため、南の大風を待ち、火を放って洛中を焼き尽くして目的を達成しようというもので、その中の約四十人は、放火のための焔薬を所持しているというものであった。(『新選組日誌』)

四日夜、古高俊太郎を、「四条小橋の僑屋(仮住居)に捕ふ」と『京都守護職始末』が書いている。その家宅内部を検分すると、多くの兵器弾薬が蓄えられてあり、その上、「會」の文字がある数個の提灯が隠されていた。「會」とは、会津藩の徽章であったから、彼ら一党は、会津藩を装って行動を起こす計画であったらしい。

探索したのは新撰組で、『会津藩庁記録』によると、この事態は五日早朝とされているから、検問は、四日夜から五日早朝にかけて実施されたものとみられる。

その行動は、先に逮捕した不審人物の自白からも、事態の切迫を察して大々的なものとなったらしく、この時点で要注意者の潜伏場所の二十か所余りを把握していた新撰組は、単独では対応できないので、会津藩に人数を差し出すように協力を申入れたと同記録にある。(『同前』)

捕えられた古高俊太郎は、父の周蔵が大津代官石原清右衛門に手代として仕えて、のち山城の国の山科毘沙門堂門跡の家臣となった縁から同門跡の近習となり、梅田雲浜の門に出入して勤王の志士と交流していたが、安政六年二月父が死亡して、文久二年八月に升屋方に養子となって喜右衛門と名乗り、高瀬四条橋の北で薪炭渡世を営んで、下女と二人で暮らしていた。

彼はその頃諸方に奔走していたようで、時に帯刀して出掛けることもあって家業を顧みぬため、親類から注意して戒めて欲しいと、木屋町筋を巡回地域とする新撰組へ願い出ると、新撰組も彼をかねてから不審と見ていたから、直ぐ様召捕って彼を糾問したと『改訂肥後藩国事史料』にある。

近藤と土方がこれに当たった。

首を斬らずに彼を捩じ伏せ、手足を隊士に抑えさせて、火を点した蝋燭を足の裏に立てて自供を迫った。蝋が溶けて流れ、皮肉が糜爛した。

古高は苦痛に堪え切れず、「遂に首伏す。」と『近藤勇』が記している。（『同前』）

古高は拷問に堪え切れずに白状したが、その内容は多岐にわたるため、長時間の自供となったとみられる。

『新選組日誌』によると、『維新前後之雑記』に記された新撰組の報告書から把握されるその内容の要旨は、以下の通りである。

……昨亥年（文久三年）十月、長州の児島百之助（寺島忠三郎）と申す者と交わり、その後、防長の騒動について有栖川宮（幟仁《たかひと》親王か）へ取鎮め方を願うように頼まれ、宮の諸太夫粟津駿河守へ取次いだので、毛利家の京都留守居役乃美織江から、銀十五枚を贈られて受取りました。
一　昨年から私方へ止宿致した浪人の名前は左の通りです。
肥後　萱野嘉右衛門　加屋四郎
河村半蔵　安田名不知
黒瀬市郎助　宮部俊蔵（鼎蔵の弟春蔵か）

丹羽（丹波）園部　前田名不知
丹州（但馬）生野　小山小三郎

一　大高又次郎は十年前から馴染の者で長州の具足師で河原町屋敷にいたところ、当年正月から私の裏借家に置きました。因州藩と申立てていました。

一　木大砲焼耐薬とも昨年八月河村半蔵から預かり置きました。尤も中川宮を焼撃すべき用立てに御座います。

一　久坂玄瑞は義助と改名し、去る二月初めて面会し、尤も長州屋敷で、水府の山口氏（徳之進か）と同席でした。

一　安田、川上、備州山中の三人は、但馬の銀山一揆（但馬生野での沢宣嘉の挙兵）の首領沢三位殿を尋ねて四国へ渡海いたしました。

一　河村半蔵は、二月末から募兵のため、隠岐の国へ渡海いたしました。

一　元山太郎、吉山六郎は水口（近江の国）へ参りました。尤も去年八月頃、大井貞吉を同伴して私の家にいました。

一　楢林正水は正月下旬から上京しており、長州表から軍兵二百人程を呼び登らせる積もりで御座いましたが、手筈違いになりましたので、伊勢へ参りました。

一　正月に、嶋津三郎（島津久光）から中村源吾を以て石清水八幡社の僧忍海へ、主上調伏の祈祷を頼んだので行法したところ、因州の士勝部龍男が、中川宮御内と申し立てて入り込み、くわしく修法を見分した上で、右僧を討ち果たしました（島津久光が天皇の呪殺を依頼したということは考えられないことだから、これは何者かが仕組んだ謀略工作であろうか）。

一　長州の士は、来たる八月までに大和の国龍田法隆寺へ出張の手筈で、尤も因州、備州両侯へ頼み、長門宰相父子（毛利父子）御詫びを請うためと申し立てました。

一　甲冑は、加屋四郎（熊本脱藩）以下の人々から預かりましたが、その人を一々覚えていません。

一　六月四日、因州家来（鳥取藩士）山部隼太が参って申すには、唯今大高又次郎方へ参ったところ、いよいよ近く中川宮を放火するように相談して急いで考えると、まだ時節も少し早く存じましたので、暫くのところ差し止めました。この剣玉は預かってくれるように申して、剣玉一つを預かり置きました。

一　筑前藩士中村円太（福岡脱藩）、薩州藤井印節対面の際、徳川氏の政道は因循姑息の次第なので、「不得止事幕府之蔵を此方へ申請候旨」（やむをえず幕府の蔵を入手する意か）を、中村円太から奉りました。

一　一橋殿、水戸殿、因州、備前、長州同意。中川宮は薩摩と御合体のように承りました。（中略）

一　肥後藩の河村半蔵は、大高又次郎の知己で、同人がいた時に出会った馴染で、昨年八月高瀬船で来て、竹刀だという菰包四個を暫く預かってくれるように言われたまま預かっていましたら、すべて木砲とのことでした。この者は「□□五日程」も止宿した外に、その外所々へ泊まって

一　同十六日下坂致し、十八日に変動があったので、七卿に付き添って長州へ行った由です。旧臘

また水口藩を頼って上京した由で、二月末頃から降ったので主水正（町奉行永井主水正）が行方を探索し、隠岐の国へ移動渡海致したかの趣を聞き及びました。

一　当四月初め頃、肥後脱藩萱野嘉右衛門、加屋四郎、河村半蔵、安田名不知、黒瀬市郎助、宮部俊蔵、并びに丹州園部前田名不知、都合七人が防州三田尻より上京致しました。右上京の儀は、三条家が堅く差止めたのを排して上京したので、長州藩邸へは立入り難い由を申し、右の内両三人づつ代わる代わる泊まりにきて、その余の者は上長者町烏丸西へ入る水戸邸に寄宿いたした由。右嘉右衛門等は、昨年中大高又次郎方で心易くなりました。手続きを以て便りが来たのちで、当五月晦日からこの者方は立ち去り、右跡に風呂敷包が置かれていて、これを取り片付けたところ、右は甲冑十領程あった由です。

一　六月四日、因幡の山部隼太が来て申すには、只今大高又次郎方へ参ったところ、いよいよ近く尹君（中川宮）を放火する手筈を受けましたが、まだ機会に至らぬ由を以て、暫く差留め置いたと聞いたので、この刎玉を預かってくれるようにと申され、玉一つを預かって置いたので（徳利位で、火薬は高音高発の由）、尤も機会はなくその他は、当月五日頃又々薩州が上京するかとの噂で見合わせた由。大井貞吉から竹の筒五本を預かりましたが火薬とのことです。（後略）

なお、『甲子雑録』には、長藩や諸藩の者・浪人・儒者・百姓なども含めて四十人ほどが、いずれも町人に扮していて、姿を変えないのは、堂上方へ奉公に入り込んでいる僅か三人で、その他は大坂や伏見に潜伏中で名前や人数は不明と、糾問された古高俊太郎が答えたとある。

さらに、家屋内を調査すると、木砲四、五丁ほどの菰包や、小石と鉛玉を混ぜた樽詰があり、その他具足十領や、大小の火薬の竹詰数本もあり、試しに燃やすとそれは焼薬で、所持していた密書の中には、「過日承合候通、烈敷風を機会とす」と書いたものがあり、また、陰謀の事などを熟知しているらしいので、全く会合場所だけを貸したものではなく、（古高は）矢張り右連中の仲間のように見えた旨を記している。

加えて、『改訂肥後藩国事史料』には、大筒の玉が葛籠に六盃あり、多量の松烟を買い込み、大坂から西高瀬に積み上げた鉄炮・大炮は船に六盃もあって、四条千本で露顕したのは俊太郎の仕業に相違ありませんと記され、仲間の者としては、近江屋弥三郎の倅菊次郎・霊山正法寺住持秀山の弟子念道・同培頭永寿院文阿弥光山・升屋喜右衛門・伊勢屋庄七の倅又七の名が上げられていて、さらに、長州人や浮浪の者が入り込み、昨年八月十八日の事件に報復する計画で、来たる七日、祇園節会の動揺に乗じて御所へ火を懸け、天皇が玉座を御立退きになられたら、鸞輿を強奪し、長州へ擁下し奉る積もりのようですと白状した旨が記されている。

一方、『会津藩庁記録』には、「甲冑十組程、鉄砲弐三挺」のほか、長州人と交わした書面があり、きっと何か「一術」がある様子に見えた由で、甲冑鉄砲などは直ちに土蔵へ入れて封印したと書かれている。

武具類を押収し、格納して封印したのは、新撰組と思われるが、同記録はさらに、「今朝印封致置候土蔵打破り、甲冑鉄砲奪取られ候由所、役人註進申越候ニ、付而ハ寸時も其侭難差置候間、只今出張長州召捕候間、御人数拝借、公用人一人出張被仰付被下度旨、新撰組申出候。」と記し、また『甲子雑録』は、

「新撰組より会津侯江早馬ニ而駆着候。」と記している。

会津藩側は評議して、放置は職掌上許されず、眼前の危機を防ぐために召捕れば、長州側の一層の恨みが増すものと深く憂慮したが、他に工夫もなく、機会を失うと却って相手に機先を制されるので、やむを得ぬ場合と決し、容保の意向を求めた。

容保もやむを得ぬと決心し、一橋慶喜始め所司代・町奉行と打ち合わせて同意を得、それぞれの人数繰り出しの都合などを申し合わせた。

容保は病中であったが、重大事なので、関係者を召してとくに懇ろに意中を伝えた。

一同は有難く涙に咽んで退出し、新撰組には、祇園会所に夜五ツ時（午後七～九時）の「揃之約束」が伝えられたとは、『会津藩庁記録』の記すところである。


一方、古高俊太郎が逮捕されたと知った長州藩邸では、武器等が押収された以上、古高宅へ押し寄せて戦い、直ちに新撰組の壬生の屯所へ向かって一戦に及んでも彼を取り返すため、邸内の人数を出せないかとの意見が生まれたが、留守居役乃美織江は、それは許されぬから一同で申し合わせるように、尤も軽挙は後の害になろうから如何かと思われるので、熟考されたいと述べ、なお潜伏中の者から吉田年丸・宮部鼎三外一両名を呼んで会所で説得して戦いは中止されたと、「乃美織江覚え書」が書いている。

また、『維新土佐勤王史』は、大要以下のような刮目すべき長州側の方針を記している。

前策　壬生方（新撰組屯所）を囲んで焼き討ちをして皆殺しにし、京の騒動の中で伝奏・議奏に願って長州を入京させるようにする事。

中策　その成功の時は、伝奏・議奏衆を討ち取り、「正論の御方は改革し」、朝廷に願って、一同割腹の事。

余策　京都一変の上は中川宮を幽閉し、一橋を下坂させ、会津の官職を削り、長州を京都の守護に任じ、攘夷一決の議を、宸衷を以て将軍に命じ、天下に流布致す事。

（『同前』）

右の方策の中で、長州兵の入京を誘導させる伝奏・議奏を、計画成功後に討ち取ろうとする意図は理不尽である。

「正論の御方は改革し」とは、三条実美一派の官位復旧を目指すものか、中川宮・一橋慶喜・松平容保の処分と、それらに代わる長州の復権まで企図されているこの密謀は、前述の鸞輿の強奪策とも併考すると、その内容・規模からして、いわば改革であって、最早、一刻も猶予、看過し得ぬ事態を迎えていた。

その事態の急迫にもかかわらず、会津藩の出動には遅々たるものがあった。

新撰組による古高俊太郎逮捕は、四日の夜から五日未明にかけてのことである。

先に述べたように、古高の自供内容の密度から見て、その状況分析には、恐らく五日の午前中を費やしたのではなかろうか。

その後に会津藩が対策を協議し、所司代・奉行所へも状況を連絡して、五ツ時（午後七時〜九時）の祇園会所への集結を決定したのは果たしていつ頃であったか。

『新選組遺聞』の八木為三郎の目撃談では、隊士たちの中には、白いかたびらの下に撃剣の竹胴を着けた者もいて、「三人五人ずつ、草履をはいたり、駒下駄をはいたり」して、ぶらぶらと出ていったのは「お昼頃だったと思います。」と語られている。

彼らは、三々五々に祇園会所へ向かい、そこで武装するのだが、新撰組は、昼頃には隠密裡に行動を起こしていたから、会所への集結命令は、これと前後して、関係方面へ伝えられたものと考えられる。

それにしても、新撰組の行動開始は、所定の集結時刻よりも六、七時間早いが、夜陰を待っての襲撃だから、集結の際には、昼間や宵の口の市中の雑踏を避ける配慮があったものと察せられる。翌六日は祇園祭の宵宮だから、この日の市中には、すでに祭気分が漲っていた。

七ツ時（午後三時〜六時）頃からは、会津・彦根・松山・浜松・桑名の各藩兵と、壬生浪士・町与力・同心らが、三条大橋の西の小橋から北は二条通り、南は松原通り付近までの一帯の随所に、四、五人または五、六人ずつ「……何となく問合せ等いたし居候之体。」と、『時勢叢談』に書かれているから、会津藩以下の諸藩や各職も、午後には警戒体制に入ったことが分かる。

また、『莠草年録』に収録の「浮浪之徒探索手扣」には、四条河原町・芝居前路次・祇園町・建仁寺寺町・大仏下河原町・木屋町三条・河原町二条・三年坂・仏光寺寺町界隈の、かねてから注目中の旅宿や下宿、商家などで、この日検問、訊問、または逮捕した者の名が上げられていて、精細緻密な市中探索の実相が把握される。

その結果、付近に多数の潜伏者が確認されたが、文中に「同丹寅より二三軒目ニ而対馬人よし」とあり、つづいて「長人平岡 桂」の記述がある。

木屋町三条上ルに河原町屋敷（長州藩邸か）があり、丹寅から二三軒目が「対馬人よし」とは、対馬の者の住居（対馬邸か）ということで、そこにいた長人の平岡と桂は退去したらしい。桂は桂小五郎だから、彼はここで名を知られたらしいが、集結場所の池田屋を間違えてここへ来たのであろうか。池田屋での集結時刻に早かったために探索の目を逃れたらしいが、その他に、追われて数人が斬られ、逮捕された者もいたとあるほか、三条小橋西入りの長州藩の定宿池田屋では、「上下二人位有之由士之者五人何れも斬捨申候」とあるのは、二人の者が、一階と二階で五人の手により斬り捨てられたと解されるが、これは、池田屋襲撃が開始されてからのことであろう。（『同前』）

桂の挙動については、『新選組遺聞』が書いている。

（……よく問題になる長州の桂小五郎は今宵この斬込の二時間ばかり前に一寸顔を出したが、同志が誰もいなかったので近くの対州屋敷へ用達に行っている間にこの事件が起きて危うき処を免れた）

桂は集合場所の池田屋へ寄り、同志不在のため対馬邸へ向かったというが、これが前述のように丹寅から二、三軒目であったらしい。

新撰組が、長州浪士らの集結場所を池田屋と把握するまでの経過は、目下不明だが、それが確認されたのは、前述の逮捕者から得た情報によると考えられる。

出動状況は、『改訂肥後藩国事史料』から次のように把握される。

新撰組は、初夜（夕方から夜半まで）に四条あたりから北上し、会津藩の人数が二条付近から南下して、一ヵ所（祇園会所か）に落ち合う約束であったが、会津藩が一橋慶喜や所司代松平越中守（定敬・桑名藩主）に申入れて人数を繰り出したのは、夜九ツ（午後十一時～午前一時）頃であった。

その理由を『会津藩庁記録』は、「短夜ニ而追々相後れ、」とし、会津藩が繰り出したのは「四ツ（午後九時～十一時）近ニも可相成候哉」として、「新選組に而ハ待悶へ一手ニ而召捕方相始──」と記している。

先に決定された集合時刻は、五日の五ツ時（午後七時～九時）だから、その刻限を過ぎても現れない増援隊を待ち切れず、この夜、新撰組は単独決行に踏み切った。

ところが、『改訂肥後藩国事史料』には、一橋慶喜・松平容保・松平定敬に対して、「当月六日早朝ニ召捕候様前日五日ニ勅令下り候処」とされているから、この一文から再考すると、勅命が達せられたのは、会津藩の藩論統一後で、それに伴って祇園会所への集合時刻が決定されたものと考えられる。

勅命は討伐を六日早朝と指定しているから、そのためには、五日深夜からその態勢を取る必要がある。五ツ時という集合時刻の設定は、諸隊の出動準備に余裕を与えるためであろう。しかし、その中で、一橋家の人数は参着しなかった。（『同前』）

新撰組の出動者は、仙台藩士玉虫左太夫が記した『官武通紀』の「六月潜伏浪人探索始末」には「……但四十八人之中、前以出奔、当日出役三十人計」とあって、事前の脱走者がかなりいたことが分かるが、近藤が事件後に故郷へ送った書簡にも、「局中、病人多にて、僅三十人」とある。
事前の脱落者を、病人と言い繕っているのは、少数の隊士で戦わざるを得なかったこの日の近藤の苦慮をも物語っているが、事件後に幕府からの論功行賞の該当者となったのは三十四人だから、これがこの夜の出動者数となる。（『新選組遺聞』）
『孝明天皇紀』は、「六ツ半時頃」（午後八時頃）になってから、手槍を携えた二十人ほどの新撰組が、祇園町の越房という茶屋を探索したが、長州人を一人も発見できず、その後「四半時頃」（午後十二時頃）に会津・桑名の人数が加わって、同所の井筒方を探索したところ、おなじく一人もいなかったと記している。
新撰組は、集合予定時刻以前から探索を開始し、それは池田屋へ突入する寸前までつづけられていたのである。
以上の探索経過からみると、長州浪士らの集合場所は、容易に把握されなかったらしいが、新撰組がようやくそれを池田屋と確かめ得たのは、前後の関係から四ツ時（午後九時〜十一時）頃と推測される。
『時勢叢談』には、二更（午後九時〜十一時）の頃に、池田屋で長州藩の十六人が酒宴しているらしいので、その隣家や向かいの家などに、池田屋の間口などを詳しく聞いて「終に壬生浪士踏込」とあるから、新撰組側が、事前に周到な事前調査の上で行動したことが分かる。（『新選組日誌』）
池田屋へ突入前後の事情は、近藤勇が、事件後の八日夜に江戸の養父周斎らに宛てた書簡に記されていて、長州側一党が、三条小橋の旅宿池田屋惣兵衛方と、縄手の旅宿四国屋重兵衛方へ集合したことを把握した新撰組が、四ツ時（午後九時〜十一時）頃、二手に分かれて打ち入ると、土方歳三以下が向かった四国屋には一人もいなくて、近藤らが向かった池田屋に多数が潜伏していたとある。

『新選組遺聞』は原田左之助・谷三十郎らが出口を固め、近藤勇・沖田総司・永倉新八・藤堂平助・近藤の養子周平（十五歳）が内部へ踏み込んだとして、長州側参集者を二十一人としている。

永倉新八の『七ケ所手負場所顕ス』の記すところでは、中へ入った近藤に呼ばれたらしい主人の池田屋惣兵衛がしぶしぶ出ると、「御用改メ」だから案内するように告げられて驚き、彼が奥へ駈け込む後を追って二階へ上った近藤は「長州藩ニ御用改メ」と伝えると、二十人ばかりが抜刀して立ち上がったので、「不礼イタスト用捨ナク斬リ捨ル」と告げ、「夫ヨリ互ニ切戦」になって、事態は急進したとある。

『西川正義（耕蔵）先生伝』によると、近藤始め三十余人は鎖帷子を着て鉢鉄などを締め、刀槍を携えて襲った。この階下の騒音を聞いても二階の参集者は、後れた者が来たのだろうとあえて意に介さなかったが、「忽チ館主惣兵衛ノ急ヲ報スルニ接シ、始テ其敵ナルヲ知リ、各結束シテ起ツ。」と騒然となり、激闘が展開された。

永倉は、なお次のように書いている。

内は近藤勇、永倉新八両人。井上源三郎同志拾名引連レ池田屋エ這入リ、拾人ノ手ニテ、長州人八名生捕ル。井上源三郎弐階エ上リ、長州人一名斬リ捨テル。

（『同前』）

この記述から、井上源三郎以下十一人は、屋内に進入して逮捕に当たったと分かり、襲撃人数は近藤ら七人と合わせて十八人となるが、この戦いで即死する奥沢栄助や、負傷してのち七月二十五日に死亡する新田革左衛門・安藤早太郎を加えると二十一人となる。

なお、『京師騒動見聞雑記録』は、藤堂平助を「別而盛なる壮士の由。当年十七歳。此以前より度々の鎮静之砌もいつも先掛いたし候者之由。則、右池田屋に真一番に切入候処、深手を負ひ半死半生にて、志かしいまた存命の由御座候。兼て魁先生と被呼候程之者の由。」と記している。（万代修氏「同時代人の評価」――『新選組のすべて』）

ちなみに藤堂は、天保十五年生まれの数え二十一歳であった。

また、『新撰組始末記』の「藤堂平助ハ小鬢ニ薄手ヲ被ムリ、長倉新八ハ篭手ヲ切ラレ――」との記述では、藤堂の負傷状態に前者との差があり、さらに、先の永倉の記録には「此時キ藤堂平輔眉間ニ手負イタシ、出血多ク出ル。無余儀表エ出ル。長倉新八手ノ平ニ手負イタス。出血多ク出ル。我慢イタシ其場ニテ傷キ居リ四名斬リ捨テル。……沖田総司俄ニ持病ガ起リ、無拠表エ出ル。」とあるから、藤堂平助は、一番乗りで重傷を受けたものと分かる。（『新選組日誌』）

間口三間半、奥行十五間、総建坪八十坪の池田屋は、表二階の八畳二間と裏二階の五間の造りで、その八畳二間へ、一挙に二十人以上が突入して激闘になったのだから、その様相の凄まじさが分かる。

一時間余りの戦いの中で、藤堂平助は不意に襲われて眉間をやられた。その状況を、のちに永倉の遺談として、子母澤寛は次のように書いている。

（敵が不意に藤堂平助を襲って平助が眉間をやられた時に、横合いから永倉が「お小手！」とこれに仕懸けた、敵も「どっこいそうは行かん」と受け流して、仲々物凄い腕であった。永倉は着込の前襟をずたずたに切られる程に苦戦して漸くそれを斬り、倒れるところへもう一太刀を振り下ろしたはずみに、その下がたたきになっていたため、力余ってここへ斬込んで折って終った――永倉翁遺談）

藤堂の刀は刃先がささらのようになり、彼は鉢金を打ち落とされて深手を受けた。藤堂和泉守（高猷《たかゆき》・津藩主）の落胤と称される彼は奮戦したが、のちに油小路事件で闘死する。

近藤は書簡の中で「一時余之間、戦闘に及申候処」と述べ、永倉の刀は折れて、沖田総司も刀の鋩子（切っ先）を折られ、近藤の養子周平は槍を切り折られたが、「下拙の刀は虎徹故に候哉、無事に御座候」とも記していて、また、これまでの戦いで、相手と二合と刀を打ち合わせたことは、稀にしか覚えがないが、この夜の敵は多勢とはいえ「何れも万夫之勇者」であったと、戦いの激しさにも触れている。なお、近藤が、のちの甲州への出陣途中で寄った日野宿の佐藤彦五郎に、「最初は敵が多勢、斬り込んだ味方は少勢、片ッ端から斬捨てるつもりで戦ったが、土方が来て、今度は攻め手が充分となったので、かねて守護職からの内達もあり、成るべく刀を打ち落として生捕りにする事にした」と語ったことが、彦五郎嗣子佐藤俊宣翁談として、『新選組遺聞』に残されている。

近藤らの一隊は、やがて四国屋から土方の一隊が駈けつけたので、ともに召捕りを開始した。その行動と見受けられる記事が、『甲子雑録』に、「七ツ時比ニも候哉、壬生浪人三、四十人も欠付参り、何之事も無之、召捕候。」とある。（『同前』）

しかし、七ツ時（午後三時～五時）とは余りにも早いから、これは疑問となる。

池田屋へ打ち入ったのは、近藤の書簡による近藤以下七人と、井上源三郎ら十一人に奥沢栄助ら三人を加えると前述のように、二十一人となるから、総数三十四人のうち、十三人が四国屋へ向かっていたことになる。

近藤が「一時余之間」と述べるのは、一刻すなわち二時間余の間とみられ、井上らの参入前後の土方隊到着とともに開始した捕縛活動も含むものであったと考えられる。

八畳二間の狭い室内で、多数の斬り合いは不可能だから、長州浪士らは、当然屋外へ脱出して、新撰組との間に追いつ追われつの戦いとなり、一応の捕縛者が見られるまでに、二時間余は費やされたのであろう。

この夜池田屋へ参集し、あるいは参集しようとした者は、以下の三十一人であったと把握される。……(明)は『明治維新人名辞典』、(幕)は『幕末維新人名辞典』、〈 〉内は『新選組遺聞』、〔 〕内は『新撰組史録』による……

土佐

望月義澄(亀弥太)

藩士。神戸海軍操練所脱。二十七歳。

闘死。(明)〔自殺〕

石川潤次郎(真義)

藩士。土佐勤王党。同志野老山吾吉郎を河原町四条の藩邸へ訪ねると、池田屋へ行ったといわれて急ぐ途中、会津・彦根藩兵の警戒網に阻止されて乱闘となり、数人を負傷させ、斬り伏せられて路上で絶命。二十九歳。（幕）〈打留〉〔即死〕

北添佶磨（正信）

土佐高岡郡大内村庄屋。脱藩。池田屋で闘死。三十歳。（明）〈打留〉〔即死〕

藤崎八郎（誠輝）

藩士。藩邸詰同志野老山吾吉郎と、洛東日吉山の文武館の板倉槐堂を訪ねる途中、三条小橋で誰何され、捕り手に囲まれて重傷を受けるが、大仏の寓居へ帰って次第を報告し、藩の保護で大坂の宿舎へ戻り、創傷のため死亡。二十二歳。（明）〔傷死〕

野老山《ところやま》吾吉郎

藩士。藩邸詰。藤崎とともに板倉を訪ねようとして事件に巻き込まれ、会津藩兵と戦って深手を受けたが、血路を開いて長州藩邸へ逃れ、二十七日刀傷のため死亡。十九歳。（明）〔傷死〕

本山七郎（『京都守護職始末』）

肥後

宮部鼎蔵（増美）

元熊本藩兵学師範。肥後勤王党の代表的人物。池田屋で襲われて重傷を受け自刃。四十五歳。（幕）（明）〈打留〉〔即死〕

宮部春蔵（増正）

熊本藩士。鼎蔵の弟。『防長回天史』に「傷を負ひ邸に帰る」とある。（『新選組日誌』）
のち蛤門の変の敗北を知り天王山で自刃。二十七歳。（明）

松田重助（範義）
熊本藩士。桂小五郎らと交流、宮部に親炙し、七卿と長州へ同行後、再上京して池田屋に参集。三十五歳。（幕）〈打留〉〔捕縛傷死〕
なお、『同方会誌』四三号の「新撰組池田屋夜襲一件」に次の記載がある。

肥後国地不知疵人　　松村屋　重助
六月八日病死仮埋　　　　四十三歳
（『新選組日誌』）

播州

大高又次郎（重秋）
林田藩士。四十七士の大高源吾の後裔と伝えられ、武田流兵法、西洋砲術を研究し家伝の甲冑製造術に熟達。四十四歳。（幕）〈打留〉〔即死〕

大高忠兵衛
又次郎の養子。甲冑商。池田屋に集まる同志に武具供給の準備中、新撰組に襲われ、洛西の六角の獄に送られるが翌月獄中で病死。四十二歳。（幕）〔捕縛〕

江州

古高俊太郎（升屋喜右衛門）〔捕縛〕

京都

西川耕蔵

書店商。梅田雲浜門下。事変後潜伏先で新撰組に捕えられる。六角獄舎に投ぜられ、翌慶応元年二月十一日獄中で急死。四十三歳。斬殺されたとの説もある。（明）（幕）〔捕縛〕

森主計〔捕縛〕

和州

大中主膳

『新撰組史録』に和州とあるが、『同方会誌』では、佐州二井村百姓佐兵衛悴で入牢、十六歳とある。（『新選組日誌』）〔捕縛〕

沢井帯刀

長谷村小池坊元家来茂右衛門悴。入牢。（『同方会誌』―『新選組日誌』）〔捕縛〕

大沢逸平（『京都守護職始末』）

作州

瀬尾幸十郎

和州長谷村小池坊元家来。幸一郎。三十三歳。（『同方会誌』―『新選組日誌』）〔捕縛〕

安藤精之助（『京都守護職始末』）

長州

吉田稔麿〔秀実〕

萩藩士。吉田松陰門下。奇兵隊士。重囲を脱して藩邸に急を告げ、再び池田屋へ向かおうとし、加賀藩邸前で会津藩兵と戦って討死した。池田屋で重傷を負い、藩邸で自刃ともいわれる。二十四歳。〔明〕〔幕〕〈打留〉〔自殺〕

杉山松助

萩藩士。吉田松陰門下。奇兵隊士。久坂玄瑞・寺島忠三郎らと活動。彼はこの夜、槍を提げて外出し、やがて片腕を斬られて、鮮血淋漓《りんり》となって藩邸へ急を告げると、藩邸は門を閉ざして非常に備えた。留守居役乃美織江が外出の理由を問うと、「池田屋に赴かんとし、途中斯の如し、遺憾に堪へず」と答えるだけなので、会議所で萩藩医師所郁太郎に治療させたが、翌晩に絶命した。二十七歳。〔『防長回天史』――『新選組日誌』〕〈打留〉〔傷死〕

佐藤一郎

防州山口当時浪人豊之助悴三十一歳〔『同方会誌』――『新選組日誌』〕〔捕縛〕

吉岡正助

庄助。萩藩卒。吉田稔麿・杉山松助らが会津藩士と戦った時、近江屋で飲酒中を襲われて奮死。三十四歳。〔明〕〔即死〕

佐伯稜威雄〔鞆彦〕

周防国佐波郡鈴屋村八幡社神官。変名宮藤主水。池田屋の集会中、襲われて重傷を受け、逮捕されて六角獄へ投ぜられ、翌年六月斬殺される。四十二歳。（明）（幕）〔捕縛〕

内山太郎右衛門

奇兵隊士。萩脱藩。池田屋の変で嫌疑を受けて捕えられ、六角の獄に投ぜられて、七月の蛤門の変後斬殺される。二十四歳。（明）〔捕縛〕

長州萩松本但脱藩之内山太郎事　内山太郎左衛門　二十八歳（『同方会誌』―『新選組日誌』）

山田虎之助

萩藩無給通士。奇兵隊士。同志佐藤市郎とともに会津藩兵に捕えられて投獄され、蛤門の変で斬殺される。二十三歳。（明）〔捕縛〕

広岡浪秀

長門国美禰郡大嶺八幡宮神官若狭の長男。池田屋で集会中襲われて斬殺された。二十四歳。（明）

寺島忠三郎

萩藩無給通士。吉田松陰門下。久坂玄瑞らに同調。蛤門の変に鷹司邸で諸藩兵に囲まれ、久坂らとともに切腹する。二十二歳。（明）

松尾甲之進（『京都守護職始末』）

肥後

中津彦太郎

肥後国菊池郡水次村出身の大坂力士矢筈嶽。尊皇攘夷の道へ入り、肥後勤王党の中心人物轟木武兵衛らと交流し、長州へ下る七卿の護衛などした。蛤門の変に加わり天王山で自刃。三十二歳。（明）（『京都守護職始末』）

因幡

河田佐久馬（景与）（『京都守護職始末』）鳥取藩士。伏見・京都留守居役。（明）

池田屋惣兵衛は、六日に入牢した。（『同方会誌』─『新選組日誌』）

さらに、『旧夢会津白虎隊』に、次の記述がある。

松田重助ハ衆中ノ牛耳ヲ執リシ者ナレ共、重傷ヲ受ケ、激痛ニ耐ヘス、号泣シテ哀ヲ乞フ、永倉新八呵シテ日ク、何者ノ怯夫ゾ、婦人ニモ如カスシテ斯カル大怪事ヲ企ツト。遂ニ獄中ニ死スト云フ。（『同前』）

重傷の苦痛に堪え切れずに哀訴する松田に、永倉は、このような大事を起こして、女にも劣らずに泣き叫ぶとは何事かと叱責したというのだが、子母澤寛は、事件後に近藤が故郷へ報じた書簡中で、打留七人の中に、松田がいたことを記している。

なお近藤書簡には、手疵を負った者は四人、召捕られた者は二十三人とされているが、前述の池田屋参集者三十一人の中で逮捕された者は十一人となる。

さらに近藤は、漸く事済みのあとへ守護職・所司代・一橋・彦根・加州の人数三千余が出張し、会津藩が四人を召捕って一人を討ち取り、桑名藩が一人を召捕ったと書いている。

しかし、仙台藩士玉虫左太夫の「浪人討手人数調査写」には、「一、会津千五百人、一、彦根千人計、一、松山三四百人計、其外淀、桑名、新選組、町奉行東西組与力同心六十人、総計五千人計」と記されているから、双方の記録では、出動人数に相当の差があることが分かる。(『新選組遺聞』)

これらの状況下に、池田屋付近一帯では、逃亡者の追跡や探索がつづけられて、以上のほかに、商家や旅宿などの町人多数も、婦人を含めて捕えられ、罪状を認められた者は、後日に斬首された。

この夜、長州藩邸に詰めていた三十人足らずの者は、留守居役乃美織江の指揮下に、すべて甲冑や着込等を用意し、表門内には大砲三挺も並べたと『孝明天皇紀』にあり、「乃美織江覚え書」には、一同は邸内乱入の者は切り捨てても止むを得ずと、斬死する覚悟で申し合わせたが、状況は時折、外塀から登ってくる者を制する程度で、互いに自ら暴発しないように戒めたとある。

新撰組側の負傷者は、深手が藤堂平助、薄手が永倉新八で、ほかに手疵を受けた者はいないと、近藤は書簡に記しているが、『新撰組始末記』は、彼ら以外の重傷者について、次のように触れている。

奥沢栄助ハ初太刀ニ重傷ヲ蒙ムリ即死。新田革左衛門、安藤早太モ重傷ヲ被リ退ゾク(二人共七月廿五日死ス)。

(『新選組日誌』)

近藤は、会津藩で二人深手(大柳俊八、郡代同心五十嵐寅助—即死)、桑名藩で即死一人(本間久太夫討死)と書いているが、『新撰組史録』には大柳が重傷、桑名藩で本間久太夫と早川某が斬殺されたとある。

なお近藤は、勿論、所々に深手で倒れている者もいるらしくまだ「幾数」かは不明と書いている。

新撰組が壬生の屯所へ引き揚げたのは、六日の昼頃である。

その後、京都守護職の松平容保は、新撰組の活動に驚嘆、満足して、局長近藤に三善長道の新刀一口と酒一樽を、隊士一同へ金子五百両、永倉ら負傷者、戦死者奥沢へは各五十両と感状を授与した。幕府も、容保に対して感状を与えるとともに、隊士には一人十両ずつと新身料としての別段金（近藤二十両、土方十三両、その他は十両、七両、五両の三段階、戦死者三人は各十両）を分に応じて授与した。（『新選組遺聞』）

会津・土佐藩士の割腹事件

十日、会津藩側が、聖護院内の不審な雑掌二人を召捕って吟味すると、祇園の南の明ほのという茶屋に長州の者が二十人ほどいると白状したので、九ツ時（昼なら午前十一時～午後一時、夜なら午後十一時～午前一時）に藩士柴司以下四人、新撰組十五人が向かい、一ヵ所を新撰組が、一ヵ所を柴らが固めた。

この状況は、柴司の兄幾馬が、縁者らしい柴寛次郎に宛てた十六日付の書簡に記されていて、次のような経過が辿られる。

柴らが一階を捜査して庭へ出ようとすると急に二階が騒然となり、帯刀の者二人が逃げ出したので、新撰組の武田観柳斎が柴に、逃がさずに討ち捨てろと指示した。

柴が無二無三に追い掛けると、一人は垣を破って逃げようとするのでなお追うと、前方が竹垣で破れぬため行き詰まり、刀を抜いて柴に立ち向かったので、「槍を以て懐中かゝみに突附候処」とあるのは、かがんで槍を突きつけたということか。相手は「壬生共側へ寄」とあるから、接近した新撰組側へ倒れたものであろう。姓名等を尋ねると彼は、土州家老福岡宮内組士麻田時太郎と答えた。

大小を取り上げられて、その場へ身を縮めたので、肩へ懸けて茶屋の縁側まで連れてくると、麻田は述べた。

「私は逃げ道がなく、取り押さえようとされて、このように手疵を負ったのは残念だが、突かれたのではなく、私から付き懸けたようでもある」

その結果、柴は、麻田の身柄を町奉行の手へ引き渡して帰り、黒谷へも報告した。(『新選組日誌』)

右の書簡内容によると、柴が麻田を槍で刺したかどうかは判然としないが、『新撰組史録』は麻田が刺されたと書いている。

……会津藩士のひとり少壮の柴司というのが槍をもって男の脇腹を刺した。すると相手は初めて口をひらき「土州藩士、麻田時太郎と申す者だ。足下は何の理由があって刺すのか」という。柴は相手の素姓がわかったために かえって自分の過失におどろいた。とりあえず応急手当をほどこし町役人にたのんで麻田を河原町の土佐藩邸まで送りとどけ、柴自身は黒谷の守護職にかえり事のてんまつを上申したのである。

『新撰組史録』はさらに、報告を受けた松平容保が、事態の紛糾を憂慮して、事情説明のため家臣の小室金吾・手代木直右衛門・渋谷昌益を、土佐藩邸へ派遣したが、土佐藩重役が不在のため、目的を果たせなかったと述べている。

『甲子雑録』には、長州の定休所である清水近くの料理茶屋の離れ座敷で、二人の土州家中の者が酒を呑もうとしていたところ、長州の浪人のようだと聞いて、壬生浪人が土州家中とは知らずに取手に向かい、土足で二階を吟味すると誰も居らず、客は、下座敷で多葉粉を吸い、何か酒肴はないかと下女に聞いているので、「障子越ニ鎗を以、横腹より瓦江附込ミ候。」とあり、なお「侍ハ土州ニ而、四百石取之由。壱人ハ手込ミニ而召捕候処、全前顕之家来之由。長藩浪士ニハ無之、全人間違ニ而、土州之藩中災難之事ニ候。」とあるが、槍が、横腹から床にでも敷いた瓦を突いたというのであろうか、それは大袈裟だから、この記述は風聞によるらしい。

なお、柴幾馬の書簡には、幾馬が壬生へ赴いて新撰組に事情を聞くと、表向きにせずに済ます様子らしく、御心配なくと言われて戻ったが、事件を知った土佐藩の若手の者が明ほのへ駈けつけて、黒谷へ押し寄せるか、壬生へ切り込むか、と相談を始めると、家老がこれを差止めた由と記されている。『甲子雑録』は、なおその後の経過を次のように記している。

土佐藩側が、会津藩側に対して、一言の挨拶の上で麻田を召捕るのは差し支えないが、障子越しに突っ込んだのは、不時の事態なので、突いた壬生浪人を下げ渡すようにとかけ合うと、松平容保は、彼らは容易ならざる天命を蒙った浪人故、一人も差し上げることはできないが再三貰い受けたければ、御手前の御家来を討ちもらした故、その者を拙者へ下げ渡されたいと答えたとのことである。

また、『会津藩庁記録』は、明ほのに集合した土佐藩の百人ほどが、壬生村へ押し寄せるらしいと、付近の町人の通報があったので、本陣などへ暴発が波及しては恐れ入るので、御心得までに申し上げますと新撰組から連絡されたことを記していて、柴幾馬の書簡にも、新撰組がこの夜、大銃や拾匁筒へ玉を込め、屯所の裏手に楯を連ねて、徹夜で厳戒態勢をとったとある。(『同前』)

会津藩が、再び小室・手代木らを曙亭へ派遣して種々陳謝させると、土佐藩士らは引き揚げた。（『新撰組史録』）

なお、土佐藩でも教諭を加えたようで、『会津藩庁記録』は、「教諭を得候義と相見、大勢手鎗等ニ而立戻候様子之由」と記している。

この十日、桝屋喜右衛門事古高俊太郎は、三条新地の六角獄舎へ投獄された。

十一日早朝、柴司は、兄の幾馬・外三郎とともに、会津藩本陣へ向かうとき、昨日の行動は決して未練ではなく、逃げた者は怪しいに違いないから、私が槍を入れなければ、私が真っ二つになるので仕方なくそうしたと述べた。幾馬はその旨を書簡に記しているが、これによると、柴司は、自分が槍で刺したことをはっきり認めたことになる。（『新選組日誌』）

一方、会津藩の公用人広沢富次郎（安任）と医師高橋順庵は、藩命により、菓子折と「熊の胆」を携えて、大仏の土佐藩別邸に麻田の容態を尋ねて、治療の手伝いを申し入れると、留守居役中島小膳は、「士たる者、みだりに傷つけられて生を惜しむのは藩の風習が許さない。本人も覚悟があろうから、御申出は固くおことわりする」と固辞し、つづいて土佐藩も松田宗之丞を使者として、以後の医師などの見舞いのないようにと、申し入れさせた。（『新撰組史録』）

医師派遣などの対処は、両藩の関係悪化を憂える松平容保の配慮によるものであった。

『京都守護職始末』の記すところでは、土佐藩の君臣らはこれを聞いて、「元来、一旦の過誤から起ったことであるから、すこしも意に介していない。万一この後もまた、このようなことがあっても、決して貴意を労するに及ばない」と、深く容保の懇切を謝したが、その言葉や顔色には不満そうな様子があったとのことである。

同書はさらに、会津藩の以後の医師派遣を土佐藩が婉曲に固辞した尋常でない姿勢から、土佐藩が、会津藩の処置に不満であることが確かめられたとして、なお次のようにも指摘している。

そのあとで詳細を採聞すると、時太郎に逼って屠腹せしめた（これを俗に詰腹と言う）ということがわかった。

この日、当の土佐藩の麻田時太郎が自刃した。柴幾馬の書簡はその遺書の内容を記している。

私儀昨十日不慮之手疵相受、一身難相立儀に付、一旦は療養相加へ平癒之上、相手へ対し存分相果可申と存候へ共、炎暑之時節、萬一不慮之儀御座候ては士道之本意不相立候ニ付、恐多奉存候へ共、不得止自殺仕候。右之趣宜敷様御取計被下度奉頼候。以上。

六月十一日　　麻田時太郎

山田八右衛門殿

（『新選組日誌』）

麻田は、再起して復仇を意図していたものと察せられるが、重傷のためやむを得ずそれを断念し、自決したことになる。

そこには、彼の持つ士道精神の存在が感じられるが、彼の耳には、土佐・会津両藩の交渉経緯が伝わっていたのかもしれない。

とくに、「本人も覚悟があろうから」との上層部の姿勢を敏感に察知すると、彼は、否応なしに我が身の処し方を選択せざるを得なかったようである。

戦闘で不覚を取ったことは、武道未熟を示すもので我が身の恥となり、それとともに、藩の体面を汚すことにもなるので、それらの雪辱のためには、我が身の去就は自決以外にないと悟ったのが、彼の士道であった。

なお、会津藩側の評議の中では、土佐藩に謝すため、柴司に切腹を求めてはどうかとの意見が浮上した。

しかし、彼の行為は、もともと主命のもとにしかも他に先がけて力を尽くしたもので、功ありこそすれ毛頭も罪がないことは明らかなので、如何ともしがたいとの意見もあった。

結果として藩重役は、柴に対する切腹要請に決定したらしく、時に病中の松平容保に伺いを立てた。『会津藩庁記録』には、「大ニ御困被遊候御様子」であったが、「何分外ニいたし方も無之義、気之毒なから伺之通致候外有之間敷哉」とあって、容保は、ようやく決断を下した。

藩主の憂慮を洩れ聞いた柴司もまた、「自分ひとりのために両藩の親密をやぶるだけでなく、国家の害をまねくようなことがあっては世に見ゆる顔もない。理非はべつとして今は自決のほかはない」と兄の幾馬・外三郎に決意を告げたと『新撰組史録』が述べているが、これは十二日のことらしい。

十二日四ツ半時（昼十二時）、柴司は切腹の支度を整えて盃事をし、それには組頭両人と親類の者が立ち合った。

平坂三郎が鞘引となり、背後に廻った兄の外三郎が、見事に介錯して、司の首を抱いた。

これを聞いた容保は、「惜しい武士を亡き者にした」とばかりの様子で頻りに落涙した。

事の次第を聞いた家来たちも、一人も涙を落とさぬ者はなかったとのことで、幾馬は書簡に記している。


実に国家の誠忠、私御先祖以来之美名、誠に天晴之事に御座候。


柴司の切腹は、兄幾馬から隊長の加須屋左近に報告された。

委細を知ってその死を惜しんだ松平容保が、ただちに柴司の検死を求めるために、小室と手代木を土佐藩邸へ急行させると、土佐藩側でも、麻田の自決を会津藩へ知らせようとする直前であった（『新撰組史録』）。

麻田の自決はまた、柴司の切腹と同じく、我が身と藩との名誉にかけて選択した道であった。

明ほのを柴司とともに襲った新撰組隊士には、武田観柳斎のほかに土方歳三・井上源三郎・河合孝三郎・浅野藤太郎が加わっていたらしく、柴幾馬の書簡は、十三日の葬送にこの五人が参列して遺体を撫でて悲しみ、墓所まで送って落涙したと書いている。（『新選組日誌』）

そもそも、この事件の発端は、新撰組の行動に起因している。

新撰組の武田観柳斎の指示がなければ、柴司も麻田時太郎を刺さなかったであろうと考えると、武田の指示が事態を冷静に把握しない軽挙であったということになる。

相手の身分などを訊問せず、敵味方の確認もせずに、逃げるから斬れと下された指示は、武田の判断から出ている。

その指示に従った柴の行動に非があって、そのために彼が切腹したのであれば、指示を与えた武田にも非がないとはいえず、それは新撰組の監督責任にもつながることになる。

この事件によって、会津藩と土佐藩は、ともに自決者を出すほどの苦衷の中で呻吟して、それぞれ傷心の結末を見た。

新撰組は、その両者の埒外に立って、武田の行動に対する吟味や責任追求もせず、武田も組織も無傷に終わった。

きわめて奇怪な感触を与えられるばかりである。

蛤門の変

この頃、伊達宗城・松平慶永・島津久光・山内豊信・徳川慶勝らが帰国すると、公武合体派が弱体化したと見たのか、長州側は、萩藩世子毛利定広が出兵して上京する方針を固め、六月十一日には、長州藩主敬親からその総括を委任された真木和泉が、出動軍の編成を以下のように決定した。

第一　浪士一連　三百人
第二　福原越後　二百人
第三　遊撃軍　四百人
　　国司信濃　百人
第四　益田弾正（右衛門佐）　三百人
　　毛利讃岐守（元純）　二百人
第五　毛利定広及び敬親

任務は、第一浪士隊が攘夷実施の歎願と毛利父子の免罪を訴え、第二隊が父子のため江戸への哀訴を表面の目的に、浪士鎮撫の理由で滞京して諸隊と呼応するものとし、第三隊と国司の隊が浪士鎮撫のため、第四隊が池田屋事件の加害者探索のためと分担された。

浪士連は清側義軍とも称し、真木和泉と久坂玄瑞が総括して、これには九人の久留米藩出身者のほか、諸藩からの脱藩者も加わって編成された。（『真木和泉』）

前年、禁裏出入を禁じられてから、その復権を願って、ふたたび朝廷内に発言権を得ようと望んでいた長州藩は、池田屋事件で多くの志士を失って激昂し、それを機に兵力の京都進出を策し、六月下旬からは山崎・天王山・伏見・嵯峨・八幡に諸隊を配置して、入京を要請する構えをとる。

二十一日、萩藩家老福原越後は、兵を率いて進出し、関東へ歎願の筋があって、部下一同とともに東下する旨を、二十二日に伏見の長州藩邸から届け出た。

二十四日、天王山に進出した真木和泉・久坂玄瑞らは、郡山藩に文書で歎願書提出の仲介を願い出、さらに淀城に対しても、同じく朝廷と幕府に対する哀訴状提出の仲介を依頼した。

その主旨は、前年の政変によって責めを負わされた三条以下諸卿と毛利父子の復権、ならびに攘夷実施の要求であった。

この日、会津藩の命が下って、新撰組は竹田街道を警備するため、九条へ出動して布陣した。

竹田街道は、伏見街道と鳥羽街道の中間に延び、伏見街道とともに伏見から京都へ通ずる。これより先、京都守衛総督一橋慶喜は在京諸藩に要所の警備を命じたので、新撰組は桑名藩兵とともにこの一帯の守備を受持った。

二十六日、真木和泉は、学習院出仕となったが、この時点では、それが許される状態にあったらしい。

二十七日、長州の来島又兵衛の一軍が嵯峨の天龍寺へ入り、会津藩でも、九条河原に出兵した。

二十八日、福原越後は、京都留守居役乃美織江を通し、出兵の理解を求めて入京の許可を求める陳情書を提出した。

それまで、四つ塚にあった新撰組は、見廻組とともに九条河原へ移動した。

これらの長州側の不穏な動きに対して、二十九日、朝廷は一橋慶喜にしかるべき処置を命ずる沙汰を下し、天皇は、さらに中川宮を通して、昨年八月十八日以降に申し出された件々は真実で、十八日の一件は守護職へ申しつけたものであり、間違いのないように心得ること、長州人の入京は決してよからぬことと思う旨の宸翰を慶喜に授けた。

一橋慶喜から福原越後に対する説得を命ぜられた目付羽田荘左衛門は、伏見奉行所へ福原を出頭させて勅旨を達した。

福原は恐縮して、慶喜の厚意を謝し、退去に尽力すると答えて、やがて各隊長を招き、宸翰の写しを示して説いたが、多くの過激な脱走者から幕府の矯旨であると罵られて一蹴された。

『新撰組史録』によると、七月に入って、近藤勇は、配下の川島勝司から、大要次のように詳細な天龍寺方面の情勢を伝えられた。
一、天龍寺近くの亀ノ尾山の中腹に長藩の幕や肥後・久留米藩の紋所のものが張られていて、一日の午後から数十人の大工などが陣屋らしいものを建て、すでに頂上のものと二棟あります。
一、一日に約百三十人が天龍寺へ入り、ほかに各方面からも入って、総勢二千人ほどと聞きました。
一、天龍寺境内の八方に大砲二十四挺があり、一挺につき六人の守兵がいます。
一、惣大将は三条殿で、外五人の公卿が出張していると、たしかに聞きました。
一、集結したのは、長州始め肥後・久留米・土州・薩州と申すことで、薩州は不確かですが㊉の旗印があありました。
一、角力取が約三十人入り込んでいます。
一、幕府の間者を警戒のため、各藩が天龍寺から昼夜約百人ずつで手分けし、士農工商の姿に身をやつして出入り口を見廻りにきている由です。
一、往来する商人で、嵯峨に入り込む者はすべて改め、行き先までつけて、抜身で改めてくるとのことです。
なお、続報では、主に次のような状況が伝えられた。
一、大井川向かいの嵐山では、出丸の考えからか、長州藩初め諸藩が入り交じる出陣の様子で、多人数が出張しています。建物はまだありません。
一、西山路の丹波路から、多人数が天龍寺へ入山致しました。右は昨日の事でございます。
一、嵐山地続きの渡月橋南詰めの法輪寺門前に、昼夜抜刀して出張しています。
一、天龍寺の八方の小路に至るまで、辻々の篝火は終夜絶えずに用いられています。

但しこの数は二十八ヵ所です。

一、今五ツ（午前七時～九時）過ぎから下嵯峨角ノ倉鍋次郎家の戎器や大切な諸道具は、すべて松尾社東家と申す方へ預け、何時でも立退きできるように用意したようでございます。

一、天龍寺後ろの山・嵐山等の数々で、遠眼鏡を以て見張っている由で、右山頂は、山崎天王山から南は山城大和の国境、東は洛陽（京都）の山々中外残らず一目に見える所でございます。

一、天龍寺へ始めて入った後、今日までに炬火数万本が調った由でございます。

一、加州米を白米で三万俵を下嵯峨へ運送した由で、尤も五艘ばかりが今日着きました。後は追々登る船がある由を聞きました。

一、右の次第につき、先ず太秦広隆寺・東梅津村長福寺の二ヵ所へ手厚く出陣しなければ、甚だむづかしいと愚案仕ります。これにより片時も早く一橋殿・会津侯へ御申立てられ、早急に御出陣あるよう存じ奉ります。右の場所を長藩筋に取締られては、甚だ味方が難儀するように存ぜられます。この成り行きを直接御対面の上、御談じ申し上げたいのですが、探索に寸暇をも得られず、愚書を以て注進奉ります。

一、何分長藩の諸士の上下は嵯峨の人民に手厚い憐愍《れんびん》を加え、人気は至極随気（随喜）して、長州ならでは国政は成らぬように一同が申しているとの噂が日々聞こえ、人足や作事方の働きは倍増し、金子を先渡しして手厚く取り計らっていることは相違ありません。

一、陣家（屋）作事方以外は入門を禁じて寺へ入れません。出寺の節は鑑札を持たせ、寺中並びに陣中とも至って物静かで万端に厳しく、武備は堂々と見えると聞きました。
七月二日八ツ半時出
前件の通り伺い奉ります。追々御差図希い上げ奉ります。

河島勝司拝

近藤大先生君公へ

三日、一橋慶喜の命で、大目付永井主水正（尚志）と目付戸川伊豆守（安愛）が伏見奉行所へ赴き、福原を召喚すると、彼は病と称して応じなかったが、翌日出頭したので、退去を求める沙汰書を達した。そのとき福原は、永井らの説得で、事態収拾に努めると答え、急使を山崎・嵯峨の陣へ派して、勅令の写しと永井らの命を伝えたが、各隊長らは、またも偽りの綸旨であろうと罵り、聞く耳を持たなかった。福原は、入京の道は絶えたと判断し、かねて用意の攘夷実施を求める長州藩主の建白書に、その採択を願う歎願書を添えて提出した。

六日、慶喜が諸侯に意見を求めたところ、容保は、説諭に服さねば掃討せよとの意見であったが、慶喜は慎重に、芸・筑前・因・備・対の諸藩の士に対して、七月八日を期して退去すべきことを説得させた。

一橋慶喜はさらに、芸州藩の熊谷左衛門、鳥取藩の山部隼太、対馬藩の樋口謙之允（京都留守居役）らを伏見へ急派して、十一日までの撤兵を求めさせると、福原は、嵯峨・山崎の陣に対する説得のためとして、二、三日の猶予を願い、伏見から山崎へ赴いて真木らを説得したがそれは拒否され、八日、真木・久坂は、再び哀訴状を淀城へ提出してその送達を依頼した。（『守護職小史』）

この頃、信州松代藩士で、公武合体・開国佐幕を唱えていた佐久間象山は、幕府の顧問役として、将軍家茂の召命で上京していたが、十一日、三条木屋町で、熊本藩の河上彦斎と因幡の前田伊右衛門とによって、白昼に刺殺された。

十二日、天龍寺に駐留していた長州藩兵は山崎へ移動し、十三日には、手兵六百を率いた益田右衛門介（萩藩家老・須佐領主）が山崎へ入って八幡に布陣し、事態はなお緊迫した。

この頃、長州軍は、右の外に伏見・天王山へも布陣していた。

十三日、毛利定広は、五卿（先に西下した七卿中、沢宣嘉は生野挙兵に失敗して、長州海島に潜伏、錦小路頼徳は四月に没）を擁して山口を出発した。

十五日、福原越後と国司信濃（萩藩家老）は、連名による歎願書の提出方を淀城に依頼した。

この日、一橋慶喜の命で再び伏見へ派遣された永井主水正と戸川伊豆守は十六日、福原越後に説得したが、福原は服従しなかったので、この上は翌十七日までに撤退せよ、でなければ相当の御処置が仰せ出されようと申し渡した。

一方、朝廷は、長州藩留守居役乃美織江に対して、今日中に引き払うよう、もし拒めば追討を仰せ出されるとの沙汰を下した。（『同前』）

この日はまた、九条河原の守りにあった会津藩の壮年の者や新撰組が、一橋慶喜の宿所に乱入して、暴挙に及ぼうとした。一連の事態の切迫に対して、容易に決断を下さぬ慶喜の煮えきらぬ姿勢に苛立った結果である。

上部の者たちは、その勢いを制しえず、凝華洞の松平容保に急報すると、容保は公用人外島機兵衛（義直）を派遣して説得に当たらせたので、事態は収拾された。（『京都守護職始末』）

さらにこの夜は、小身の公卿ら三十六人が参内して、関白二条斉敬と一橋慶喜の前で、長州に対する寛大な処置を求めたが、関白は、その申し入れを拒否した。

十八日、一橋慶喜は、乃美織江を召致して、今日撤兵しなければ、以後、藩主入京を御評議する際の支障となろうと懇切に諭し、模様次第で公武折り合いの上、筋が立てば、入京を仰せ付けられることになる旨の書付を与えた。

織江は、感泣して直ちにその旨を伏見・嵯峨・山崎に集結中の者たちに伝えたが、彼らは激昂するばかりで、それを納得する者は皆無であった。

ここに、長州側は、益田・福原・国司の萩藩三家老の連署で、最後の哀訴状を朝廷に上奏した。その要旨は、今日の内憂外患が迫ったのは、全く松平肥後守の失策にあるためその排除を決定したので、肥後守の九門外への放逐を仰せ付けられるように愁訴するというものであって、同時に、長州浪士の名による送戦書と、浜忠太郎（真木和泉の変名）・入江九一（萩藩奇兵隊参謀）の名による決心書が所司代に提出された。

夜九時頃、火急の朝命を受け、衣冠に騎馬で、わずか三人だけの従者を伴って、急遽参内した一橋慶喜は、哀訴状を詳しく読む暇がなかったが、末尾に会津藩へ天誅を加える旨の文言を見て討伐を決意し、会津藩以下の諸藩に対して誅伐命令を下した。

折から、福原越後の隊が攻め上って、稲荷山を守る戸田采女正（氏彬・大垣藩主）の兵を襲ったとの報を伝奏が奏上すると、天皇は直ちに慶喜を召して勅諚を賜った。

長州脱藩士等挙動頗る差し迫り既に兵端を開くの由相聞き総督以下在京諸藩兵等尽力征伐し弥《いよいよ》朝憲を輝かすべき事

（『守護職小史』）

在京諸藩兵は、朝憲を輝かすべしとの勅旨から、禁裏守衛の大義名分のもとに勇躍奮起し、洛中洛外の要衝の守備についた。

松平容保は、病体に堪えながらも左右の者に助けられて、明け方に御所内郭東南の建春門から承明門前を過ぎて、唐門内の御仮屋へ着くと、すでに京都所司代の松平越中守定敬が参内していた。

容保は、伝奏を通じて天機を伺い、やがて参内した諸藩の人数に禁裏の戒厳守備を命じた。

竹田街道の九条河原を固める会津・桑名両藩兵と新撰組・見廻組のほか、御所中心に、会津藩が西側の蛤門、筑前藩が同じ西側の中立売門、薩摩藩が北西の乾門、土佐藩が東南側寺町通りに面する清和院門、仙台藩が西南の下立売門、越前藩が南側の堺町門、肥後藩が東南の寺町門、阿波徳島藩が北東の石薬師門、久留米藩が北側の今出川門をそれぞれ守備した。（『新撰組史録』）

この十八日夜の十時頃、伏見を出動した福原越後の一隊は、稲荷山を守備する美濃大垣藩の陣へ迫り、ここに、「蛤門の変」の火蓋が切られた。

島田魁の日記に、長藩は暁天に御所へ砲発し、また伏見で長藩の福原越後を始めとする三百人余が、「稲荷山且本道ニテ大垣藩ト戦フ。」とある。

大垣藩兵は、伏見北東の稲荷山一帯に布陣し、福原隊は、稲荷山南東の伏見街道上の藤ノ森に本陣を構えていた。彼らが行動を開始すると、前方に待機中の大垣藩兵が砲撃を浴びせて交戦状態となったのである。

一方、藤ノ森の山手から彦根藩兵が進出して、交戦は十九日夜明けの七ツ半時(午前六時)から五ツ半時(同十時)頃までつづき、彼らはさらに大垣藩兵と合流して福原隊を破り、伏見へ退去させる。

嵯峨天龍寺に待機中の国司信濃と来島又兵衛(萩藩士・遊撃軍御用掛)が率いる七百の兵は、夜の十二時に、御所を目標に行動を開始していた。

午前四時頃に、伏見の方角に砲声を聞いた一橋慶喜は、菊亭家で衣冠を小具足に改めて、騎馬で御所周辺を巡検すると、下立売門付近で狙撃されたので、やむを得ず御台所口から御所内に入ると、衣冠に襷掛けの公卿らが東西に奔走し、甲冑・着込に身を固め、抜身の槍や刀を携えた警護の兵が左右を徘徊して、禁中は騒然となっていたので、部署を定めて兵らを再配置した。

その頃、北の中立売門で戦いが始まったので、慶喜は急いでその東の御台所門へ駆けつけ、天皇の安否を探って御車寄から入り、混雑をくぐり抜けて御殿へ参内すると、御座所の前には、関白斉敬ほか、衣冠に襷掛けの公卿たちが祗候《しこう》していた。

慶喜は、その途中、柴宸殿の北の小御所の廊下で、歩行不自由な松平容保と、同じく病を押してきた松平定敬に逢って、自分は兵を指揮するから、両人は主上を守り奉れと命ずると、容保・定敬は関白に申し出て、常御殿の縁に祗候した。

慶喜が狙撃されたと聞いた天皇が、それを憂慮して勅諚を賜ると、慶喜は叡覧のごとく恙なき旨を奉答して退出した。

建春門を出た慶喜は、会津藩の手代木直右衛門に逢ったので、因備（鳥取藩・備前藩）は自分の弟だが守護職にその動向を注目させせよと伝えた。

鳥取藩主池田慶徳は前水戸藩主徳川斉昭の五男、備前岡山藩主池田茂政は同じく九男で、いずれも七男慶喜の兄弟になるが、ともに長州藩へ同情的姿勢にあったから、慶喜は両藩の去就に注目していたのである。

慶喜は、柴宸殿の南に当たる承明門に陣を構えた。

十八日夜十二時に嵯峨天龍寺から行動を起こした長州側の第三軍国司信濃隊・遊撃軍児玉小民部・来島又兵衛らの一軍は、三波に分かれて御所西側の蛤門・中立売門・下立売門へ向かった。

中立売門に攻め寄せた長州藩兵は、その守りにあった筑前兵を撃ち破って、門内に突入した。

他の一隊は、中立売門の南の烏丸邸の一門から邸内に闖入し、つづいて日野邸の正門を押し開いて、付近の唐門を守る会津藩の内藤近之助（信節）の隊を砲撃した。これより先、唐門前に集結していた諸藩兵は、蛤門方面の砲声を聞くと、すべて北へ逃れたので、内藤隊だけがその守りにあった。

日野邸から進攻した一隊は、松平容保を待ち受けて襲撃する狙いであったが、容保は建春門を通ってすでに承明門から唐門へ入っていたので、その襲撃を避けられた。国司信濃の隊が唐門に迫ると、窪田伴治が、名乗りとともに一番槍と叫んで敵中へ突入し、敵を倒して自らも倒れ、飯河小膳・町野源之助らも負傷して、会津側の守りは危機に瀕した。

この時、乾門守備の薩摩藩兵が突撃して長州藩兵を破ったが、隊長の水引物主や野村勘兵衛は勇戦して斃れた。

長州藩兵は日野邸に逃げ込み、烏丸邸を抜けて烏丸通りへ脱出したが、時に御所の北の相国寺の藩邸から出動した薩摩藩兵が、烏丸通りの北から進出してこれを撃ち、中立売門から筑前兵も反撃したので、長州藩兵は崩壊四散して嵯峨に退却し、国司信濃は、わずかに身を以て逃れた。

中立売門で薩摩藩兵に敗れた残兵は、逃走してその付近の商家に紛れ込んだので、薩摩藩兵は火を放ち、彼らを追い出して退散させた。

蛤門では、夜明けとともに、新在家町から長州藩兵が進攻を開始すると、その守りにあった会津藩の一瀬伝五郎隊と大砲隊がこれに応戦した。

長州藩兵はさらに付近の公卿屋敷に入って、邸宅の門や墻垣《しょうえん》の間を出没して進攻したので、会津藩側が苦戦すると、唐門前を守っていた同藩の山内蔵人隊が来援して、二時間あまりの激戦となり、隊長森鬼太郎が斃れた長州側は敗走した。

『島田魁日記』は、この時九条河原の人数が本道へ繰り出し、「当組蛤門会藩へ合ス」と記し、新撰組は蛤門外で薩摩藩兵とともに戦い、昼八ツ時(午後一時〜三時)には、一軍が天龍寺へ打ち込んで、これを焼き払ったとも記している。

遊撃軍の来島又兵衛は、大小砲二小隊を前に備え、左に狙撃二小隊、右に鉄杖を持った力士隊を配して蛤門に迫ったが苦戦に陥り、銃弾を浴びて戦死した。

永倉新八の記憶をもとに書かれたという『近藤勇』によると、新撰組は、会津藩兵と竹田道九条村に陣し、後方の藤森布陣の長州藩兵と彦根藩兵との戦いの支援に駆けつけたが、長州側が敗走したので「追撃して墨染に至て返る。」とあり、御所の方角に砲声を聞いたので「又馳せて堺町門に至り、」越前藩兵とともに戦い、長人を退けて、公卿門を守ったとある。(『新選組日誌』)

この前後の情勢を『京都守護職始末』から見ると、おおむね次の経過が把握される。

当初、九条河原に屯集していた会津藩の陣将神保利孝は、配下の長坂光昭の隊と新撰組を稲荷山へ出動させたところ、戦いはすでに終わって、敵の姿も見えないので九条河原へ戻ると、折りから北の方に雷のような砲声を聞いたので、北上急行して蛤門へ到着すると、一帯の戦闘はすでに終わっていた。

神保配下の加須屋左近の一隊は、稲荷山の砲声を聞いて、桑名藩の一隊とともに伏見へ出動したが、ここも敵が逃走した後で、彦根藩兵が長州藩邸に火を掛けていた。

同じく坂本学太輔の隊と林権助の大砲隊は、砲声を聞いて北方へ急行し、丸太橋通りへ進出すると、鷹司邸内が激戦の渦中にあったので、彦根藩兵らと南裏門を包囲し、そこへ脱出してきた真木和泉らの兵を迎撃してこれを追い散らした。

これらの経過から見ると、前述の新撰組が蛤門で戦ったとする島田の記述には、疑問がある。

一方、真木和泉・久坂玄瑞の率いる清側義軍とも称する浪士連の一軍は、白木綿の鉢巻を締め、足先に白木綿をつけて、「尊攘」を合言葉にして、十九日朝洛中丸太町へ進み、堺町門に到達すると、背後を越前藩兵に遮断された。

真木ら一軍は、鷹司邸の裏門からその邸内へ入り、歎願の筋ありとして参内を願ったが、越前藩兵から狙撃されて応戦した。

やがて中立売門・蛤門の戦いを終わった会津・彦根・薩摩藩兵が進攻してきた。（『真木和泉』）

そのとき、先に中立売門付近で破れて、門外の烏丸通りへ逃れ、薩摩藩兵と戦ってさらに敗れた残兵と、蛤門の敗兵が転進してきて堺町門へ殺到し、これを守る越前藩兵と激戦になった。

一橋慶喜は諸藩兵に応援を命じ、自ら手兵を率いて進撃した。薩摩・彦根・桑名藩兵と、会津藩の生駒五兵衛隊・大砲隊が支援に向かったが、忽ち近くの鷹司邸から発砲されて死傷者が出た。

このとき、至急参内せよと伝えられたので、慶喜は、兵を残し、数人の侍臣を伴って参内した。慶喜がふたたび参内すると、鷹司家に潜伏した長州藩兵の塀越しに撃ち出す銃弾は、時折り玉座の軒端に当たって天皇の危険が憂慮された。

公卿の中には、しきりに長州と和睦すべしと主張し、万一玉体に御異変があれば、御守衛総督としての職分が立つまいと迫る者もいた。

慶喜は憤然として、禁裏へ発砲する賊と何で和睦の要があろうか、只討伐するのみと大喝したが、彼らは承知せず、さらに速やかに出動して討伐せよ、然らざればその職掌を辱めようと震えながら叫ぶので、委細承知と座を立った。

慶喜は、時が移れば、あるいは朝廷から長州に直接入京を許す御沙汰が出ては一大事なので、一刻も猶予しがたいと判断し、直ちに会津・桑名藩兵ならびに大砲方に鷹司邸の攻撃を命じた。

宮廷内では、天皇は叡山へ御立退きされるとたちまち流言が高まり、早くも神器の御唐櫃等も縁側に並べられて、下々の中には手に草履や草鞋を握る者も出てきた。

この事態を一大事と見た松平容保は、侍臣に拘束させた一人の公卿に天皇の御座所へ導かせ、定敬とともに御次の間に拝伏して、「不慮の変事で叡慮を悩ませられた御儀は恐れ入り奉ります。不肖、臣が及ばずながら守護し奉りますので宸襟を安んぜられ、決して御動揺遊ばせられぬよう願い奉ります」と上奏すると、天皇から慰労の勅語を賜った。

容保は退出して、中川宮と関白二条斉敬に決して御立退きあられぬようにと具申すると、御所が炎上しない以上は堅く御立退きはないと決定された。（『守護職小史』）

その結果、公卿らは安堵し、容保と定敬は、常御殿の南の小御所の庭上に席を設けて宿営の態勢をとった。

正午過ぎ、慶喜は長州側が集結している鷹司邸に火を放たせた。

山崎天王山に集結していた益田右衛門介は十八日の夜、久坂玄瑞・真木和泉・寺島忠三郎・入江九一らを出動させ、益田自身は小兵で山崎の陣を守った。

久坂・真木らの一隊は、松原・柳原を経て十九日朝に入京し、御所南側の堺町門に接する鷹司邸に潜伏していた。

それには、伏見の味方や河原町藩邸の味方も合流して、禁中へ攻め入る狙いがあった。

しかし、伏見の味方は、大垣藩兵に破れて合流できぬため、藩邸の少数が加わるに過ぎなかったが、潜伏兵は、鷹司邸の塀を楯にして、堺町門を守る越前藩兵の側面を砲撃した。

遮蔽物がないため、全身を露出していた越前藩兵は、鷹司邸内からの砲撃で撃破されて崩れ、北の方角へ退却した。

そこへ彦根・桑名藩兵が押し寄せ、また、一橋慶喜の手勢と会津・桑名・薩摩藩兵が増派されて激戦となったが、鷹司邸内の長州藩兵は容易に退かなかった。

時に会津藩の番頭生駒直道の隊は、西院参町から迂回して、鷹司邸の向かい側の九条邸へ裏門から入った。

また凝華洞にあった巨砲十五ドエム砲（口径十五センチメートル）一門の砲手らは、砲を西殿町の賀陽殿の前に据え、生駒隊と手筈を決めて、鷹司邸の西北の角を砲撃して、これを崩壊させた。

それを合図に生駒隊は九条邸から進撃し、鷹司邸の門扉を打ち破って邸内に突入し、薩摩・越前・桑名藩兵も進撃すると、鷹司邸は火を発した。

時に風がはげしかったので、火の手は、市中へ拡大した。

その結果、流弾で負傷した久坂ほか寺島忠三郎・入江九一らは、逃げ切れぬと知って、邸内で屠腹し果てた。

真木和泉も、ここに自決を覚悟したが、益田弾正の隊の忠勇隊長松山深蔵（土佐脱藩）から、山崎に退いて益田隊と合流し、毛利定広の軍の到着を待って、それとともに再起を計ろうと進言された。真木はそれを容れ、砲四門を敵中に連発して、その渦中を縫い、鷹司家の裏門から脱出して山崎へ向かった。

真木は乱戦中に股を撃たれて負傷しながらも、残兵を率いて落ち延びたのである。（『真木和泉』）

この日の戦火は、西は堀川、南は九条野まで拡大して大火となり、洛中のほとんどを焼き尽くした。

六角の獄舎内では、古高俊太郎と、前年十月に、但馬生野代官所襲撃に失敗して捕えられた平野国臣ほかの長州浪士らを含む三十三人が、破獄を企てたとの理由で斬罪に処された。それは獄吏の誣告《ぶこく》によるもので、のちにこれを知った松平容保は、厳重に町奉行らを戒めたという。

一方、天王山に布陣中の益田弾正は、巳の刻（午前九時〜十一時）過ぎに敗報が届くと、寡兵による防戦は困難と判断して、午後には国許の長州へ引き揚げた。

未の刻（午後一時〜三時）頃にようやく帰着した真木以下の一隊は二百名ほどになっていた。

真木和泉は、国許を出動したという毛利定広の軍も敗報を聞いて帰還するものと判断し、再挙を断念して、弟外記・次男菊四郎以下の兵をこの日夕刻に、国許へ退去させたが、中には帰国を望まずに、生死をともにしたいと切に願う者もいたので、やむをえず真木はそれを許し、山頂に大軍が拠るかのごとくに大篝火を焚かせた。

二十日朝、郡山藩から二名の使者とつづいて家老三名が真木の陣へ赴いて、退去を勧めたが、真木は酒をすすめ、会津藩と決戦後に自決すると述べて引き取らせた。

その後真木は、整えた髪を切って地中に埋め、辞世の和歌一首を短冊にしたためた。

大山の峰の岩根に埋めにけり
　わが年月の大和魂

辞世は、委細の報告とともに、長州にいる三条実美へ渡すようにと、大和五条の出身大沢一平に託されたが、大沢は負傷のため、途中倉敷の薬舗森田源介方に潜伏し、十二月に井上文都が代わって三条へ渡した。（『同前』）

二十一日早暁、残敵掃討の目的で、会津藩の神保内蔵助が指揮する長坂平大夫・加須屋左近・坂本学太輔の各隊と林権助の大砲隊のほか、桑名・彦根・郡山藩兵・蒔田相模守（広孝）の兵（浅尾藩）・見廻組・新撰組等が山崎の宝寺へ着き、新撰組を斥候として天王山へ進出すると、そこにはすでに人影がなかった。

ところが突然発砲されて銃声が響いたので、伏兵を警戒し、全軍は山麓の八幡宮へ退却した。その時山上から会津軍を呼ぶ声があり、ややあって一発の銃声とともに、黒煙が空に立ち上ったため、それと察した会津藩兵が山頂に登ると、火中に和泉以下十七人が屠腹し、死体が焦爛したさまを見出したと『真木和泉』は述べている。

『守護職小史』には、山上の残兵二十人ほどが発砲して交戦が開始されたが、数刻後、抵抗を諦めた彼らは陣屋に火を放ち、火中に自害したとある。

『京都守護職始末』は、「賊は山嶺に拠って、応戦数刻に及んだが、やがて、賊営から火が起った。わが兵が争い登ってみると、賊将真木和泉をはじめ、ことごとく自尽し、伏屍二十余人、焦爛したものが多かった。わが兵は大砲二門と器械、弾薬等を収めて、帰った」と記している。

内紛

七月二十二日、先の池田屋事件で戦って負傷したとされる新撰組の安藤早太郎が死亡した。

壬生寺の七人連名の墓碑銘に、同じく池田屋で負傷したともいわれる新田革左衛門の名とともに彼の名がある。

安藤早太郎墓　同　七月廿二日

新田革左衛門墓　同　――

（『新選組遺聞』）

しかし、幕府から会津藩に伝えた参加者に対する論功行賞の通達書には、それぞれの業績に応じた金額が示されていて、その中に二人の名はないが、「別段金十両宛三人え」とあり、この三人は即死した奥沢栄助と、重傷後死亡したらしい安藤・新田と推定されている。

二十三日、朝廷は、「……既に自ら兵端を開き禁闕に対し発砲候条其の罪軽からず……」とする長州追討の勅旨を下した。

この日、松平容保は、将軍自ら征長の任に当たるべきであるとする建議書を江戸の閣老へ送った。その内容は、蛤門の戦勝経過の報告に併せ、戦勝の余勢を駆って長州を征討すべきものとし、「すぐさま御上洛、万端の御指図あそばされ候わば、中興の御功業日を指して成就致し候ことと存じ奉り候」と訴えるものであった。(『京都守護職始末』)

八月二日、在京の老中阿部豊後守(正外・白河藩主)は、将軍の上洛を促すために東下した。この際、会津藩の軍事奉行野村直臣と公用人広沢安任が随行した。

同じ日、幕府は諸藩に対して、長州藩征討を下令した。これがいわゆる第一次長州征討である。

四日、幕府は、池田屋事件に出動した隊士に恩賞金を支給した。

五日、幕府は和歌山藩主徳川茂承《もちつぐ》を征長総督に、福井藩主松平越前守(茂昭《もちあき》)を副総督に任じたが、茂承は七日になってからこれを辞退した。

五日から七日にかけては、英・米・仏・蘭の四国連合艦隊が下関砲台を砲撃して、その陸戦隊は各砲台を占領し、長州藩は十四日に和を講じた。

幕府は、征長総督茂承の辞任によって徳川慶勝を後任としたが、慶勝は直ちに応ぜず十月五日に至って受諾する。

先に東下した阿部正外からは何の報告もなく、江戸の幕閣は、随行者たちにも会おうとしなかった。『京都守護職始末』によると、そのために、幕府の監察小出五郎左衛門が、会津藩の柴太一郎と桑名藩の森弥一左衛門を伴って海路江戸へ下り、一刻も早く将軍御進発を望み、外国人の長州攻撃については、彼らに退去させるように使節派遣を望むので、江戸ではどのような事情にあるかを尋ねたいという趣意の書面を閣老へ送ったのは、十九日のことである。二十八日付で、柴太一郎がその同役に送った書簡には、大要次のような情勢が伝えられていた。

到着後、幕閣に事情を尋ねると、因循のさまは沙汰の限りで、将軍御発途の御日限は来月末か十月始めになるらしい。

長州襲来の外夷御説得の件は、御趣意通り御処置になる由なので御安堵下されたい。出府して一見すると大壅蔽《ようへい》の極にあり、役人は逢わず、到着後は御城で御目付衆に申し上げただけで、閣老方へ拝謁していない。左兵衛（野村直臣）先生なども同じで、阿部様は内々にお会いされた由。

左兵衛先生始め森弥一左衛門・小寺新五左衛門（ともに桑名藩士）ら一同に、閣老への拝謁を願っても、委細は小出から聞き及んでいるからと申して面会しないので、遂に激論となり、その後も願ったが御多忙または御所労とのことで、いつもむなしく帰った。

公用人に伺っても、一切存ぜぬ由で、ひそかに伺うと、近年の言語御洞開の蔽は乱れて御威光にも響き、折角御治定になったことも入説によって変わり、却って御都合にならないため、藩士等にもお逢いせず、また廟堂の儀は一切洩らさぬようにとの御趣意で、御役人御申し合わせの上、御逢いしないとのことで、御目付様などへ願っても、御伺いの上でなくては、御面会しない振れ合いである。

みだりに面会しないのは至極尤もであるが、この度の御使いは余事と違い、野村先生始めにお逢いしないというのは言語道断で憤怒に堪えず、右の壅蔽を破らなければ余事の周旋の仕方がないので、日々桑名藩の者などと寄り合って空しく日を送っていて、なんとも是非も及ばぬ儀を御推察下されたい。この度、阿部侯・小出様が来られたが、御用ぶりすら伺いできぬ状況である。かように御処置が御因循では、せっかく諸藩が憤発したところも瓦解するだろうと、懸念している。

（八月二十八日）

なお、同夜付として、さらに次の要旨の情勢を伝えている。

今日登城して御勘定奉行小栗上野介様にお逢いして、御進発の儀を伺うと、かように御遅延していて、もし瓦解したならば、とても御挽回の道はあるまいとのことで、近頃、自分たちにも閣老衆は容易にお逢いされず、もっとも筋違いの儀として、御採用がないとのことである。

御進発に御運び成りかねるのには、きっと理由がある事で、阿部公なども大いに御尽力の御様子である。私どもには方法がないため、上京して、御名様（容保）始めと相談して、一考される御積もりと察せられる旨を仰せられたので、右御差し支えの次第は、どのような御事ですかと伺うと、じつに自分の愚察なので委細は知らぬとのことで、決してお話にならず、小出様に伺ったお話のうち、同じく、御進発が急にお運びに成りかねるには、大いに次第があることで、何程私どもで尽力いたしても、右の病は去りかねるというもので、その次第を只今申し聞かせても詮なく、もっとも申し聞かせかねるとのことで、御口外はされず、委細は京都で相談しようとの事である（中略）。御両人の御口気を卜すと、何やら閣老中に御異論の御方でもあるように察せられる。

右の通り、大小御目付衆なども容易ではない様子で、だいぶ御不平の御方もあり、随分沸騰しているようにおぼえた。

右の次第で、阿部様、小出様にも、私どもでは他の都合もあって、御逢いできなくても、その他では御仔細もないでしょうから、委詳は御同人より御聞き取り下さいますよう。（八月二十八日夜）

この間にあって二十四日、幕府は、勅命によって、毛利慶親父子の官位を奪い、同時に、松平の称号と慶親の名の将軍家慶の諱である慶の一字も奪った。

八月末頃、新撰組の副長助勤永倉新八・斎藤一・原田左之助、調役尾関政一郎・島田魁・桂山武八郎らは、局長近藤勇の非行五か条を上げて、会津藩に建白書を提出した。

永倉新八の『新撰組顚末記』によると、その理由は、近藤にはわがままな挙動があり、芹沢の暗殺以来専横をほしいままにし、他の同志を家来のように扱い、命に背けば剣に訴える有様なので、隊士は脱走か反抗かとの姿勢を示し、平穏無事な日常の雰囲気に飽きて不平を抱き、感情的になってやがては壊滅を招く前兆が見えるため、このままでは新撰組が瓦解する、というもので、建白書には、近藤が一か条でも申し開きが出来たら、我々六名は切腹するとあり、なお「もし近藤のもうしひらきあいたたざるにおいては、すみやかにかれに切腹おおせつけられたく、肥後侯にしかるべくおとりつぎありたい」と強硬に述べているが、その後、松平容保は、彼らと面談して慰留したとのことである。（『新選組日誌』）

この経過から、池田屋事件・蛤門の変等で新撰組の活動を世に認められて、増長・慢心の姿勢をあらわにした近藤に対する隊士の忿懣が把握される。

この情勢下に朝廷では、将軍家茂出陣を促したが、幕府が、外国側からの条約勅許要請、水戸浪士の筑波山挙兵などを理由にその姿勢を示さなかったため、勅使を江戸へ派遣して、将軍の出発を督促せよとの意見が持ち上がった。

この動きを幕閣に伝えて将軍上洛を促すため、近藤勇は、永倉新八・尾形俊太郎・武田観柳斎の三人を伴って江戸へ下ったと、永倉は記している。

しかし、前述の永倉らの近藤排斥の建言からも、容保が政治的意見を幕閣に具申させるという重要事を、近藤から要請されるままに彼に托したとは考えにくい。

近藤勇は、池田屋事件で長州浪士らの暴発鎮圧に成功したとはいえ、寡少な隊士によるその後の活動を憂慮し、長州征討の機運の高まりとともに、隊士増強の必要を感じていたから、隊士募集を江戸で行うために、東下の許諾を容保に願ったのであろうか。容保がそれを許可したのであれば、容保は、幕府への進言を内旨として、松前藩出身の永倉新八を仲介に、老中格兼海陸軍惣奉行の松前伊豆守（崇広・松前藩主）へ伝達することを近藤に托したのかもしれない。

それには、前述の近藤と永倉の確執を和らげる意味もあったのであろうか。それならば、容保は、近藤に幕閣へ物を言わせるまでの位置を認めたことになろう。

近藤らは九月初旬に立ち、十日に江戸へ着いた。

彼らが、松前伊豆守と会ったのは九月中頃らしく、永倉の手記等にもとづく松村巌の『近藤勇』の記すところでは、「方今国家内は臣属苟且偸安《こうしょとうあん》し、外は諸侯跋扈離畔す。将軍進発して大旆《はい》直に西に指し、風駆霆撃《ていげき》以て毛利氏を誅し」と彼らは勇壮な言辞を述べたが、伊豆守はこれを慰籍して引き取らせたという。

この時、松前藩の脱藩者である永倉新八は同行しなかったというが、近藤らが伊豆守に面会できたのであれば、永倉と松前藩との縁によったものであろう。（『同前』）

これより先、藤堂平助は、近藤らに先立って江戸へ下り、伊東甲子太郎に会って、その意中を披歴していた。

近藤が、いたずらに幕府の手先として奔走しているため、いつ当初の勤王の目的を達成できるか分からず、小成に安住する彼に憤慨して脱隊した者も少なくないので、彼を暗殺して、平素から勤王の志の厚い貴殿を隊長に戴き、新撰組を真の勤王党に改めたいとの願いを打ち明けたとは、永倉新八の記すところである。

伊東は、それに同意して加盟したというから、永倉も、その見解から、池田屋でともに奮戦した藤堂と同調して、この頃はすでに近藤に対する報復を策していたと分かる。

伊東は、常陸の新治郡志筑藩士鈴木三四郎の長男大蔵で、少壮の時に初めは水戸の金子健四郎に神道無念流を学び、のち江戸深川の伊東精一の門で北辰一刀流を極め、精一没後に入婿して伊東姓となって道場を継いだ。

彼が上京した元治元年の干支《えと》は甲子《きのえね》だったので、名は甲子太郎《きねたろう》と改められた。

伊東が、江戸で隊士募集中の近藤を訪ねて、新撰組の勤王は、真に王事に仕えるものかと問うと、いかにも真の勤王であると答えられたので、それならばと募集に応じ、実弟鈴木三樹三郎とともに友人も推挙しようと約したという。

伊東は、国学にも造詣が深く、とくに歌道の嗜みも豊かだったから、元来武事一辺倒の近藤は、伊東の温厚な風貌とともに、その教養に根差す持論の高論卓説に魅せられてそれに共鳴し、彼の新撰組加盟を認めたようである。

時に、隊士の楠小十郎・御倉伊勢武《みくらいせたけ》・荒木田左馬之亮が、長州の間者と発覚して斬殺された。

九月二十六日の朝四ツ時（九〜十一時）に、屯所（前川荘司方）の門前でぼんやり立っていた楠小十郎が「あッ！」と大声を上げて、のめるように水菜畑の方へ走り出したすぐ後から、ぴかりと刀が光って「野郎」と叫びながら出てきたのが原田左之助だったとは、八木源之丞の次男為三郎の少年時の目撃談で、委細は子母澤寛が『新選組物語』に書いている。

また、為三郎の話では、原田が楠を斬ることは二日前から決まっていて、この日は、楠のほかに、同じく長州の間者で、新撰組の国事探偵方になっている御倉伊勢武（京浪人との称）と荒木田左馬之亮（京浪人と自称）が、庭先で首を落とされたことを聞いたという。

越後三郎（自称京浪人）と松永主膳（自称京浪人・主計ともいう）も長州の間者で、まさに斬られる寸前に脱兎のごとくに逃げ出し、越後はひどい霧に紛れて逃げ切ったが、松永は後ろから一太刀の浅手を受けたとも言われて、これらの話は『新選組遺聞』にも残されているが、それにはさらに、永倉の遺談として次のような話も上げられている。

……ところが一夕御倉荒木田越後それに、松井竜三郎等が、自分を斬ろうと企てたので、遂に堪忍なりかね、翌日早速一味を斬って終った。

御倉と荒木田は、縁側で髪を結っていたところを、斎藤一が御倉を刺し、林信太郎が荒木田を斬った。越後と松井竜三郎（宇都宮浪人）は沖田総司と藤堂平助がやろうとしたが、窓を破って逃げて終った。

楠はこんな騒ぎを知らずに、ぼんやりしていたところを原田が襟首をつかんで引立てようとしたが、なかなか抗弁していう事をきかないので、遂に斬ったのである。

松永主膳は、井上源三郎に斬りかけられたが、非常に逃げ足の早い男で、背中に縦一文字の浅手を負わされたのみで逃げて終った。

ここで気づかされることは、これら数人の処断が、近藤の東下した留守中に行われたことである。永倉は、御倉・荒木田・越後らが自分を斬ろうとしたためといっており、これほどの処断を、土方の指示によるものとは言っていないから、実施したのは永倉の独断によるものであろうか。それにしても、この頃、江戸にいる筈の藤堂平助が加わっているのは、永倉の記憶の誤りであろう。

また、八木為三郎談は、彼らを斬った日は、霧が深かったと言っている。

永倉談は、御倉と荒木田が縁側で髪結中のところを斬ったと語っているが、霧の深い日の縁側で月代を剃ったり髪を結ったりするだろうかと考えると、この話には永倉の虚構と察せられる感触が多分にある。

ところで、御倉伊勢武らの誅殺事件は、この時点で長州側の間者が、新撰組に潜入していたことを示すから、長州側は、池田屋事件後あたりからその態勢を取っていたことになろうか。

なお、文久三年頃と推定されて、『新撰組史録』に掲げられている近藤から日野の佐藤彦五郎宛の十月二十日付書簡に、「扨、先頃平野次郎御所焼払之一味、三条木屋町屯致候。縄手夜討後、局中に三人同居致居、如何可致歟と久々心配仕候。無拠殺害致申候。」とある。

文中の「平野次郎御所焼払之一味」とは、前年文久三年八月の政変で大和挙兵の中山忠光説得に失敗して捕われた平野の一味のことで、「縄手夜討」とは、池田屋事件を指すもので、それはこの年元治元年に起きているから、書簡は、元治元年のものである。

子母澤寛も『新選組遺聞』でこの書簡を元治元年としているから、右書簡は文久三年のものではない。

つまり、池田屋事件後に、この一味の三人が新撰組内に潜伏していたとは、近藤が知っていたことになろう。それが御倉ら三人で、近藤は、江戸へ下る前に、彼らの処断を指示していたものと推察される。

近藤が江戸で募集した隊士は『会津藩庁記録』によると二十二人で、近藤は彼らを引き連れて十月十五日に出立し、二十七日に京都へ着いた。（『同前』）

松平容保はその後、将軍に対して正式に親書を呈上した。

公用人小森一貫斎(久太郎)に持参させた十月廿九日付のそれには、「……一橋殿ならびに所司代一同、かたく相願いおき候場合に差し迫り、追討の諸藩は勿論、一統手を合わせて御進発を仰望仕り候気向に御座候間、なにとぞ御英断をもって急に御発ちあそばされ候よう仕りたく、伏して懇願奉り候。」とあったが、幕府側は彼に会わなかった。

この頃、長州出兵に備えて、新撰組は次の「軍中法度」を制定したようである。

軍中法度

一、役所を堅く相守り式法を乱すべからず、進退組頭の下知に随ふ可き事。
一、敵味方強弱の批評一切停止の事。
付、奇矯妖怪不思議の説を申すべからず。
一、食物一切美味禁制の事。
一、昼夜に限らず急変有之候とも決して騒動致すべからず。心静かに身を堅め下知を待つべき事。
一、私の遺恨ありとも陣中に於て喧嘩口論仕間敷事。
一、出勢前に兵糧を食ひ、鎧一締して槍太刀の目釘心付べき事。
一、組頭討死に及び候時、其組衆其場に於て戦死を遂ぐべし。若し臆病を構へ其虎口逃来る輩於有之は、斬罪微罪其品に随て可申渡之候。予て覚悟、未練の働無之様相嗜べき事。
一、烈敷虎口に於て組頭の外屍骸引退く事為さず、始終其場を逃げず忠義を抽ずべき事。

一、合戦勝利後乱取禁制也。其御下知於有之は定式の如く御法を守るべき事。

右之条々堅固に相守るべし。此旨執達仍而如件。

『新撰組史録』は、これを「蛤門の変」で新撰組が九条河原へ布陣した際のものとしているが、『新選組日誌』では、土方歳三の故郷の小島家の保存する土方の資料「甲子年臘月土方義豊皇州より来簡写」には、「行軍録」が書き写され、つづいて「軍中法度」が記されているというから、これは長州征討を意識して、甲子の年すなわち元治元年の暮近くに作成されたらしい。

長州征討

元治元年（一八六四）十一月十一日、征長総督徳川慶勝（前尾張藩主）が大坂を発して西下し、広島へ布陣したのは十六日である。

副総督の福井藩主松平越前守（茂昭）は十一日に豊前小倉に進出し、長州総攻撃を十八日に予定していた。

一方、長州藩内では保守派が台頭して、藩権力を握り、幕府への恭順、謝罪の方針を決定した。

征討軍出動前の大坂城における総督以下の諸侯・諸藩代表者の軍議で、長州処分の腹案を述べて総督以下の賛同を得ていた薩摩藩の西郷吉之助は、吉井幸輔（友実）とともに岩国へ向かい、岩国藩主吉川監物（経幹）に会って大義、順逆を説くと、監物は西郷の進言を受け容れて、事態の収拾に尽力することを約した。

それに伴い、長州藩庁は、急進派藩士の反対を抑えて、蛤門の変の責任者に自刃を命ずることに決定した。

その結果、萩藩の三家老国司信濃・福原越後・益田右衛門介の切腹、藩主毛利敬親と世子定広の謹慎が命ぜられ、山口城は焼却処分となった。

十二月二十七日、征長総督府は、諸藩に撤兵を命じ、ここに第一次長州征討はその幕を閉じた。

これより先の十一月頃から、大坂道頓堀の旅宿鳥毛屋に止宿してひそかに活動していたのは、『新撰組史録』によると、土佐脱藩者の浜田辰弥（のち田中光顕）・島浪間（義親）・池田応輔・千屋金策（孝成）・橋本鉄猪（のち大橋慎）・大利鼎吉・池大六・那須盛馬（のち片岡利和）らで、彼らは、同志を糾合して翌年一月二十二日に市中へ火を放ち、その混乱に乗じて、長州征討軍を牽制する企図を抱いていた。『維新土佐勤王史』には、やがて、島・千屋・井原応輔（池田か）は山陰地方へ向かい、他の者はその筋の目を警戒して鳥毛屋から松屋町のぜんざい屋の石蔵屋政右衛門（元武者小路家雑掌・本多大内蔵）方へ移って、一挙の準備を進めたとある。

また、『新撰組始末記』は、鳥毛屋に滞在して彼ら土佐脱藩者と交流していた備中倉敷在出身の谷川辰吉が、松屋町で道場を構えていた新撰組の谷万太郎・三十郎兄弟を同郷と知って彼らと親しくなり、節操を変えてこの大坂焼き討ちを打ち明け、「谷兄弟ト共ニ新撰組ニ入隊シ」と述べている。（『新選組日誌』）

しかし、谷川辰吉が谷兄弟とともに、新撰組に加盟したとの記述は誤りで、谷兄弟は、すでに池田屋事件に参加しているから事件以前の入隊である。

年改まって元治二年一月八日の夕刻、谷兄弟とその門下の正木直太郎・高野十郎ら四人が石蔵屋を急襲すると、ほとんど不在で主の本多大内蔵は血路を開いて逃げ延び、大利鼎吉一人が応戦したが、抗しきれず七か所に負傷して絶命した。（『新撰組史録』）

谷万太郎と正木直太郎が、近藤・土方へ結果を知らせた十日付の書状には、三十郎は足を少々負傷したと記されていて、「存之外手剛成者」であったと書かれているが、その相手は、大利鼎吉を指すものと思われる。（『新選組日誌』）

谷三十郎は、宝蔵院流の槍の名手で「谷の槍は千石もの」と言われたほどであるが、その彼の足に傷を負わせたのだから、相手は、相当の手だれの者であった。

谷らは、一人を斬って終わり、内部捜査で、長州への建白書などが発見されると、改めて情勢の切迫を知ったが、いち早く行動して、一派の大坂市中への放火を未然に防止することができた。

二十七日、『元治漫録』によると、さらに新撰組の約三十人が、大坂堂島の播磨屋庄兵衛方に止宿していた近江源氏の末裔佐々木源氏太夫の一派を襲って、一人を斬り、二十数人を逮捕して入牢させた。一党は、総勢三百人から成っていて、武具類などを準備していたといわれる。（『同前』）

この頃、新撰組では、隊士の増加で壬生の屯所が狭くなったため、西本願寺への移転を寺院側に交渉していた。

元来勤王論者であった山南敬助は、無闇に権力を背にして問題を解決しようとする姿勢には賛成せず、この方針に反対であった。とくに伊東甲子太郎が加盟して参謀となってから、山南は、彼の主唱する勤王攘夷論に傾倒し、機会を見て彼らとともに勤王路線を進もうとする意志を抱いていた。

山南の風貌については、「色の白いどちらかと言えば丸顔で、肥り加減の愛嬌のある侍である」と『新選組物語』に書かれている。

北辰一刀流千葉周作門下の免許皆伝の使い手で、相当の学問もある彼は、仙台藩を脱藩後、試衛館道場に他流試合を挑み、敗れて近藤勇の門下となったから、生え抜きの試衛館派ではなく、同じ副長の土方歳三とは折り合いが悪かったと言われていて、勤王論者としても、武力一辺倒の新撰組の姿勢には批判的であった。

新撰組の移転要求は強硬だったので、西本願寺は渋々それを承諾するが、山南は、武士が僧侶相手に物事を依頼するのは見苦しいと、近藤に忠告したが容れられなかった。

二月二十一日、山南が新撰組に見切りをつけて脱走したのは、当然の成り行きであったといえよう。

山南は江戸へ向かったが、大津の旅宿で沖田総司に発見されて、二十二日早朝、壬生へ連れ戻され、一室に監禁された。

山南の切腹前後の様相は、子母澤寛に語られた八木為三郎談を中心とする『新選組遺聞』と『新選組物語』の叙述から、大要以下のように把握される。

永倉新八や伊東甲子太郎らは、山南に対してひそかに脱走を促したが、山南は「御芳志は忝けないが拙者はもう覚悟をしたから」とその勧めに応じなかったという。

翌二十三日の八ツ（午後一時～三時）頃、山南は近藤から切腹を申し渡された。

「有難い仕合せでござる」

彼は礼を述べ、着衣を紋付に改めて、蒲団の上に端座し、それまでの同志と水盃を交わしたと永倉新八が語っている。

何か遺言はないかと問われて山南は、したためた便りを、島原の馴染みの明里に送ってほしいと依頼するだけであった。

永倉は町方の者にそれを持たせたが、その後は何の返事も得られず、明里も現れなかった。

山南は、八ツ半（午後三時）頃から準備に取り掛かった。

永倉新八は、「実にこの時位、気のもめたことはなかった」とのちに子母澤に語っている。

切腹の時が迫っても、明里が来ないので、永倉は、山南が自分の頼みは果たされなかったと考えているのかもしれぬと思い、居ても立ってもいられなかった。

仕方なくゆっくりゆっくりと水盃を始めると、ようやく明里が駈けつけた。

このとき明里は、用事があって、山科へ行っていたとのことである。

この日の七ツ時（午後三時〜五時）頃、八木為三郎は、山南の切腹を家に知らされたので、父とともに門を出ると、明里が、歯を食いしばり、眼をつり上げて、大急ぎで通る姿を見た。かねてから明里を見知っていた為三郎は、すぐに分かった。

十間ほど離れたところにいた為三郎には、前川宅の西の出窓の格子を叩いている明里が、只事ならぬ様子でしきりに山南の名を呼んでいるように見えた。

やがて、格子戸の子障子が明いて山南の顔が見えると、明里は声を上げて泣き、山南は「何とも言えない淋しい眼をして」、真っ青な顔色で細々と明里へ言い残しているように見えたとのことで、為三郎はそのときの明里の悲しげな様子を語っている。

「実際私も泣かずにはいられませんでした。筆にも言葉にも尽くし難い有様でした。」

しばらくすると隊士が出てきて、明里のところからも人が来て連れ去ろうとし、明里がまだ格子にしがみついているうちに、すうーっと障子が閉まったとのことで、為三郎は、なお述懐している。

「私はその時の事を思い出す度に涙が出ます。」

その状況を、『新選組物語』はつぎのように書いている。

別れがすむと、永倉を見て、にっこりと、本当に晴々しく笑って目礼した。

「お手間をとらせました。永倉君、安心して死ねますよ」

みんな黙っていた。沖田が白い木綿の襷をかけているのを見て、

「介錯は沖田君がやってくれますか。有難う」

夜具蒲団を敷いて、その上へ端座した。沖田は後ろへ廻って、すうーと刀を抜いた。

丁度その時である。何んと思ったか土方歳三が、障子をがらりと開けた。山南はじろりとこれを見ると、

「おお、やって来たか九尾の狐……」

と、又何にか非常に大きな声で言おうとした時、総司は素早くさっと刀を下ろした。首は前へ、しかしその斬り口が、まだ、

「ウ、ウ、ウ、ウ」

と何にか大きな声でいっているようであった。

山南時に三十三歳、介錯の沖田は二十三歳であった。

この描写からは、正に劇的な様相が伝わってくる。

九尾《きゅうび》の狐《きつね》とは、奸佞（よこしま）の者をたとえる言である。

ここで、山南に土方を奸佞な人物と言わせたところに、筆者子母澤の視点の存在が見出される。

山南の切腹は、明里と別れた西向きの窓がある部屋で行われた。

隊命による切腹だから、局長の近藤や副長の土方ら上層部も立ち合うのが当然であろうが、彼らの臨席は判然とせず、土方が唐突に障子を開けて入ってきたというからには、土方は臨席していなかったらしい。

以上の叙述で、意表を衝く土方出現などの情景描写には、多分に脚色性が感得される。

明里のその後の消息は不明である。

山南敬助に対する処断は、一面では新撰組の内訌《ないこう》の表面化であるが、新撰組の西本願寺への屯所移転は、その事態とは無縁のように、三月十日頃に終わった。

四月五日、土方歳三は、伊東甲子太郎・斎藤一を伴って江戸へ到着した。その目的は、隊士募集にあった。

七日、この年は改元されて、慶応元年となった。

土方が、新規隊士五十二人を引き連れ、それまで江戸に滞在していた藤堂平助や、別格で入隊した近藤の従弟の宮川信吉を伴って帰京したのは、五月十日であった。（『同前』）

長州再征

幕府の長州征討によって、長州は降伏したが、その後長州内部では、萩藩士高杉晋作が組織した奇兵隊とともに強硬派諸隊を糾合して、反幕府の気勢を高めていた。

幕府側でも、征長総督徳川慶勝らから長州処分は軽すぎるとの意見が生まれたため、毛利敬親父子と、その後筑前太宰府に移されている五卿（三条実美・三条西季知《すえとも》・四条隆謌《たかうた》・東久世通禧《みちとみ》・壬生基修《もとなが》）を江戸へ召喚して糾明しようとしたが、周囲からの異議があって、それは実現されなかった。

先に追放された七卿の中で、右の五卿以外の沢宣嘉は生野の変に参加して敗走し、海島へ潜伏したが、錦小路頼徳は病没した。

なお、長州内部では、一層の強硬姿勢が高まったため、幕府は、五月に入って長州再征を諸藩主に達し、十二日、和歌山藩主徳川茂承を征長先鋒総督に任命した。

十六日、将軍家茂は、江戸を出立した。

新撰組が、江戸と、京坂でも募集した隊士の増加によって、新編成を組んだのは五月下旬のことらしい。『新撰組史録』によると、新編成は、西本願寺への屯所移転と同時に決定された。その内容は、五人に一人の伍長を置いて、最小単位とし、十二人を一人の組長が統括して、一番から十番までの組編成として、総長を近藤勇、副長を土方歳三、参謀を伊東甲子太郎とするもので、各組の長とその他役職者は次のように決定されたが、奥沢、葛山は前年死亡で疑問があるとしているから、名簿作成は奥沢、葛山死亡の池田屋事件前となろう。

一番　沖田総司　　二番　永倉新八
三番　斎藤　一　　四番　松原忠司
五番　武田観柳斎　　六番　井上源三郎
七番　谷三十郎　　八番　藤堂平助
九番　鈴木三樹三郎　　十番　原田左之助

諸士取締役兼監察
山崎烝　篠原泰之進　新井忠雄　服部武雄　芦屋昇　吉村貫一郎　尾形俊太郎

勘定役
河合義三郎

伍長
島田魁　川島勝司　林信太郎　奥沢栄助　前野五郎　阿部十郎　葛山武八郎　伊藤鉄五郎　近藤
芳祐　久米部正親　加納鵰雄　中西昇　小原幸造　富山弥兵衛　中村小三郎　池田小太郎　橋本

皆助　茨木司

其他小荷駄方・書記・取締方

師範

撃剣　沖田　池田　永倉　田中寅蔵　新井　吉村　斎藤

柔術　篠原　梁田佐太郎　松原

槍術　谷

馬術　安富才助

砲術　清原清　阿部十郎

文学　武田　斯波雄蔵　尾形　毛内監物

なお、『新撰組始末記』には、「厳重ニ法令ヲ立テ、其所置ノ辛酷ナル――」とあって、厳しい隊規を設けたようであるが、永倉新八は、次のように禁令を定めたと書いている。

第一士道をそむくこと、

第二局を脱すること、

第三かってに金策をいたすこと、

第四かってに訴訟をとりあつかうこと、

この四箇条をそむくときは切腹をもうしつくること、またこの宣告は同志の面前でもうしわたすというのであった。(『新選組日誌』)

この新編成で、新撰組の隊士数は、百二十人以上になったため、組織統率上の必要から、禁令すなわち隊規が定められたのであろうが、「其所置ノ辛酷ナル」と評されるように、山南の例に見たような苛斂誅求の実態は、その後も少なからず表面化してゆく。

この頃、市中取締のため、新撰組の数名が大坂へ出向いた。

閏五月二十二日、将軍家茂は上洛、参内して入京の遅れを謝し、二十四日に大坂城へ入った。

しかし、再征には薩摩藩が異論を持っていたため諸藩の意見も一致せず、大坂城での幕議は難航した。

六月に入って、幕府はなお、毛利淡路守（元蕃・周防徳山藩主）、吉川監物（経幹・岩国藩主）らを召喚して内部の事情を訊問する旨を長州側へ達した。

この方針に対して長州側では、高杉晋作らが強硬論を唱え、拒否の姿勢に出た。

中旬になって、それまで大坂に駐留中の新撰組は帰京した。

七月を迎えると、幕府側では、毛利讃岐守（元純・清末藩主）らほかの家老に対して、九月二十一日までに上坂せよと達したが、やがて、これも無視される。

九月一日、新撰組四番隊組長で柔術師範の松原忠司が死亡した。

『新撰組始末記』には、松原は落度があったため、切腹しようとして刀を腹に突き立てたときに、そばにいた者にただちに抑えられたが、手当されて一旦全快し、平隊士に降格させられて「間モナク死ス。」とある。（『同前』）

八木為三郎の談話によると、松原忠司は、酒を飲んだ帰りに、四条大橋の上ですれ違った浪人と、些細なことで口論になって、彼を斬り伏せたといわれる。

倒れて苦悶する相手の声を聞いた松原は後悔し、その懐中を探ると銭入れがあって、それに書かれた住所と名前から、壬生の天神町に住む安西という人物と分かった。

そのまま放置できぬと思った松原が、遺体を背負って安西の長屋へ運ぶと、そこには二歳ほどの男の子を抱えた妻女がいた。

松原は、安西を紀州家浪人と知ったが、自分が手を下したとも言えず、悲嘆に暮れる妻女をどうにか慰めて、若干の金子を渡して帰り、その後は毎日のように見舞って、病の子のため医者の世話などをしたが、その子はついに命を絶った。

松原は安西宅へ出入りするようになると、隊務に支障も出てきて、その行状は、自然に近藤や土方の耳にも入ったらしく、真相はすぐに看破されたとのことである。

土方は、松原が妻女に恋慕し、その夫を騙し討ちにして巧みに言い繕い、親切ごかしに近寄ったのではないかと、松原に探りを入れたのか、疑われた松原は、憤慨して切腹を決意したらしい。

この前後の状況を、篠原泰之進が語り残している。

どうも土方の申しようも悪かった。元来が少し皮肉でこういう風にからみつくような物の言い方をする人間ではあるのだが——そこで、松原、切腹を決心している事が態度でわかるので、気をつけていると、案の定やった。私が障子の外へ立っていると、

「うッ！」

といって、刀を腹へ突立てた気合がしたので、いきなり飛込んで行って、手を押さえた。

というものである。

松原は「武士としてこれ程の辱めを受けて生きていられるものではない。……その後、責を感じ、出来るだけの親切、親切というよりは人を斬った悔恨の罪亡ぼしをしているので、妻女とは何等関係はないのだ。それを土方にああ言われるのは、実に心外である。死なせてくれ」と述べたが、篠原に刀をもぎ取られ、いろいろ手当をされて一命を取り留めたという。

その後、松原は、近藤や土方と気まずくなる一方で、年が明けて元治二年の春になると、一時遠ざかっていた安西の妻女のもとへまた通い出して、ついに深い間柄となり、隊務を顧みぬ行為に対する自責の念と、妻女への恋慕の情とに挟まれて、それまでの快活な彼の性格は、次第に陰鬱なものへと変わっていった。頭髪が伸び、頬の肉もそげ落ちた彼を心配して、篠原が会津藩の医者を呼んだが、彼は受診を拒んで姿を消した。

八木為三郎の遺談では、松原の捜索が始まって、篠原と林信太郎が安西の長屋へ向かうと、戸締まりしているので、裏口の戸を壊して入ったところ、敷いた蒲団の上に松原が伏し、妻女は仰向けで死んでいて、松原は、柔術の手で妻女の首を絞めてから切腹したのだと、語り残されている。（『新選組物語』）

この頃幕府は、外交上の難問に直面していた。

安政五年（一八五八）の条約によると、幕府は、下田・箱館のほか、同六年七月四日に神奈川・長崎の二港を、七年一月一日に新潟を、文久二年（一八六二）一月一日に江戸を開き、同三年一月一日に大坂と兵庫の港を開く予定であった。

しかし、横浜（神奈川）開港後の国情が不穏となったため、横浜さえ安全を維持できがたいので、大坂・兵庫の安全も期しがたいとして、当時の外国掛老中安藤対馬守（信正）の考えにより、事情を英米仏等の各国公使に告げて、文久元年十二月に、正使竹内下野守（保徳）・副使松平石見守（康直）らを欧州各国に派遣し、幕府は、江戸・大坂の開市と兵庫・新潟の開港の五箇年延期を要請して交渉を妥結させ、慶応三年（一八六七）一月一日を以て二都二港を開くことを約したのである。

これらの情勢推移から、二年後の大坂・兵庫の開市開港の期日が接近すると、幕府は、その実施により、鎖港攘夷論がふたたび高まるのを恐れて荏苒《じんぜん》として日を送り、開市開港の準備に着手しないため、外国側はその実施を督促し、もし京都の勅許を得られなければ、軍艦を大坂・兵庫へ派遣して、直接京都と交渉するとの姿勢を見せた。

このため内政問題として長州征討を抱え、渉外的には開市開港を迫られた幕府は、これら内外の重要案件の一挙解決に、極めて困難な状況下にあった。

九月十六日、仏蘭英米四国の公使は、軍艦九隻とともに兵庫に来航し、十七日には二隻が大坂へ入港して、兵庫開港を求めるために、幕府閣老に会見を申し入れた。

所司代松平越中守（定敬）は、その旨を直ちに朝廷へ報告したが、老中松前伊豆守（崇広）も、外国奉行山口駿河守（直毅）を伴って上京し、目前に切迫した情勢を伝えて帰坂した。

二十一日、将軍家茂は、上洛、参内し、第二次長州征討を上奏して勅許され、二十三日に下坂した。

この日、老中阿部豊後守（正外）が兵庫で各国公使と会談し、二十六日に開港することを約した。

二十五日、開港に反対姿勢を示す一橋慶喜は下坂して、諸外国に開港の延期を了承させた。

松前崇広と阿部正外は、老中職を解かれて官位を剝奪され、国許での謹慎を命ぜられる結果となった。

十月三日、内外事情混迷の中で、将軍家茂は、征夷の大任を果たせずついに職掌を汚すので、一橋慶喜に諸事を委任されるようと辞意を上表し、外国艦は談判して七日迄兵庫に差控えさせるので、早急に勅許の御沙汰を願う旨を奏聞し、即日大坂を発って東帰の姿勢を示し、伏見に一泊した。

『近藤勇』には、このとき松平容保が、単騎で枚方まで駈けつけて将軍の駕を迎え、将軍を諭して入京させたが、近藤勇は新撰組隊士を率いて、会津藩士とともに容保を追い、枚方から将軍の駕に従って帰京したとあり、なお、次のように記されている。


当時新撰組の意気亦た壮とするに足るものあり。（『新選組日誌』）

『維新前後實歴史傳』には、朝廷が、このような大事を軽率に処理できぬため、勅使を派して上洛を求める旨の勅諭を達すると、家茂は翌日入京したとあり、朝廷は辞職勅許を不可として家茂に諭すと、家茂は再度請願したが勅許は得られず、辞職を思い止まったとある。

しかし、やがて「条約之儀、御許容あらせられ候間」とされて、至当の処置を致すべき事との勅允が下った。

ということは、家茂が辞職を決意して上表した結果にもたらされたものであり、これによって、安政以来違勅とされてきた条約問題に伴う朝幕間の対立紛糾事態は、ここに終結したことになる。ただし、これには、兵庫の開港が保留されていた。

十一月三日、将軍家茂は京都を辞し、大坂へ下って、長州征討の着手を諸藩に下令した。しかし、それには、追討に先立ち、長州へ訊問使を送ることとされた。

大目付永井主水正と目付戸川伴三郎・松野孫八郎らは訊問使として広島派遣を命ぜられ、永井らが大坂を出発したのは七日のことである。

近藤勇が日野の郷党に宛てた四日付の書簡によると、この一行に、新撰組から近藤勇・武田観柳斎・伊東甲子太郎・山崎蒸・吉村貫一郎・芦谷登・荒井唯雄・尾形俊太郎・服部武雄らが随行者として加わったとのことである。(『同前』)

十六日に広島へ着いた永井らは、二十日に国泰寺で、長州側使節の萩藩中老格宍戸備後助に八箇条の訊問を行ったが、宍戸は、巧みに釈明して切り抜けている。

永井はさらに、長州に対する幕府の疑念を晴らすため、近藤・武田・伊東・尾形らを協議に当たらせようと要請したが拒否され、二十二、三日にも申入れたが同じ結果に終わった。

三十日、永井らは、長州の副使木梨彦右衛門(萩藩士)や、諸隊代表と国泰寺で会見し、多くの質問を行って任務を終わった。

近藤らは、その後も長州入国の道を探るが成功しなかった。

十二月十六日に出立した永井らは十八日に大坂城で復命し、近藤らは十七日に発って二十二日に帰京した。

近藤勇が、松平容保に対して、報告した長防情勢の大要は、次の項目にわたっていた。
一、芸州に来た長門藩家老宍戸備後介（助）は、その実、奇兵隊用掛、山県某と称する軽輩で、その余もみな偽名であること。（宍戸備後助は通称山県半蔵）
一、君臣（長州の）は陽に謹慎、恭順を表しているが、陰で戦闘の準備に汲々としていること。
一、山口に会議所を設け、諸隊からの選抜者が会して諸事を決し、かつ削封は、寸地も肯ぜずと主張し、諸藩もひそかに征長を可としないこと。
一、芸州出張の旗下の兵や彦根・榊原（高田藩か）の諸藩兵は、勇気沮喪甚だしく、これらを戦わせても勝算はおぼつかないこと。
右のような情態なので、長門藩は謹慎恭順を表し、伏罪の形にあれば、この上ふかく取詰めるに及ばず、寛大の御処置方がよかろうと存じ奉ります。
同日夕刻に上京した永井も、同様の趣旨の見解を書面を以て報告した。（『京都守護職始末』）
慶応二年（一八六六）一月七日、大坂滞在中の将軍家茂は、板倉伊賀守（勝静）・小笠原壱岐守（長行）

の老中二人を上京させ、一橋慶喜・松平容保・京都所司代松平定敬（容保の弟・桑名藩主）とともに、長州処分について評議させた。

板倉勝静は、将軍の意向を受けて寛大な処分を主張したが、一橋慶喜が、態度不鮮明な長州に対する厳格な処分を求めたので、意見は対立し、結論を得ぬまま板倉は大坂へ戻った。

再び持たれた評議で、慶喜は、長防（三十六万九千石）のうち十五万石を与えて、その余は取り上げるという意見で、容保と定敬は、半分を削るべしとの意見であった。板倉は、江戸では十万石削減の意見で、将軍も寛大を旨とされていると言ったので、慶喜は、半分の削減を提言した。

板倉は、十万石削減を固持して譲らず、さらに協議を求めたが、慶喜が応じないため下坂し、ほどなく上京して、慶喜の館で容保・定敬と再び会し、十万石削減と毛利父子を隠居、蟄居させるという将軍の命を伝達したのである。

二十二日、板倉・小笠原は、ともに参内して、次の要旨の「長州藩処分奏聞書」を提出した。

……永井主水正・戸川伴三郎・松野孫八郎を差しつかわして、糺したところ、いよいよ恭順、謹慎している趣なので、大膳父子の朝敵の罪名を除きました。さりながら、畢竟、不明にして統御の道を失い、家来の者が朝敵の名を犯した罪は軽くなく、しかし祖先の忠勤を思い、格別寛大の主意をもって高の内十万石を取り上げ、大膳（敬親）は隠居、長門（広封）は永の蟄居、家督の儀は、しかるべき者に相続を申しつけます。右衛門介、越後、信濃の家名は永世断絶といたします。この段奏聞いたします。以上。

朝廷でも、寛大に公明正大な処置をとるようにとの詔を下してこれを裁可し、なお二十六日、十万石を取り上げげには、下田（地味の悪い田）を選んで踈暴の処置がないように申し入れるとの詔命が下った。

この奏聞書が提出される前日の二十一日、土佐の坂本龍馬・中岡慎太郎の仲介により、薩長同盟が成立していた。

長州処分方針を決定した幕府は、小笠原壱岐守を全権に、大目付永井主水正・室賀伊賀守、目付牧野若狭守を随行として、広島へ派遣することに決定した。

小笠原壱岐守らの派遣に当たって、ふたたび随行者として、警護及び探索の役目を与えられた新撰組は、近藤勇・伊東甲子太郎・篠原泰之進・尾形俊太郎らが、二十七日に先発して二月三日に広島へ着き、四日に小笠原が出立した。

この月五日の夜五ツ刻（午後七時～九時）、新撰組の浪士調役で一橋家脱藩の大石鍬次郎は、松原通り東洞院付近ですれ違った勢州藩士安西某（『新撰組始末記』では芸藩某）を、些細なことで始まった口論の末、斬り倒した。

子母澤寛の『新選組物語』は、その顚末をおおむね次のように述べている。

鍬次郎の兄に造酒蔵という一橋家の家来がいて、同じ頃、祇園の石段下で、新撰組の今井祐三郎と斬り合って倒された。

倒れた造酒蔵から名を聞かれて、相手は「新撰組の今井祐三郎だ」と答えると、造酒蔵は「俺は大、大、大石造酒――」と苦悶の中からようやく答えて息絶えた。

屯所に帰った今井が、相手は大石と名乗ったとその経過を同僚に話した。たまたまこれを耳にした鍬次郎は、君が殺したのは大石造酒蔵ではないかと問うと、今井が、大石造酒と聞いたと答えたので、彼は俺の兄だということになり、今井の行為の是非をめぐって口論となって、それは斬り合い寸前にまで紛糾した。仔細を知った副長の土方は、間違いからこうなったが、私闘は禁ずると説諭し、事態は収拾された。

ところが、土方歳三が故郷の佐藤彦五郎に宛てた書簡には「右鍬次郎弟酒造氏、於当地病死仕候。」と記されていて、鍬次郎が兄と分かるが、酒造とあるのは造酒蔵の誤りと判断される。(『新選組日誌』)

したがって、子母澤が鍬次郎を弟とし、造酒蔵を兄とするのは誤りで、造酒蔵は土方の配慮からか、病死に扱われたらしい。

七日、小笠原壱岐守は広島へ入り、八日に出立した永井主水正は十一日に到着して、長州清末藩主毛利讃岐守(元純)・周防岩国藩主吉川監物(経幹)らを召喚したが、彼らはこれに応じなかった。

この十一日、伊東甲子太郎と篠原泰之進は、一方で小笠原壱岐守に会って尊皇論を開陳している。

篠原の『泰林親日記』は「度々尊皇ノ議論ニ及フ。」と述べ、また二人が諸藩の周旋方と会議したことに触れ、「伊東、余、頻リニ長州御寛典ノ所置ニ相成ラン事ヲ立論ス。」とも記している。(『同前』)

この動きからみて、伊東・篠原は、すでにこの頃から勤王論を展開して、長州側との接触を画策していたことが分かり、その行動は、長州譴責を目的とする特使に随行する者としての使命に全く反するものであるが、やがて新撰組に反旗を翻すための事前の布石であったと見做される。

十二日、播磨高砂出身の河合耆三郎が切腹させられたと『新撰組始末記』が記しているが、その前後の経過は、『新選組物語』から次のように把握される。

新撰組の会計方の河合は、二日朝、保管中の金子のうち、五十両不足に気づくと、青くなって善後策を考え、帳尻合わせのため、ひそかに故郷の父親に早飛脚を立てて送金を依頼した。やがて、土方から所用のためと五百両を求められて五十両の不足が判明すると、弁明できなかったらしく、河合は、横領の嫌疑で、一室に謹慎の身となった。

監察の新井忠雄らから取調べられて釈明したが信ぜられず、処刑されると察した河合は、十日間の猶予を願ってそれを認められたが、十二日の夜になっても金は届かず、断首と決まってそれは執行された。金が届いたのはそれから三日目で、父親の信兵衛が商用で他出していたために、送金が遅れたという。播磨から父親や親類が駈けつけてきて屯所を訪ね、近藤勇や土方歳三に面会を求めたがそれは叶えられず、その後、信兵衛はその付近に呆然と突っ立っていたりした。

一か月ほど経った頃、親類一同が空の輿を担いで、多くの僧侶とともに鉦を叩きながら進み、その後ろに、千両箱を背にした馬が首の鈴を鳴らしてついて行く異様な行列が、屯所の前を行ったり来たりした。

新井忠雄は後年、五百両は、近藤が島原の御幸太夫を請け出すための費用であったらしいと語ったという。

河合は、塩問屋の一人息子で、父は信兵衛とされているが、実は四人兄弟で父の名は儀平が正しいから、この話は実話ではないとの見方がある。しかし、河合の死後の父親や親類の行動からは、その恨みの程が察せられて余りがなく、新井の話などを考え合わせると、あながち虚構とは見做されがたい多くの感触には、捨てがたいものがある。

近藤は、島原の木津屋の若太夫（太夫は遊女の最上位格）から大坂新町の織屋に移った深雪を、二年前の元治元年の秋に身請けして囲っていたが、彼女の妹のお幸にも目をつけて、前年慶応元年の夏に、二百両の手切れ金を払って深雪と別れ、新たにお幸を囲ったという。（原康史氏『激録新撰組』）

このお幸が御幸太夫であったらしい。となると、深雪への手切れ金も御幸太夫の身請け金も、新撰組から出たものと察せられる。

それにしても、妾を囲う行為の許容がいかに時代の倫理感に存在していたとはいいながら、近藤は姉妹を妾にするほどの権力者となっていたことが分かる。

また、河合の処断は、近藤が西下している留守中に行われ、それを決定したのは土方だから、土方には、近藤の留守中に隊士を処刑できるほどの実権があったものと見られる。

近藤の女の身請けの金を都合するために処断されたといわれる河合耆三郎は、享年二十九歳であった。

三月十二日、近藤らは帰京し、二十七日には伊東・篠原が帰京した。

四月一日、谷三十郎が成敗されたらしい。

西村兼文の『新撰組始末記』は、「四月一日、谷三十郎ハ故ナクシテ頓死ス。何カ故アルヨシ。」と、谷の死を書いている。(『新選組日誌』)

種田流の槍を使う谷三十郎の腕は「千石もの」といわれたという。

池田屋事件の時、彼は、飛び降りてきた相手に、階段の途中から大上段に振りかぶって槍を繰り出すと、穂先が背中を貫き、串刺しにされて手許まで落ちてきた相手の身体に突き当たって引っ繰り返ったと、『新選組遺聞』に書かれている。

その谷が、平隊士田内の介錯をすることになったという話がある。

田内は、内緒で女を囲っていたが、女には別の男もいて、三月のある日、田内が女の許へ通ってゆくと、先に来ていた男はあわてて押し入れに隠れたが、様子がおかしいと思った田内が女に問うと、男は露見したと思って、押し入れの中から唐紙越しに田内を突き刺した。田内は体をかわしたが両足を払われて負傷し、その隙に男と女に逃げられた。

追跡もできぬ田内は、付近の者に通報を頼んで屯所へ戻ったが、やがてすべてが判明して切腹を命ぜられたという。

この話は『新選組物語』に書かれているが、底本は『新撰組始末記』らしく、それには、男が押し入れの戸を開けて「抜持タル一刀ヲ不意ニ討込、知ノ肩先ニ切付返ス。」とあるから、子母澤の記述はこれとやや相違しているものと分かる。(『新選組日誌』)

切腹の座についた田内が、短刀を腹へ突き立てると、頃合を計って首を落とすべき介錯役の谷三十郎は躊躇、狼狽したらしく、刀は髷を払って鼻先へ流れ、二の太刀は顎を斬った。谷はなお呻きながら目茶苦茶に斬りつけるので、田内も悲鳴を上げて立ち上がり、腹へ突き立てた短刀を夢中で振り回した。見兼ねた検死役の斎藤一が、抜き打ちざまに田内を斬り倒した、とされている。

その後斎藤は、篠原泰之進の妻に「どうもあれじゃァまるで成っていない。」とこの状況を語ったとのことである。

『新選組物語』は、田内の介錯に失敗した谷三十郎が、一ヵ月後の四月一日の宵に、祇園石段下で何者かに斬殺されたとし、新撰組の書記方から守護職へ「七番隊組頭谷三十郎儀、祇園石段下に於て頓死相遂げ候」と届け出たとしている。

ところが、『新選組遺聞』は、光縁寺の連名の墓碑の一つに、次の碑銘があるとしている。

同年正月十日

田内知重次

しかし碑銘の没日の順では、右の碑銘は慶応二年の死没者二名の次にあり、さらに三年四月以後の死没者名がつづいているから、この正月十日は、三年のことになる。

前掲の『新選組物語』などの記述とともに、斎藤談や、新撰組の守護職への届書によると、谷の死は二年の四月一日とされているが、この墓碑銘から見て、田内は翌三年一月十日の死が真相だろうから、谷は、翌年死ぬ田内を介錯したことになる。

つまり、谷三十郎が田内を介錯したという話には、大きな疑問が生まれる。


四月二日、幕府の全権小笠原壱岐守は、長州藩主毛利敬親と世子広封及び興丸らを召喚したが、敬親らは応じなかった。

さらに、十四日には、薩摩藩が長州出兵拒否の姿勢を示して、将軍家茂にその旨を上申した。

これらの情勢から、小笠原壱岐守らは、長州本藩の代理正使宍戸備後介ほか支藩の代表を認めて、五月一日、彼らを国泰寺に呼び出して朝敵名の削除、十万石の減封、毛利敬親の隠居、世子広封の永蟄居と興丸への家督相続を申し渡した。

幕府全権一行に対して、長州側が、上層部への召命を拒んだ背後には、土佐の坂本龍馬・中岡慎太郎の斡旋により、この年一月に成立した薩長同盟の大きな後ろ楯の存在があった。

六月五日、幕府は依然として反幕姿勢を低下させぬ長州側の動向から、諸藩に対して第二次長州征討を下令し、七日、諸藩兵は山陰・山陽の両道から進軍した。

幕府軍は、芸州口・上ノ関口・下ノ関口・萩口等を進攻路とし、先鋒総督徳川茂承（和歌山藩主）・副総督松平伯耆守（宗秀・老中）が広島へ向かう一方で、小笠原壱岐守は九州方面指揮のために小倉へ向かい、取締として若年寄京極主膳正（高富・丹後峯山藩主）が四国へ向かった。（『新撰組史録』）

七日、幕府艦隊の大島砲撃によって、長州再征の火蓋は切られた。いわゆる四境の役で、長州側の富士山・大江・翔鶴・八雲・旭等から成る艦隊は、当初、瀬戸内海の西の要衝の周防大島を確保するため、上ノ関沖から接近して、島の中央部の安下庄と東端の由宇村などに砲撃を加えた。八日、富士山・翔鶴は、島の北部の久賀沿岸を砲撃して、北方の前島に兵を揚げ、十日夕方にも兵を送った。

十一日、翔鶴・旭・八雲は久賀を砲撃し、前島に集結した兵の久賀上陸を支援した。

この間に富士山・大江は安下庄を砲撃し、東方の津和地島から掩護してきた松山藩兵を上陸させた。

十二日夜、長州の高杉晋作の率いる丙寅丸が、大島北方の毛利軍の基地遠崎から久賀沖に進出し、碇泊中の幕艦を奇襲攻撃した。

『防長回天史』に「幕艦は事匆卒に出で砲一発すること能はず、旭ために少し傷く。」とあって、丙寅丸は夜襲に成功し、以後の戦闘を有利に展開して翌未明に引き揚げた。(堤健男氏『肥田濱五郎』)

大島に上陸した幕府軍は、長州軍を退散させたが、十五日にふたたび攻撃され、十八日には敗退して島を放棄した。

芸州口では、先鋒を辞退した芸州藩に代わって彦根・高田二藩の兵が、小瀬川右岸の大竹村で砲戦を開始したが、長州側の反撃を支え切れずに翌日退去した。

これに代わって陸軍奉行竹中丹後守(重固)指揮の幕府軍と、和歌山藩家老水野大炊頭(忠幹・新宮藩主)の兵及び大垣藩兵が応戦し、攻防を重ねて対峙するまま七月を迎えていった。

石州口では、石見の津和野藩が長州側に同調していたため、十六日、長州軍は同藩の領内を通過して浜田藩へ進攻したので、浜田・福山両藩が防戦したが、支え切れずに益田を捨てて浜田へ後退し、雲州・

因州の応援を求めても叶えられぬため、七月十八日には浜田が落城して、石見一国は占領される結果となった。

下ノ関口では、小笠原壱岐守が、小倉藩兵を先鋒として肥後・久留米・柳河の諸藩兵を率い、海峡を渡って進攻しようとしたが、長州軍は機先を制して十七日、軍艦の掩護下に小倉へ上陸してこれらを破った。(『新撰組史録』)

二十日、かねてから病にあった将軍家茂は、大坂城内で死去したが、幕府はこれを秘して喪を発しなかった。

しかし、将軍の死は早くも京都へ伝わり、薩摩藩のごときは、前日までの姿勢とは一変して、大兵を入れたので、洛中は物情騒然となった。

幕閣では一橋慶喜に継嗣させる方針で、松平容保に対して、中川宮・二条関白から叡慮を伺うようにと依頼したところ、天意も慶喜にあると知らされたので、それを慶喜に要請すると、容易に受諾されなかったが、交渉を重ねた結果、ようやく了承を得た。

二十八日、幕府は、将軍継嗣の一橋慶喜への相続方を奏請して裁可された。

下ノ関口では、小倉藩世子の小笠原忠忱が、前年九月に死去した藩主小笠原左京太夫(忠幹)の喪を秘して戦っていたが、諸般の形勢不利となって八月一日、小倉城を焼いて退いた。

この結果、幕府軍は、全戦線で敗退する結果を迎えて、最早それを覆い隠せぬ状況となったので、一橋慶喜は、十六日参内し、「急速に諸藩を呼集し、めいめいの見込みもとくと承りとどけ、利害得失を論定の上、天下公論の帰着をもって、進退仕るべく存じ奉り候。」と奏請して裁可を得た。

十八日、軍艦奉行勝安房守（義邦）が長州へ派遣された。

十九日、一橋慶喜は大坂城へ入り、二十日に徳川宗家を相続し、幕府は将軍の喪を発表して訃を奏上したので、二十一日、「大樹薨去、上下哀情のほど御察しあそばされ候につき、暫時兵事を見合わせ候よう致すべき旨、御沙汰候事。」との勅旨が下り、ここに、停戦への方針が決定された。

二十五日、幕府は出兵諸藩に勅命を伝えて、征長の軍を撤退させた。

長州へ入った勝は、九月に芸州厳島で、広沢兵助（萩藩政務役）・太田市之進（御堀耕助・萩藩御楯隊総督）・井上聞多（馨・萩藩芸州口参謀）らの長州側代表と停戦協定を締結して、長州問題は一応の落着を見せた。

倒幕派再起

第二次長州征討の失敗で幕府の勢威が低下すると、当然の成り行きとして、洛中では、反幕的騒擾行為が再び台頭してきた。

その一例は、十津川郷士・土佐藩士らの策謀によるもので、三条大橋のそばに長州藩批判の文を掲示していた制札が、塗り潰されたりして投棄されたのである。

慶応二年八月二十八日の酉の刻（午後五時〜七時）頃、三条大橋の橋詰に掲げられていた「長州云々ノ制札」を、武士風の者が来て取外し、「之ヲ同小橋ノ下ニ」隠し置いたと『中山忠能履歴資料』が記している。

『新撰組始末記』には、二十九日夜、十津川郷士中井正五郎（庄五郎）・前岡力雄・深沢仲麿（深瀬仲麿か）・豊永植西らが談合して、その「標牌」（看板）の文を墨で消し、これを下ろして鴨磧（加茂河原）に投じたとされ、九月二日に新調されて掲げられた制札も、四日に下ろされて河原に投げられたとある。

なお、中山の資料には、五日戊の刻（午後七時〜九時）頃、また侍が来て「廻リノ石垣ヲ破却シ制札ヲ取テ四人橋ノ西ノ方へ持帰ト云。」とあるが、この四人が前記の十津川郷士らであることは紛れもない。

十日、三度目の制札が掲げられて、ひそかに新撰組にその監視が命ぜられ、その配備状況とその後の経過は、『新撰組始末記』から以下のように把握される。

新撰組は三隊に分かれて、一隊は「橋ノ東詰ナル町家」に隠れ、一隊は「高瀬東ニ入、酒屋」に潜伏し、一隊は「橋南先斗町ノ町会所ヲ下宿」にして待機し、橋の下には、菰を着た隊士二人が潜んで、付近の監視に当たった。

十二日の夜、大石桑次郎（鍬次郎）・茨木司ら十人が橋の東の町家に、新井忠雄ら十二人が酒屋に、原田左之助ら十二人が先斗町会所に潜み、浅野薫と新参の橋本会助（郡山藩出身。筑波山挙兵に参加して敗れ、仮入隊を許されていた）の二人が斥候として配置された。

子の刻（午後十一時〜午前一時）頃に、加茂河原の南から制札場に近づいたのは、土佐藩士の藤崎吉五郎・松島和助・宮川助五郎・沢田甚兵衛・安藤謙治・岡山禎六・早川安太郎・中山謙太郎の八人であった。

彼らが木柵に登ろうとするのを見た橋本会助は、直ちにその背後を通り抜けたが、土佐藩士らは、彼を乞食と見て意に留めなかった。

橋本は、酒屋の門口へ急いで合図をし、さらに先斗町の会所へ急報した。

浅野は、「恐レテ橋ヲ通行セズ、碩中ヲ東詰ニ距タル故、外ニケ所ニ聊カ後レタリ。」とあるから、橋本は東側にいて、浅野は西側から橋を渡らず河原を渡ったために、通報が遅れたらしい。

酒屋に待機していた新井忠雄は、子の刻を過ぎても何の変化も通報もないので、酒を飲んで眠気を催しているところへ知らせが入り、直ちに一同とともに出動した。

折からの月夜で、辺りは白昼のように見通しが利き、東の方の橋の辺りに斬り合いを見たので、新井ら十二人は抜刀し、一列になって突進した。すでに橋の上で斬り結んでいたのは、原田左之助の隊である。

先斗町の会所で待機していた彼らは、河原から八、九人の者が北へ進んで橋際へ近づくのを挙動不審と見て、橋本からの注進を待たずにこれを追跡した。

不審な者たちが、二枚の制札を川の中へ投げ込むのを見届けて、原田隊は、伊木八郎を先頭に彼らの中へ突入すると、相手側は、重みのある巾の広い三尺四、五寸の長刀で立ち向かった。

そのような長刀を用いるのは、当時の土佐藩士間の流行であったから、彼らは紛れもなく土佐藩士で、両者の間には、忽ち斬り合いが展開された。

土佐藩士らは、戦いを望まず制札排除が第一目的であったから、隙を見て西へ逃げようとしていたが、そこへ新井忠雄の隊が殺到したので乱戦となった。

新井は、後日、この時の様相を「土藩ハ何レモ例ノ長剣ヲ真向ニ振カサシ月光ニ輝ヤキ馳来ル形勢ハ、鬼神モ避クベキ勇威ナリシ」と語っている。

新井隊は、中西登・伊藤浪之助以下が突進して血戦した。

土藩ハ背後ヨリ原田ノ手ノ追撃ニ逢ヒ、或ハ戦ヒ或ハ退キ、遂ヒニ高瀬通三条ノ南車道ニ掛リ、地形凸凹足場ノ危殆ヲモ厭ハズ。彼我三十余名ノ壮士入交リ、火花ヲ散シテ接戦ス。

との記述から考えると、橋の東側で待機していた大石鍬次郎・茨木司らの一隊は、まだ参加していなかったらしい。

原田左之助と伊木八郎は、相手側の藤崎吉五郎を指揮者と見て、左右から打ち掛り、ついに彼を斬り伏せた。このとき藤崎は二十二歳であった。

原田はこの斬り合いで軽傷を負い、伊藤は早川安太郎の一刀を受け損じて刀を飛ばしたが怪我はなく、中西に救われてまた戦った。

宮川助五郎は、新井忠雄・今井祐次郎の手に掛り、重傷を負って倒れた。今井が走り寄って首を落とそうとすると、新井が制止して捕縛した。

宮川は屯所へ収容されてのち、土佐藩へ引き渡される。

土佐藩士側の松島和助以下は、多勢に無勢で抗しえず、東の車道へ引き揚げて、河原へ駈け下りようとすると、橋本会助らが白刃を振るって迫ったので、安藤は潜伏者の存在を察して、川を渡って再起を計れと叫んで仲間を退かせて自分は最後となり、追手を三方から引き受けて討死した。

松島・岡山・早川・沢田・中山の五人は、重軽傷を受けて、河原を南北に分かれて逃げ延びた。

新撰組が引き揚げたのは、十三日の鶏鳴の頃である。

橋の東側で待機していた者たちには、浅野の連絡が遅れたらしく、『新撰組始末記』には「橋東ノ手ハ注進ノ遅カリシヲ大ニ憤リ、夫ヨリ浅野ハ卑怯ノ名ヲ得テ後日放逐セラル。」とあって、浅野は追放された。

逮捕された宮川は、のちに土佐藩へ引き渡されたが脱走して諸方に潜伏し、維新後に赦免されて戊辰の戦いに従軍する。

この事件の翌年に坂本龍馬と中岡慎太郎が暗殺されるが、その一因は、宮川引取りの意見を聞くために、中岡が坂本を訪ねた点にあったといわれている。

土佐藩内では、新撰組と戦った者たちが不覚を取ったのは、長くて重い刀を用いたためと反省されて、以後、長刀を帯びる者が大いに減ったということである。

浅野薫の名は、文久三年の蛤門の変の頃の名簿にはなく、池田屋事件の恩賞金支給対象者名の中の浅野藤太郎が、彼本人と解されるが、その後の慶応元年七月頃の作成と考えられる島田魁の『英名録』にも浅野の名はないから、彼は一時隊を脱し、その後復帰してから、この事件に参加したらしく、事件後は、「葛野郡川勝寺村ノ川中へ沖田総司ニ切捨サセタリ」と『新選組始末記』にある。

これには他説があり、のちに伊東甲子太郎と隊を離脱する阿部十郎が、『史談会速記録』九〇輯で、浅野は、事件後に伊東甲子太郎を頼って、彼の配慮で山科へ身を隠し、土佐へ渡る手筈を準備されたが、その途中で近藤を説伏するつもりで新撰組へ赴くと、近藤が不在のため、「それで沖田総司という奴が桂川へ行って斬って仕舞った。」と語っている。

阿部は、それを高台院にいた慶応二年頃としているが、伊東派が、高台院へ移ったのは三年六月である。（『新選組日誌』）

この頃、尊皇攘夷派は、洛外の岩倉村に蟄居中の岩倉友山（具視）を中心として、ひそかに倒幕・王政復古を策謀していた。

岩倉は、先の安政五年（一八五八）に日米修好通商条約の勅許問題が浮上したときに、勅許には反対であったが、万延元年（一八六〇）に井伊大老が斬られたのち、朝幕関係の改善に乗り出した幕府が将軍家茂に対する皇妹和宮の降嫁を求めると、公武合体のためとして尽力し、すでに内定していた有栖川宮との婚約を破棄させて降嫁を成立させ、文久元年（一八六一）十月、宮の東下に随従した。

そのため、廷内尊皇攘夷派の糾弾するところとなって、文久二年に辞官、蟄居、落飾を命ぜられて友山と号し、僧形となって逼塞《ひっそく》していた。

しかし岩倉は、慶応二年正月の薩長同盟成立の頃から、同志の廷臣や薩摩藩士と、水面下でひそかに連携をとり、やがて倒幕の舞台に正面から登場する。

このような政情下に、兵庫開港、長州再征中止後の処理等の対策を必要とする朝廷は、幕府の要請からも、九月七日、尾張・紀州・土佐・薩摩・加賀など二十数藩の藩主を召集したが、参集期限の十月までに上京したのは備前・津・阿波・加賀・雲州松江の五藩主に過ぎず、彼らの提出した意見書も、大勢を動かさなかった。

十五日、伊東甲子太郎と篠原泰之進が名古屋へ向かい、二十一日、成瀬隼人正（犬山藩主・尾張藩付家老）邸で本田彦三郎（犬山藩士本多彦七郎か）・長谷川壮蔵（尾張藩士長谷川惣蔵か）と会談し、徳川慶勝の上洛は寸時も猶予はできないとその出馬を要請して、二十五日に帰京した旨が、篠原の『泰林親日記』に記載されている。

前年の十一月、長州への訊問使永井主水正に随行したのは、近藤の郷党宛書簡によると、近藤勇・武田観柳斎・伊東甲子太郎・山崎丞・吉村貫一郎・芦谷登・荒井唯雄・尾形俊太郎・服部武雄らだったが、近藤らは、その機会に情勢把握のため、長州入国を計って拒否された。

つづいてこの年二月、長州処分を通告する役目の全権小笠原壱岐守の西下には、永井のほかに近藤・伊東・篠原・尾形らが随行したが、十一日、近藤と別行動をとったらしい伊東と篠原は小笠原に勤王論を述べて、それはその後もたびたびつづき、諸藩の周旋方にも長州に対する寛典措置の要を説くなどで五十余日も滞留して、近藤よりも遅く帰京したようだから、近藤はその行動を黙認していたようである。

篠原泰之進は、二年前の元治元年十月に、伊東に誘われて新撰組に加盟してから、伊東と親交を結び、この頃には、伊東の勤王論に大きく傾倒していたようである。

したがって、二人が名古屋へ赴いて、長州に寛大な姿勢を示す前尾張藩主徳川慶勝の上洛、出馬を求めたことは、近藤や土方でさえも着想し得なかった徳川親藩御三家の重鎮慶勝に、朝幕間の斡旋を期待したもので、伊東の視野が、近藤らのそれよりもはるかに幅広く奥深かったことを物語っている。

篠原の『泰林親日記』によると、九月二十六日の夜、篠原は伊東とともに、七条下ルの近藤の寓居（醒ケ井の妾宅）へ赴いて、近藤と土方に勤王論を展開した。

これに対して近藤・土方は、佐幕論で対抗したので、篠原と伊東が、孝明天皇の御陵衛士になることを申し入れると、近藤らは、新撰組からの離脱を許さなかったとある。

翌二十七日の夜も、彼らはふたたび論じ合い、「今夕彼等服セスンハ首足処ヲ異ニセント憤心、頭髪ヲ侵スノ勢ニテ議論スレハ、」と篠原らが怒髪天を衝く勢いで離脱を迫ると、近藤らは隊が分離することを拒否したが、ついにその強論に圧倒されて、篠原らの離脱を認めたとのことである。

併シ彼等両名ハ徳川ノ成敗ヲ知ラス。勤王ノ趣意ヲ解セス。唯一武道ヲ以テ人ヲ制スル而已、是ノ故ニ終ニ余輩ノ術中ニ陥入リ、分離論ニ服ス。

この一文から篠原と伊東の意気込みのほどが察せられるが、彼等が近藤と土方を説き伏せようとするのは、新撰組を勤王路線へ転換させようとするところに狙いがあったと思われ、近藤と土方は、尽忠報国の理念でこれに対決したが、篠原と伊東は、新撰組と袂を分かつ覚悟で、自説を曲げなかったため、近藤らはついにその強論に屈することになったらしい。（『同前』）

しかし、孝明天皇が没したのは、十二月二十五日である。そのため、その二ヵ月前に、御陵衛士の制度は存在していない筈である。

したがって、篠原が記す近藤・土方との論争が九月時点で行われるには無理があり、その記述には少なからぬ虚構の感触がある。

彼等が御陵衛士を拝命するのは、翌年三月のことである。

十月十五日夜の初更（戌の刻・七時～九時）に、天皇から急に召された伝奏・議奏は、次の趣意の勅旨を下された。

徳川中納言の家督御礼、参内の儀に諸藩士がかれこれ申して妨げるのは、陪臣として朝議を阻み、甚だもって相済まざることである。自今、いかなる儀を申し出ても決して採用してはならぬ。

これより先、この日を、徳川慶喜の家督相続の御礼言上のための参内の日とする勅旨が、議奏衆に示されていたが、たまたま薩摩藩の大久保一蔵らが前夜、近衛忠煕邸に祇候して、この儀を阻むように迫ったことが、天皇に聞こえたので、突如、この勅が下ったのである。

勅旨は、議奏柳原光愛から国事御用掛山階宮（晃親王）と前権大納言正親町三条実愛らに伝えられた。

十六日、参内した徳川慶喜の、宗家相続に対する謝辞言上は滞りなく終わった。その際、松平越中守や老中とともに随従した松平容保の胸中には、守護職辞退の意志が湧いていた。

「慶喜公の生来の持前はぬきんでてすぐれて早くから声望があり、宗家相続では諸制度改革を約されていたから、相続謝礼も終わった今は、きっとそれを実行されよう。そのとき、不肖、守護職の我が身が、もしも公と対立しては支障となるから、速やかに辞職し、公が将軍家となられたら輦下に留まって禁闕を守護し、公武一和の実を上げなければならぬ」

翌十七日、容保は、守護職辞退を申し出た。

容保の申出でに対して老中板倉伊賀守は、幕府の意向を伝えた。

「卿は朝廷の御信頼が厚いので、その進退を幕府で私に裁量はできない。また、現に防長の処置も終わらず、さらに大旆を出すかもしれぬ時なので、従来通り在職されて、公武一和のために励まれるよう」

一方、これより先の八月三十日に、大原重徳は、中御門経之らの王政復古派の公卿二十一人と列参して朝政改革を上奏したが、僭越の沙汰と天皇の激怒を買った。

このとき彼らから引退を求められた関白二条斉敬は、その責任を感じて九月に辞表を提出した。しかし、しばしば出仕せよとの召勅により、辞意を翻して二十七日に参内すると、にわかに先の列参建言を策動した山階宮晃親王を始め、正親町三条実愛・前左衛門督大原重徳以下二十三人に対する参朝停止・謹慎・閉門などの処分を命ずる詔勅が下った。

関白は大いに恐懼《きょうく》し、「不肖の臣が職に堪えぬために起きたものです」と、切に寛宥の措置を哀願したが、天皇は厳然として、「かくのごとく上を上としない徒輩を宥したならば、何によって朝憲を立てられようか」と断を下したので、臨席の者は恐れて、それ以上哀願する者は、一人もいなかった。（『京都守護職始末』）

十二月五日、徳川慶喜は正式に第十五代将軍となり、二十五日、親幕派と目される天皇が死去し、二十九日にその旨が発表された。

この頃から、新撰組内部には、隊士の増加もあってか、隊律違反者を見るようになった。

すなわち、不穏な世情の中で、隊士の中には、新撰組の使命に対する疑惑や不安感を抱く者も出現し、一方、冷厳苛酷な隊律に不満を抱いて、己の身の処し方に苦悩する者も少なからず存在した。組織を乱す隊律違反者は、隊の統制維持のためにほとんど死をもって処断された。

その死の洗礼は、二年ほど前の山南敬助の処断後から、とくに顕著な例が目立つようになって、隊組織の成長とともに覆い難い汚点と恥部を露呈し、冷酷無残な隊律は隊士の恐怖の対象として、容赦なくそのまま新撰組の鉄の規律として息づいたことにもなる。

三条大橋の土佐藩士との争闘で、卑怯者の烙印を押された浅野薫は、実は土佐の中山謙太郎に橋の上から川に斬り落とされ、川を渡ったために通報が遅れたらしいが、隊内の批判に耐えられずに脱走したといわれ、沖田総司の一刀を浴びて処断されたともいわれるのは、この二十日過ぎのことらしく、医師の書生から剣術が好きで入隊したともいわれる安芸出身の彼は、享年二十四歳であった。(『激録新選組』)

また、蛤門の戦いで、長州側の陣容を探って有力な情報を提供した川島勝司は、怯懦という理由で除名されたが、その後も新撰組の名を騙って金策するなどの行為があったため、のちに富山弥兵衛に坊主頭にされた上、二条河原で斬殺されたとのことである。(『新撰組史録』)

慶応三年(一八六七)を迎えた元旦の夜、伊東甲子太郎・永倉新八・斎藤一らが、伊東の腹心の者も加えて、島原で宴を張った。

門限時刻が迫って帰る者が出たので、永倉と斎藤が伊東に帰隊を誘うと、伊東は応ぜずに二人を巻き込んでなお居続けて、近藤から四日に帰隊を命ぜられて謹慎させられた。

永倉は、『新撰組顚末記』で、近藤は「さきごろ会津家に直訴以来永倉に含む所があった」ので、永倉に切腹を命ずる決意をしたが、土方になだめられて思い止まり、伊東と斎藤は二、三日後に、永倉は六日後に許されたと書いている。（『新選組日誌』）

この経緯から、のちに自分の一派に潜入する斎藤と故意に隊律違反を起こそうとした伊東の魂胆に気付いた永倉が、その牽制のためにこの行動をとったのかと考えられないでもない。

ここで近藤が伊東を処断したならば、のちの油小路事件は起きなかっただろうが、土方は、なお伊東の背反行為の決定的確証を握るまで、近藤の性急な伊東処断を制止したものと察せられる。

近藤が永倉に含む所があったとは、池田屋事件後に、新撰組や近藤の威名がとみに高まると、近藤が増長し、専制的になって、同志を部下扱いにし、不服の者を刀に物言わせて服従させるなどの強圧姿勢を示したので、その不平や不満から反抗者や脱走者が出たため、新撰組が崩壊することを憂慮した永倉新八・斎藤一・原田左之助が、尾関政一郎・島田魁・桂山武八郎を糾合して、決死の覚悟で松平容保へ建白書を提出したが、容保から、新撰組を預かる身として不明であったと慰留されて和解させられたことを根に持って、近藤が自分に遺恨を抱いたものと永倉が考えたことを意味する。（『同前』）

伊東・斎藤・永倉の正月早々の隊律違反は、三人ともに同じ行為なのに、永倉の謹慎期間だけが他の二人のそれよりも長かった裏には、二年以上も前に、永倉らから会津藩へ直訴された恥辱を忘れぬ近藤の根深い怨恨の存在が察知される。

永倉は、近藤とともに浪士組結成以来の同志なのに、二人の間の確執は、この頃から存在していたことが分かるが、のちに永倉は近藤と袂を分かつに至る。

一月十日、先にも触れたが、この日、田内知重次が切腹させられた。

十八日、伊東甲子太郎の「九州行道中記」によると、伊東甲子太郎と新井忠雄が、九州へ向かった。伊東と新井は、二月二日に太宰府へ着いて、在留の五卿を守衛する真木外記(和泉の弟)、学習院御用掛であった水野渓雲斎(正名・久留米藩士)、土佐脱藩の中岡慎太郎、学習院に出仕していた土方久元(土佐郷士)らのほか、諸藩の関係者とも交流して、三月十二日に帰京する。

伊東らの目的は、蛤門の変後に太宰府へ落ちた五卿らに会うためであった。

いわば、敵側との接触だから、近藤や土方は、伊東らの九州行きをそのまま認めたのであろうか。

彼らは、旅行目的を明示しなかったらしく、新撰組も、無目的な単なる物見遊山的な旅を許せるほどの状況下にはなかった筈だから、二人が一ヵ月余りも長旅をしたのは、近藤らが二人の申し出のままに、それを認めたからであろうか。

その時点では、まだ伊東らを泳がせておくのが、近藤・土方の取った術策であったかもしれない。

三月十日、篠原泰之進は、かねてから勤王の志がある東山の泉涌寺塔頭戒光寺の堪然長老から任命を願っていた御陵衛士に任ぜられた旨を、伝奏から伝えられた。

篠原の『泰林親日記』は「余、此人ト兼テ申合ス。同僧ヲ以テ、則慶応三卯三月十日伝奏ノ命ヲ以テ、光明（孝明）天皇御陵衛士拝任ス。」と記している。（『同前』）

御陵衛士とは、泉涌寺の孝明天皇陵墓を守る役務の者で、これに伊東一派が任命されたのだが、伊東は恐らく薩摩藩を通じて、早くからその受命方を工作していて、九州行きもその布石であったらしく、篠原も堪然長老に懇願をつづけていて、伊東の留守中にその決定通知を受けたものであろう。

十二日に帰京した伊東は、翌十三日の夜、近藤に新撰組離脱を申し入れてそれは了解された。「九州行道中記」に「分離策を談ず、意の如し。」とある。

伊東は、御陵衛士に任ぜられた結果に、新撰組からの離脱を申し入れたらしく、それは思い通りに受容されたというのだが、近藤と土方は、御陵衛士という大義名分の前には、正面切って異を唱えられず、やむなく伊東の申し入れを認めざるを得なかったらしい。

『新選組遺聞』は、伊東が同志とともに新撰組を脱隊したのを十日とし、御陵衛士を拝命して、五条橋詰の長円寺へ去ったとしている。

「二十日、三条城安寺に引移る。」と「九州行道中記」にあり、ここへ移った伊東一派は、篠原の記録では、次の十二人であった。

伊東甲子太郎・鈴木三樹三郎・篠原泰之進・新井只雄・加納鷲雄・阿部十郎・内海二郎・橋本皆助・毛内有之助・服部武雄・藤堂平助・富山弥兵衛
その後、斎藤一・清原清・佐原太郎・江田小太郎・中西登らが加わったようである。

伊東の記録では「二十一日、五条善立寺旅館。」とあって、伊東らは、ここを本拠とした。

四月十四日夜、『莠草年録』、『新撰組始末記』によると、加州藩出身で品行方正な撃剣師範頭の田中寅三は、その過激な攘夷論から疑惑を受けていたために脱走したが、寺町の本満寺に潜伏していたところを、十五日に連れ戻されて切腹したとされて、光縁寺墓碑銘には「慶応三年四月十六日　田中寅三　正久」と刻まれた。

彼は、伊東派への参加を望んでいたらしいが、近藤との間で、その後の加入者を認めぬ約束をした伊東が断ったため、去就に迷って脱走したので、それが隊律に抵触して詰腹を切らされたらしい。

五月十一日、『東久世通禧日記』によると、新井忠雄が荒井俊蔵の名でまた太宰府へ赴いたことが分かり、彼は、三条西季知・真木外記・土方久元とも会ったようである。(『同前』)

彼の目的は、御陵衛士拝命報告と京都事情の説明にあったらしいが、伊東派は、今や公然と、尊皇攘夷派公卿と連携するまでにその地歩を築き、その狙いには、かつての清河派の行動を、はるかに凌ぐものがあった。

この頃、朝廷と幕府は、低迷している公武一和の推進と、長州問題・開港問題の解決促進のために、島津久光・伊達宗城・松平慶永・山内豊信を召集した。

五月六日、四人は二条関白と国事を協議し、十四日には将軍慶喜と国事を論じ、その後しばしば登営して板倉伊賀守・稲葉兵部大輔（正巳）らの老中とも協議を重ねて、二十二日、連署で幕府に上書した。

その主旨は、兵庫開港と長州問題は、至公至大の見地から、私権を除いて再考を要するという点にあった。

二十三日、将軍と松平慶永・伊達宗城だけが参内し（島津久光は病で不参）、徹夜で国事を議したが、その結果議定されたのか、翌二十四日、次の要旨の朝命が発せられた。
一　長防の儀は寛大の処置を取り計らうべき事。
一　兵庫開港の事は、誠に止むを得ず、御差許しに相成る事。
しかし、長州問題を先決と考える四人は、それを兵庫開港と同時処理とすることに同意したものではないので、二十六日、伺書を呈上したところ、これに対する返答は、両件はそれぞれの見込みや遅速の異同があるが、将軍と松平慶永、伊達宗城が参内の上、長州に対する寛大措置と兵庫開港の帰着は同様の問題なので、御取捨の上仰せ出されたものだから、不参の者は将軍に聞き合わせて承知せよというものであった。

つまり二十三日の朝議で、松平慶永と伊達宗城は、遅速の差はあっても長州の寛大措置と兵庫開港を進めるとの意見であったらしいが、島津久光は長州問題を先決とし、兵庫開港は第二とする考えであったから、この返答に接して久光は、これに批判的らしい宗城とともに八月六日に至って再度伺いを立てるが、それには何の回答もなく、五月二十四日の時点で、兵庫開港は実質的に決定されたことになる。

（『維新前後實歴史傳』）

幕府は、六月十日付で、それまで功労のあった新撰組の主な隊士に対して、次の格式を与えた。

見廻組与頭《くみがしら》格　隊長　近藤　勇
同　肝煎役　副長　土方歳三
見廻組格　助勤　沖田総司
右同断　同　長（永）倉新八
右同断　同　原田左之助
右同断　同　井上源三郎
右同断　同　山崎　烝
右同断　同　緒（尾）形俊太郎
見廻組並　調役　茨木　司
右同断　同　村上　清
右同断　同　吉村貫一郎
右同断　同　安藤主計
右同断　同　大石鍬次郎
右同断　同　近藤周平
惣組不残見廻御抱御雇入被仰付候
　卯六月

新撰組全員は「見廻御抱」に雇い入れられて幕臣となり、近藤は、元高三百石に役料加算の六百石とされ、将軍に謁見が許される御目見得以上の格式となって、土方は七十俵に役料五人扶持が支給された。その後近藤には「大久保大和」、土方には「内藤隼之助」の名が与えられたが、土方はそれを用いなかったという。(『新撰組史録』)

この扱いについて、『丁卯雑拾録』は、松平容保が五日に一同を召して示していたが、ようやく十日に決定したとある。

幕臣への格上げには不満分子がいて、茨木司・佐野七五三介・岡田克見・中村三弥・富川十郎・中村五郎・木幡勝之進・松本俊蔵・高野良右衛門・松本主税ら十人は、十日に「長円寺ニ到リ」同盟を求めたと『新撰組始末記』に記されているが、伊東派は善立寺へ移っているから、これは誤りである。

伊東は茨木らを説諭したが、それに応じないので彼らを持て余したという。

『丁卯雑拾録』には、茨木らは十二日に新撰組を脱局したとある。

彼らが伊東派への加盟を求めたところ、伊東は、新撰組との間に紛糾が生まれることを懸念して、彼らに会津藩への請願を勧めたらしい。

十三日、彼らは、会津藩公用人の小野権之丞と諏訪常吉へ請願書を提出した。

その内容は、勤王攘夷のため尽忠報国の志を果たすべく新撰組へ入ったが、いささかも功績がないのに、過分の格式を受けるのは恐縮の至りで、そのために初一念のほどを貫徹出来なくなるのは歎かわしいため、脱隊を希望するので隊長へ伝えて欲しい、というものであった。諏訪は説諭したが彼らが不承知のため、近藤・土方・山崎・吉村・尾形らを会津藩邸へ呼んで話合いをさせたが結論が出ず、近藤らが帰ったのは夜の四ツ時（九時〜十一時）過ぎらしかった。諏訪は茨木らに翌日の出頭を申しつけ、五条坂の知己宅へ書状で依頼して、彼らをそこへ泊めた。（『新選組日誌』）

十四日朝、茨木ら一同は、会津藩邸へ向かう前に、伊東から、近藤らの策があるかもしれないから、藩邸へ行くのを中止するように忠告されたが、その恐れはあるまいと、巳の刻（午前九時〜十一時）過ぎに藩邸へ向かった。公用人の諏訪常吉は、主用で不在だったので、指導者と目される茨木司・佐野七五三介・富川十郎・中村五郎の四人は、別間で長時間待たされる間に、新撰組の数人に障子越しの背後から襲われて、槍で突き通された。

四人は深手を負いながらも、抜刀して応じたが力及ばず斬殺され、他の六人は屯所へ連行された後に追放されたとは『新撰組史録』の書く所である。

同書掲載の西六条の商人和泉屋伝吉の同日付手記の候文は『丁卯雑拾録』にあり、そこからはその後の経過が次のように要約される。

丁卯（慶應三年）六月十二日、新撰組同志の中九人が申し合わせ、脱局致しました。その元の理由と申すのは、元来新撰組は五年（四年）前から上京致して居りました。その初めの一念は勤王攘夷を主張する主義で屯集致しました処、この六月五日のことです。御預かりの会津侯へ一同が召されて、身分の定めを仰せ出されましたが、同十日迄定まらず漸く十日に決定致し、先ず隊長副長始め、勤め居る者は新古の差別なく別紙の通り仰せ付けられた処から、段々その議論が沸騰致し、脱局した事で御座います。

この一文から、新撰組の幕臣取立てについて隊内で議論の結果、彼らが脱局したものと分かる。その結果、彼らは近藤・土方と議論を交わした。以下原文は次のようにつづく。

然処御預之廉を以て会津侯願出之次第、御聞届ヶ不相成、却て御理解に相成、其上隊長副長会津侯御役邸へ被為召、九人之同志と議論有之、……

会津藩預かりの身である新撰組の幕臣への取立てに賛成論と、反対成論があり、近藤と土方が藩邸へ呼ばれて、一同と討論したということであろうか。

文中に九人とあるのは誤りだろうが、近藤と土方は彼らを説得しようと努め、彼らはそれに反駁した。なおつづく和泉屋伝吉の記述は、次のように要約される。

尤も論談には勝ちましたが理談には負け、やむを得ず帰隊するようになったところ、四人の同志は少々内談することがありましたので、暫時猶予を願い、次の間へ入りました。その後、何の物音もないので、島田魁と申す人がその部屋へ入ったところ、四人は見事に割腹致し、その上喉を鍔元まで突き、うつ伏せになっていたので、その様子を見届け、隊長、副長へ知らせると、皆が驚いて直ちに駈けつけましたが、余儀ない事として引取る手筈をしているうちに、不思議な事になりました。

調役大石鍬次郎と申す人がその部屋へ入り、皆に指図し、引取りの支度をさせて、佐野氏の死骸の前に安座すると、死骸がムックと起き上がり、喉を差し通していた差添を抜き取って、大石へ切り付け、大石は居ながら左へ除けましたが、右の小額から首筋へ切り込まれ、前へ引く力で右の太股を五、六寸ばかり切られて、佐野はそのままうつ伏せに倒れたので、皆は又々驚きました。脇差はそのまま投げ出されてあり、銘々は脇差を抜いて、横腹などを突きましたが、蒲団などを差し通すようで何の手答えもないようでございました。

それから四人を駕籠に押し込めたところ、死骸は前に倒れたので、縄をかけて駕籠の後ろへ結びつけると、三人には何事もなかったのですが佐野氏へ縄をかけると、縄を口に加えて噛んだので、皆は又々驚きました。隊長、副長の計らいで屯所へ帰ったのは夜の八ツ(午前一時〜三時)過ぎでございました。

それから局中総出で、十五日朝七ツ半時(午前六時)、葬式になりました。

但し、大石氏には平常から余程の恨意があったのではないかと思われます。段々と話もあった由で、浅手ではありますが、恨みの太刀は余程難しい様子と聞きました。


茨木らが会津藩邸へ赴いたのは、会津藩からの呼び出しがあったためと察せられる。

このとき、近藤・土方・島田・大石が会津藩邸にいたということは、彼らが、当初から茨木らの成敗を意図していたことを示すもので、その他の隊士もいたらしく、公用人が留守をしたのは、彼らの行為を黙認していたものとも察せられ、すべては新撰組と会津藩側の了解のもとに行われたようである。

茨木ら四人を一室に分離したのは、彼らに切腹を示唆するためであったらしい。それに応ずる気配がないので、大石らが障子越しに彼らを襲ったのであろう。室内が静かだから島田が入ってみると四人が割腹していたというのは、話が綺麗事過ぎる。分離させた四人を一挙に葬ったのが真相であろう。

総勢十人と最初から対決するよりも、先に主立った者たちを分離して処断する方が、戦闘上では有利となる。結果は、その新撰組の読みが適中したものといえようか。

それにしても、佐野の死骸が立ち上がって大石に斬りつけたとは、その幽魂の執念の身の毛もよだつ凄まじさに驚かされる。脚色された架空談として、一笑に付し去るには忍びないものを感じさせられるが、葬式が、朝の七ツ半（六時頃）というのは、通夜もなく余りにも早くて現実味がないから、矢張りこの話は事実無根のものかもしれない。

何よりもこの日は、新撰組屯所を不動村に移転する日であったから、早朝から葬式を行うことはありえない。

新撰組隊士宮川信吉の六月二十四付書簡に、「旅宿之義は、七条通リ下ル処ニ新規ニ屋敷ヲ補ひ、当月十五日、家移リ致候――」と記されている。旅宿とは屯所である。

光縁寺墓碑銘には、佐野ら四人の没日が六月十四日とされているから、彼らは、事件当日に葬られたものであろうか。

すなわち、埋葬は急がれたが、葬式は営まれなかったのではあるまいか。

ちなみに、『丁卯雑拾録』の「十五日朝七ツ半時比、葬式ニ相成申候」との記述も、信じがたい。（『新選組日誌』）

『新撰組史録』には、仏光寺大宮西の光縁寺に埋葬し、立派に葬儀もおこなったようだとあり、翌年三月、伊東派残存同志により泉涌寺に改葬されたとある。

十七日の夜、越前藩邸で幕府の親藩会議が開かれた。『越前藩幕末維新公用日記』によると、これに先立って、近藤勇は越前藩邸に赴き、永田儀平・有賀清右衛門に対して、おおむね次のように申し入れている。

……今日は朝議の御模様なので、定めて四藩書き上げの一条であろう。然し、二条殿下が御不参では如何かと存じ、拝謁を願うと御所労で御断りになられた。会津藩へ赴くと大野（英馬・公用人）が留守で、聞くと御親藩会とのことで、こちらへ参上した。右書取りの一件は、再挙という妄挙で無名の軍を動かし、毛利父子の官位を平常に復旧する御沙汰を云々するということで、この二点は済まされぬことと存ずる。御再討の儀は妄挙なので、先の将軍家の墓をアバクまでにならなくては叶わず、又紀州公も軍を率いることは済まされぬことで、且つ妄挙で多くの人命を失うのも済まされぬことである。又毛利父子の官位復旧となる時は、父子に元々罪がないことになる。輦轂《れんこく》の下の亡動は三老臣の首で謝罪したと見たのであろうか。人を誤って任用することはあることなので、官位を復旧すべきではないと存ずる。然るに復旧などとなって、長州が御免の上は必ず幕府の妄挙を申立て、再騒動を引き出すのは眼前にありと存ずる。たとえ幕府に妄挙があっても、御親藩ではその非を顕わさずに尽力することこそ忠義の筋と申すべきなのに、外藩と同様に仰せ立てられるのは、いかなる思召であろうか。このような仰せがあるので、かえって人心に関係し、噂を引き出すものである。……

（『同前』）

この近藤の意見の中で「四藩書き上げの一条」というのは、五月の島津ら四人の会議で、その二十六日に上表した伺書に「全体幕府は防長再討の妄挙に無名の師を起こし、……奏聞に至らずして天下の騒乱を引出した次第」、「防長の儀は大膳父子の官位を舊に復し」と明言した箇所を指すものと解され、近藤の発言は、この四人の幕政批判に不満であったことを示している。

暗に四人の中の一人の松平慶永の姿勢を批判する近藤のこの意見には、会津藩の小野権之丞が同意し、同じく大野英馬も外藩や親藩には理がないと述べたようだが、この日の会にこの議論を近藤に持ち出させて、議論する考えのように感じた旨を、永田と有賀は伝えている。この経緯は、親藩会議出席者に随行した者たちの控えの間でのことらしく、居合わせた水戸藩の三人の者は、この議論が始まると、わざと酒を含んで、今日のような御席で議論するのは如何なものか、私風勢（風情）が議論しても御為にはならぬと述べて立ち帰ったというから、その場には酒が供されていたらしい。近藤の発言は、幕府に批判的な島津ら四人の提言に対する反発で、その強硬論には、幕臣となって自信を得た気負いが多分に含まれていたようだが、それは水戸藩士の怒りを買うものとなった。

その後、二十二日の事件として、『世態志』に次の記述がある。

六月廿二日、油小路竹田街道ニ而元新選組武田某、肩先より大ケサニ切害ニおよび相果候。右仕業人者新選組仲間与のよし。外ニ三人見寄不分貰出の人在之、是も一処ニ切害ニ出合候之処、其砌抜け逃去り、何分枚方在ニ而切腹致相果候よし。

（『同前』）

この文中の武田某は、武田観柳斎に紛れもなく、彼は袈裟掛けに斬られて果てた。手を下したのが新撰組仲間らしいとのことだから、誅殺であったらしい。三人の者が遺体を貰い下げに行って斬られそうになって逃げ、その後に切腹したというから、武田は、彼らとともに伊東派への参加を考えていたものと察せられる。

出雲出身の彼は、長沼流の軍学に造詣が深いので新撰組では重視され、副長助勤で五番隊長のほか文学師範も勤め、池田屋事件にも参加した。

武田が、三年前の元治元年秋の隊士募集で、近藤・永倉・尾形らとともに東下した際には伊東甲子太郎らの加盟があって、彼は新加盟者とともに帰京した。

なお、二年前の慶応元年十一月の大目付永井主水正の長州出張には、近藤・尾形・伊東・山崎・芦谷・吉村・荒井・服部らとともにこれに随行しているから、この間の伊東との交流の中で、武田は、彼の言動の中に、共鳴できる何物かを見出していたらしい。

一方、洋式軍備が拡大する時流の中で、古流の軍学保持に対する批判が隊内に生まれたため、彼はその不満から離脱の機を窺っていたらしいとの見方がある。

また、慶応二年一月の小笠原壱岐守の長州処分通告に随行した永井主水正と近藤勇の再度の長州出張には、伊東・尾形のほかに篠原泰之進が加わり、武田は参加しなかったが、伊東・篠原が長期にわたって近藤らと別行動を取ったことに、武田は特別な関心を抱いていたに違いない。

その思いが、十四日の事件を契機に、武田をして伊東派への傾斜を進めさせて、その気配をいち早く察知されたために、彼は襲われたものであろうか。

二十四日、土方歳三・山崎烝・尾形俊太郎・吉田貫一郎の四人は、議奏権大納言正親町三条実愛（のち嵯峨実愛）に謁見を求めて支障があると断られたが、摂政へ書を以て言上し、なお議奏権大納言柳原光愛を通して願ったので実愛が面会すると、彼らは申し入れた。

「防長処置について世上の浮説流言は甚だ切迫して堪えられないので、お伺いしかつ申し上げたい」

実愛が所存を語ると、彼らは謝辞を述べたとのことで、実愛は『嵯峨実愛日記』になお大要次のように記している。

「彼等安堵の由謝し申す也。是れ又例の説客也。此等の族を以て正義の徒を脅制するは、皆是れ公家要路の奸物の所為也。悪み悪むべき歎き歎くべきの至り也。彼ら予の説に服し拝謝して帰去し了んぬ」

ここからは、土方らの行動を、公武合体派の公卿らから使嗾《しそう》されて、尊皇攘夷派の廷臣を脅迫する奸物と見る視点の存在を知らされる。（『同前』）

土方らが摂政二条斉敬に提出した近藤の名による建言書の内容は、『丁卯雑拾録』から、概ね以下のようにその大要が把握される。

摂政府下へ言上し奉ります。天下の大勢を議論仕りました処、僭越の至りで恐れ入り奉りますが、数百年太平の鴻沢に浴していて、眼前の皇国の累卵の危うきには実に黙止し難いので、忌憚を憚らずに申し上げるもので御座います。先般時勢について四藩から建白し、長州所置の儀を申立てたので、このほど公卿方の御参集で御決議になる趣を伝承致し、実に驚愕仕りました。元来長州御征伐の儀は、去寅年五月中、幕府が裁許を請わず更に奏問に及ばれましたところ、速やかに追討の功を奏し宸襟を安んじ奉るよう仰せ出され、朝幕とも御一致の御所置であって、当大樹公（前将軍家茂）御進発の節、節刀を賜ったもので、宸慮の在る所青天白日の如きものです。然るに今日に至って妄挙無名の師（軍）と申すのは勿体なくも先帝を軽蔑致し、先の将軍を踏み付ける始末であり、臣昌宜（近藤勇）に於いては一円に心得難く存じ奉ります。官位復旧と申し立てることは、これまた天下の紀綱典型が立たないでしょうし、四藩申し上げの通りの所置にも立ち至りましたならば、恐れながら天幕（天朝と幕府）の御不都合は勿論、出兵の諸藩の理非はすべて顚倒し、有罪となるでしょう。

向後、万々一に何らかの変乱が起きて、その節何程の詔命を御下し遊ばされても、卒然奔命する者はいないでしょうし、それのみならず天下の諸侯は彼の如き強暴を恣にし、無理に募っても法外の御取扱いを蒙ると思われますので、いよいよ以て騒擾を醸し、いかなることも出来かねるだろうと、計り難く存じ奉ります。

恐れながら天幕の御権威は日々衰頽し、侯伯は駕馭の道を御取り失い天下の民心は離反致し、各国は四分五裂の勢いとなって縦横割拠の計略を抱き、恐れながらその時に至れば天幕とも鎮撫統御なされがたいものと愚考仕ります。此上諸藩内で自然に外夷と私に親睦を通ずるようになれば、皇国未曾有の御失態は万歳の遺憾となります。すでにその機微は顕れたかと伝聞承知いたしましたもので、危に乗じ乱れを謀る族はいないとも申し上げ難いのです。これによって愚考仕りますと、以後、朝威幕権の盛衰や天下の治乱は、四藩の建白を御採用遊ばされるか遊ばされぬかで決まりますので、右一書を、早々に幕府へ御廻達の上、京詰の諸侯へ御咨詢になれば、是非曲直は明瞭となるだろうと存じ奉ります。さもなければ御差し戻し遊ばされたく、返す返すも右の趣意を御採用遊ばされず、すべて真実を御委任になれば誠に公武御合体となり、速やかに万事御奏効に至ると申すべく存じ奉ります。恐惶謹言。

丁卯（慶応三年）六月

近藤昌宜

（『同前』）

すなわち、長州征討の実施は朝廷に奏聞の上で行われたものだから、幕府側に落度はないというのが、この近藤の建言の趣旨で、また四藩の建白を受け入れると、朝廷と幕府の権威に関わる重大事となるばかりか、諸藩の騒乱も起きかねないから、あくまでも公武合体して、朝幕の決議を貫くべきであるとした。

幕臣に取立てられてばかりの近藤が、この建言書を摂政に提出するのは、思い上がりも甚だしい僭上の行為と見做されようが、その背後には、新撰組の成長があり、勢威があった。新撰組は、もはや単なる洛中の警備機関ではなく、諸藩と堂々と比肩できる存在として、草奔浪士の集団という性格をはるかに越えて、その中心に立つ近藤は、諸藩から注目されるほどの政治的発言をするようになって、組織は政治結社的側面を加え、その姿勢は、堂上公卿の間にまで影響を及ぼすほどに成長していたのである。

二十七日の夜、山城の久世郡久我村の百姓宗右衛門の伜で善応という二十八歳の僧が、醒ヶ井通りで斬殺されたと、『世態志』が書いている。

右仕業人是又新選組之よし二而、右善応ト申義、武田与応意之者のよし二而何角悪事の筋在之二付、武田切害復新選組より相尋居候処、不斗松原通二而出合、切殺候よし。

（『同前』）

武田観柳斎には、ここにも同志がいたことになる。「何角悪事の筋」があったとは、新撰組が善応を武田の一味と見て斬殺したことを示していよう。その武田が加盟を望んでいたらしい伊東派は、この頃、東山の高台寺塔頭の月真院に移動していた。

以後、彼らは、高台寺派とも称される。

この頃、前年一月に薩長同盟を結んだ薩摩藩は、倒幕を意図していた。

同盟締結に尽力したのは、土佐の坂本龍馬と中岡慎太郎であるが、坂本はこの薩長連合が設立すると、土佐藩参政の後藤象二郎に働きかけて薩・長・土の協力で幕府を圧迫し、王政復古を実現させようと望んでいた。その動向の中で、六月二十三日には薩土間に盟約が結ばれたが、その目標は、朝廷に対する幕府の政権返還にあった。

それを達成させるため、後藤は、将軍慶喜自らの手による政権返上を、前土佐藩主山内豊信から建白させる工作を進めることになり、四侯会議の不成功で帰国した山内豊信からそれを委任されて上京し、活動を開始した。

この頃、伊東甲子太郎は、倒幕派への接近を策していて、薩摩出身の富山弥兵衛の新撰組加盟を斡旋した。

これは、新撰組の内情を探索させるための薩摩藩の工作で、伊東は、富山から薩摩藩の大久保一蔵に引き合わされたともいわれている。

伊東甲子太郎と新井忠雄はこの一月に、新井はまた五月に太宰府を訪ねており、なお八月にも二人は同地へ赴くが、その目的は、同地に謹慎中の三条実美らとその支持者を中心に、王政復古の策謀を進めるためであった。また、伊東派に入った藤堂平助は、博徒と事あるときは数百人の農兵を出させる約定を結んでいたといわれ、伊東派は、会津藩邸で命を絶った茨木司らの復讐も考えていた。

藤堂平助とともに江戸出発以来の近藤の腹心と目されていた斎藤一が、伊東派に加盟したのは、同派の内情を探る密偵の役割を帯びていたためである。

やがて斎藤の報により、伊東派をこれ以上放置すると、大きな支障を招くと判断した近藤は、土方と打ち合わせて、伊東派の覆滅を決定する。（『新撰組史録』）

八月八日、『中山忠能履歴資料』によると、伊東甲子太郎・斎藤一、藤堂平助・三樹三郎（鈴木三樹三郎）らが、柳原光愛・板倉伊賀守へ、大要次のような建白書を提出した。
一、八月八日議奏柳原大納言殿、閣老板倉伊賀守等へ差出候建白

草庵微躯の者とも顧みず建言仕り恐れ入り存じ奉りますが、方今の形勢天下の人心を熟考仕りますと、国家存亡の急務は長防御処置の振り合いに寄りますことで、追々諸藩より建白の数々も伝承仕りましたが、昨年の戦争以来今日の勢の道理曲直罪科軽重の御議論あらせられた御場合とも存じ奉らず、もし再び干戈《かんか》の動揺に立ち至ってはたとえ長防の御征討が御成功になっても人心はかえって乱雑に及び天下の議論は沸騰仕り、諸侯は万民不服の師（軍）を挙げられるようになって、終に幕府曲直の議論が争われるのは必然で防がれません。その上寛大な御奏問の御趣意も立ち難く、万一戦争の模様になってはどのような情態に押し移るべきか、長防の事件から海内が動揺瓦解し、あるいは外夷に依頼する周旋を託し、終にかの附庸（付属）属国の格体に立つでしょうし、これを知り得ぬ者は顕然に存在して、天下の大難はこれ以外にありません。

しかしながら御処置の一端でかえって平常一和の御基本も立つであろうと存じ奉ります。既に先帝が兵庫を止めさせられても事務の為止むを得させられず御許容された程、国家の浮沈となり危急の世態にあったところ、寛大の御処置に軽重の御品柄が付くようでは決して御請け仕り難く、先帝が止め置かせられた兵庫開港ならびに寛大な御奏問の御意味に反し全幕府の御私怨のさまは、恐れながら争議となるでしょう。

尤も罪科有無の物議は当今の弊風ではありますが、御精実は国家の為に思召され非常寛大の御沙汰を仰せ達せられましたが、長防においては士民も感服仕り天下は只々一和の基本が立つばかりでなく、先帝の御寛典の叡慮にも叶えさせられ、天下の企望は満足するだろうと存じ奉ります。ひたすら懇祷を奉する者はその罪を問わせられぬので、天下の人心に随い遊ばされ、止むを得ず開港遊ばされたならば、寛大と仰せ立てられた御意味の御名実を失わせられず御処置の上は一和の御基本がありますので、天機を伺うため登京仕り、かえって彼より幕府の御失態を論ずるような御懸念もあらせられるかと存じ奉りますが、右の意外に寛大な御処置を仰せ出されたのを、誰一人感戴しない者はいるでしょうか。その上で不服の義もありましたならば、申し上げるまでもなく、国民皆同論となるでしょうし、何とぞ国難多端の折柄人心を御洞察遊ばされ、広大な御遠慮の為、国家非常出格の御沙汰であるところ、御督責の義は御差除に他なき事で、寛典の思慮仰せ出されて然るべき儀と切迫して願い至りました。誠恐頓首謹言。

卯八月八日

伊東甲子太郎
斎藤　一
藤堂平介
三樹三郎

（『新選組日誌』）

文頭に、議奏柳原大納言とあるが、彼は四月に議奏を免ぜられているから誤記らしい。

内容は抽象的言辞が多いが、朝廷と幕府の両者を持ち上げているような感触があり、あえて朝廷と幕府の双方に建白しているとはいえ、内容は差し障りのない当然の申し分に聞こえて、論点が不明確である。

　むしろ、建白の意図は、伊東一派の存在に注目させる点にあるらしく、それには、近藤の建言と同質のものがあって、先の清河八郎の行為とともに、伊東の自己顕示欲歴然たるものがある。この夜、伊東甲子太郎と新井忠雄は、京都を発って太宰府へ向かい、二十一日に同地へ到着する。

『維新土佐勤皇史』の書くところによると、この頃の一夕、後藤象二郎が、若年寄格永井主水正の役宅を訪れた。後藤は饗応される席上で近藤勇を紹介されて挨拶を交わすと、近藤の長刀を見て言った。

「私は貴殿のお腰の長いものが大嫌いです。先ずそれを取り去られてから、寛いで語り合いましょう」

　近藤は、笑って脇差を抜いて傍らに置いたとのことである。

　なお、土佐藩参政寺村主膳はその手記で、近藤は後藤を訪ねたとしている。

　幕之新撰組頭近藤勇ト云人、象二郎方へ来レリ。

　それによると、近藤と後藤の対談が把握される。

「長州の処置は頗る難渋しています。長州の反正（反省）とか悔悟とかがなくて、ただこのまま寛大な御処置をなされるとは何とも名目が立たず、幕府内の議論は人気が一致しませんが、御高論もおありでしょう」

　近藤の問いに後藤は答えた。

「反省の姿勢がないため、寛大に行われ難い時は、御存分の通り三討も四討もなされてはどうですか。

一体、長防御征討の御順序が御拙策に始まったため、天下が不服を持つに至り、今更なされようもないので、寛大の御処置以外は一策もなく、外国の大患が眼前に差し迫ったことは、神武天皇以来、未だ今日のように甚だしいことはありません。この時に当たっては、皇国が一心協力して既往の是非を問わず、今日より万国に対して曲直を論ずることです。然るに何ですか、兄弟墻にせめぎ、わずかに反正の二字を御貪りになられ、眼前の急務を差し置かれることは、実に歎息の至りです」

近藤は、黙然とし、一言も発せずに辞去したという。（『同前』）

しかし、前述の話では、近藤が永井宅にいて、そこで後藤に紹介されて二人は語り合ったとされているのに、ここでは近藤が後藤方を訪ねて話し合ったとされていて、両者は、同じ日の出来事のような感触がある。近藤が、一夜のうちに、永井宅と後藤方の二か所へ顔を出したと考えると大きな矛盾となるから、日を隔てて後藤を訪ねたのであろうか。

その後も、近藤は、後藤に何かを期待して、なお会談を望んで後藤に二、三度書簡を送ったが、後藤にその意志がなかったらしくてそれは実現せず、近藤の後藤に対する期待は実らなかったようである。

十月三日、後藤象二郎は、同藩の福岡孝弟（藤次）・神山左多衛（郡廉）とともに老中板倉伊賀守に謁し、山内豊信の大政奉還建白書を呈出した。

……今や公明正大の道理に帰して、天下万民と共に皇国数百年の国体を一変し、至誠を以て万国に接し、王政復古の業を建てざるべからざるの大機会なりと存ず……

（『徳川慶喜公伝』）

八日、前月末京を発ったらしい土方歳三は、隊士募集のため、郷里日野宿の佐藤家を訪ねているが、十一月三日に帰京する。

この頃、会津藩では、「土州浮浪」（陸援隊らしい）の中へ間者として送っていた新撰組の村山謙吉の報告を、近藤勇から公用人に伝えられた。委細の上層部への報告書は、『会津藩文書』からおおむね次のような内容が把握される。

……長州で今度召に応じて出発するようになったところ、薩摩から長州へ申し遣わしたことは、今容易に出発しては良くないので、軍装で大坂へ向かうべきで、そうなると軍装の件に厳命があるだろうから、その節は歎願のためと称して上京するよう、その図に乗じて薩州の人数は二条城へ取り掛かり（攻め掛かり）、御役屋敷へは土州並びに十津川浪士どもが取り掛かり、新撰組下宿（屯所）へは浮浪之徒（浪士）が取り掛かる手配で、一時に暴発するように申し合わせ、尤も十五日を限って、変に応ずるよう心掛けるべき旨を聞きましたところ、右は人気を一定にするため、日限を限ったもので、長州から大坂へ登らぬうちに事を発することにはなるまいと察せられますが、何れ容易ならざる企ての旨を申出で、また本国寺にいる水戸藩の者のうち、土州の浮浪どもへ内通していることが露顕し、拷問したところ、前文の通り、暴発の陰謀がある旨を申し、また新撰組から脱走したと唱えている伊東甲子太郎と申す者が申したことも、右両口に合っています。よって至々極御大切な儀ですので、それぞれ厳重に御手配あるよう、かつまた右の儀は、謙吉や甲子太郎の口から出たなどと申すことが彼の方へ聞こえたならば、直ぐ様殺害されることは見えているので、極々機密になされ下されたき旨を返す返すも聞かされた趣を公用人が申し出たので、集まって評議したところ、重大事件なので、尤も伊賀様、玄蕃様辺りを御案じ遊ばされ、前文通りの御沙汰があったことについては、宰相様御登城御往来も、至極御大切な儀ですので、見え隠れに御警衛致すよう、新撰組の者どもへ申し聞かせ、その余の薩州並びに土州屋敷の模様探索方の儀は、御軍事奉行、学校奉行へ、新撰組並びにかねて探索方を申し付け置いた者どもを油断なく差し出し、厳重に探索致すよう申し聞かせました。猶又将長の面々へも、前文の次第荒増し申し聞かせ、不安至極の儀で万一の節、手もつれなどあっては、決して相済まないので、いかなる変事が到来しようとも、聊かも手もつれなく、急に応ぜられるよう十分手配致し、申す迄もなく玉薬等欠失これなきよう、機密に心掛けるべき旨を申し聞かせました。尚追々申し遣わすべきですが、今日迄の手筈を申し遣わしました。以上。

十月十日　上田　内藤　諏訪より

田中　神保　萱野　梶原　一瀬勘　井深　西郷勇　一瀬殿

（『新選組日誌』）

この一文から、薩長側が着々と進める計画の存在が分かるが、何よりも注目すべきことは、薩長側の二条城その他の同時攻撃を目的とする十五日までの挙兵意図を、伊東甲子太郎も認識していると指摘し、それは村山のほかに伊東も洩らしていると述べている点である。つまり、伊東は、新撰組へも情報を流していたと解釈できる。

十三日、先の山内豊信の建白書呈出に伴い、将軍慶喜は、在京四十藩の重臣らを、二条城大広間二の間に召集し、政権返還の決意を述べて諮問案に意見を求めた結果、多くの賛成を得た。

この日、毛利父子に対する官位復旧の御沙汰書が、長州藩士広沢兵助（軍制総裁）に授けられようとしていた。

結城無二三らの新撰組隊士たちは、かねてから諸藩士の出入が多い中山前大納言（忠能）邸を不審に思って見張っていた。

やがて、王政復古によって、新帝（明治天皇）の外戚となる中山は、岩倉派に担ぎ上げられて、同派の策動に加担していた。

十二日夜のことらしいが、結城は、夜更けに中山邸へ薩摩浪人が出入りするのを見て、早速近藤に報告した。

「近藤は其れでは明日はモ少し厳重に網を張って見ようと云ふので、藤堂兵助外三人の者を附けて寄越した。」

と後日に結城は述べている。

十三日の夜のことと思われるが、結城らがいつまで見張っていても、中山家には何の変化もなく、かえって、中御門家の方へ薩長の浪士が四、五人入って、裏門から何かを大切そうに持ち出すのを目に留めた。

「其れが討幕の密勅だつたのだ。」

とは、結城無二三の談である。

「後で考えて見ると此の藤堂が善くなかつた。浪士組として上洛の當時から近藤の四天王として十分信頼されて居たに拘らず、何時の間にか薩摩に買収されて居たのだ。此の時も屹度此方の手筈を内通したに違ひない。」

この話によると、藤堂はこの頃から伊東派と通じていたらしい。（結城禮一郎『お前たちのおぢいさま』）

岩倉友山は、かねてから薩摩藩の大久保一蔵・西郷吉之助とひそかに連携をとり、腹心の国学者玉松操に討幕の勅書を起草させ、中山はこれを内奏して宸裁を得ていた。

邸外の見張りの気配を察知して、中山は岩倉に連絡した。

岩倉は、中山から急報されて、一計を案じた。『岩倉公実記』が書いている。

○十月十三日、忠能、将サニ毛利敬親父子官位復旧ノ宣言ヲ広沢兵助ニ授ケントス。会マ新撰組浪士カ中山邸ノ門前ニ徘徊シ、諸藩人ノ其門ニ出入スルモノヲ偵察ストノ密報アリ。忠能、俄カニ手翰ヲ具視ニ寄セテ宣旨ヲ兵助ニ授ケンコトヲ託ス。具視乃チ児八千丸（後ニ具経ト名ツク）ヲ中山邸ニ遣リ、其宣旨ヲ受ケシム。忠能之ヲ八千丸ニ授ク。八千丸、即チ之ヲ襯衣《しんい》ノ背面ニ密蔵シテ以テ帰ル。八千丸ハ総角ノ童子ニシテ他ノ嫌疑ヲ避クルニ便ナルヲ以テノ故ナリ。

（『新選組日誌』）

岩倉は、次男の八千丸を中山邸へ急派し、八千丸は、中山から授けられた宣旨をその襦袢の背に秘めて戻った。新撰組の者たちにも怪しまれずに往復して使命を果たした小児髷姿の八千丸は、このとき十五歳であった。

岩倉は、寺町の本邸（今出川下る実相院門跡の里坊）に薩摩藩の大久保一蔵と萩藩の広沢兵助を召して、毛利父子に対する次の沙汰書を授けた。

戊午（安政五年）以来、邦国多事・天歩艱難の砌、東西に周旋し、其労尠からざる処、幕府暴戻《ぼうれい》の余、讒構《ざんこう》百出、遂に乙丑（慶応元年）丙寅（同二年）の始末に及びたれども、従来皇国の為忠誠を竭したる父子の至情徹底し、先帝顧命の際に於ても深く叡慮を留められたり、因りて今般御遺志御継述、本官・本位に復せらる、速に入朝して弥干城の勤を怠るべからず

戊午とは、日米修好通商条約締結の年で、乙丑・丙寅とは、長州再征の年であるが、これらを幕府の暴戻行為としているのは、明らかに幕府を敵視するもので、速やかに入朝して国家防禦の勤めを怠るなとは、官位復旧許可に伴う挙兵討幕を促すものであって、その着想が尊皇攘夷思想に発していることは言うまでもない。

その情勢下で、薩・長・芸の三者による討幕運動も着々と進行中であったから、とくに、先の村山謙吉の報告から警戒感を高めていた新撰組は、守護職・所司代の兵や見廻組とともに、十四日も厳戒態勢下にあった。

この日朝、正親町三条前権大納言実愛は、大久保一蔵・広沢兵助を召して、討幕の密勅と、松平肥後守・同越中守を誅する御沙汰書並びに、錦旗の目録を授けた。

薩摩藩に対する密勅は、初めに宛先を左近衛権中将源久光（島津久光）・左近衛権少将源茂久（薩摩藩

主島津茂久）と連記されて、次の文面であった（原文は漢文）。

詔す、源慶喜累世の威を藉り、闔族の強を恃み、妄に忠良を賊害（損ねること）し、数《しばしば》王命を棄絶し、遂に先帝の詔を矯めて懼れず、万民を溝壑《こうがく》に擠《おとしい》れて顧みず、罪悪の至る所、神州将に傾覆せんとす、朕今民の父母となり、是の賊にして討たずんば、何を以て上は先帝の霊に謝し、下は万民の深讐に報いんや、此れ朕の憂憤の在る所、諒闇にして顧みざるは、万巳むべからざる也、汝宜しく朕の心を體して賊臣慶喜を殄戮《てんりく》し、以て速やかに回天の偉勲を奏して生霊を山嶽の安きに措くべし。此れ朕の願、敢えて或いは懈《おこた》る無かれ。（『維新前後實歷史傳』）

これには慶応三年十月十三日付で、正二位藤原忠能・正二位藤原実愛・権中納言藤原経之の連署があるが、長州藩に対するものは、参議大江敬親（藩主毛利敬親）・左近衛権少将大江広封（毛利広封――世子）宛の十四日付であった。

十四日、徳川慶喜は、政権奉還を上表した。その上表文は、つぎのように解釈される。

臣慶喜が謹んで皇国時運の沿革を考えますと、昔王憲の紐を解いて大臣の家柄が権を執り、保元・平治の乱があって政権は武門に移り、以て臣の祖宗に及び、更にご寵愛を蒙って二百余年の間子孫が受け、臣がその職を奉ずるといっても、政治と刑罰とが当を失うことは少なくなく、今日の形勢に至ったのもまた畢竟薄徳の致す所で、慙惶に堪えません。まして、当今外国の交際が日に盛んとなり、いよいよ朝権が一途に出なくては紀綱が立ち難いので、従来の旧習を改め、政権を朝廷に帰し奉り、広く天下の公議を尽し、聖断を仰ぎ、同心・協力して共に皇国を保護したならば、必ず海外万国と並立することができましょう。臣慶喜が国家に尽くす所は之に過ぎたものはないと存じ奉ります。しかし尚見込の儀があれば申し聞くべき旨を諸侯へ達し置きました。此の段を謹んで奏聞仕ります。
（『徳川慶喜公伝』）

この慶喜の措置に対して、近藤勇は政権の現状維持を望んでいて、政権返還は尾張・越前の主張によるもので、徳川宗家を陥れるその姿勢は誠実でないと考えていたらしいが、後藤象二郎に対しては危害を加えぬように達していたといわれるから、政権返上には異論を持ちながらも、後藤には何か曳かれるものがあったに違いない。

この日、近藤勇は、正親町三条実愛のもとを訪ねた。

実愛は、その旨を『嵯峨実愛日記』に、「大久保一蔵、近藤勇等来面談。」と記している。（『新選組日誌』）

近藤が、薩摩藩の大久保とともに討幕派の実愛を訪ねることは考えられないことだから、近藤は一人で出向いたものらしいが、彼は、堂上公卿の上層部に対しても、物言う立場になっていたのであろうか。

このとき、議奏である討幕派の実愛に近藤が何を語り、近藤に実愛が何を答えたかは不明であるが、実愛が、討幕の密勅を降下させた当事者の一人であることを思えば、この日の実愛には、近藤の意見などに耳を傾ける暇はなかった筈である。実愛は、十九日にも近藤の来訪があったと記していて、その内容には及んでいないが、十四日以降の近藤は、薩長側の討幕姿勢を全く察知していなかったもののようである。

十月二十一日、江戸を発った土方歳三は、十一月三日に二十数人の新隊士を伴って帰京し、同じ十日には、伊東派に潜入していた斎藤一が、新撰組に復帰した。『泰林親日記』に「江戸人斎藤一、卯十一月十日、出奔反復シテ」とある。（『同前』）

彼は、先の八月、伊東・藤堂・鈴木らとともに、柳原光愛と板倉伊賀守に近藤の建白書を提出したほど伊東派から信用されていて、同派の内情を熟知していたから、その情報を手土産に、新撰組へ復帰したものであろう。

十五日、徳川慶喜は召されて参内し、小御所で議奏・伝奏に政権奉還の趣旨を奏上した。摂政がこれを天聴に達すると、やがてその勅許の沙汰書が下された。

この夜中岡慎太郎は、前年九月の三条大橋の制札事件で、捕縛された土佐藩士宮川助五郎の身柄引取りの相談のため、河原町三条下るの土州藩邸向かいの醤油屋近江屋に身を寄せている坂本龍馬を訪ねた。そこを見廻組与頭佐々木唯三郎が率いる今井信郎・渡辺吉太郎・高橋安次郎・桂隼之助・土肥仲蔵・桜井大三郎の六人に襲われて、坂本は二階へ斬り込んだ二、三の者に斬殺され、中岡は重傷を受けて十七日に絶命した。

当初、土佐勤王党に参加した坂本は、因循な藩論に不満を抱いて脱藩後、勝海舟の影響で海外へ目を向け、海援隊を組織して、これを媒体に薩長同盟を成立させた。

後藤象二郎が幕府政権返還の上申を山内豊信に建言したのは、坂本の発想に負うところが大きい。

中岡も、陸援隊を組織して、海援隊とともにこれを土佐藩の遊軍とし、岩倉・大久保・西郷らと結んで討幕路線を進んでいた。

二人が、幕府側から狙われていると察して、彼らに警戒を呼び掛けていた伊東甲子太郎は後日、人に向かって次のように述懐したと『新撰組史録』は書いている。

「中岡はよく自分の忠言をきいてくれたが、坂本は冷然とききながすようなふうがあった。やはり自分がもと新撰組にいたのを疑っているようだが、まことに心外至極だ」

急を知って、薩摩藩士の吉井幸輔（友実）・土佐藩士の谷守部（干城）・田中顕助（光顕・陸援隊士）らが、現場に駆けつけたとき、坂本は絶命し、中岡は重傷であった。

斬殺行為の嫌疑は、直ちに新撰組に向けられ、土佐藩参政福岡孝弟（藤次）が、幕府若年寄格の永井主水正に抗議するほどであった。

同時に、一部海援隊隊士も、新撰組に対して大きな怨恨を抱くようになった。新撰組が疑われたのは、薩摩藩邸に潜伏中の高台寺党の者が、現場に落ちていた蠟色の鞘を、新撰組の原田左之助のものと証言したためといわれる。（『新撰組史録』）

だが、新撰組隊士であった結城無二三は後日の回顧談で、当事者は見廻組の今井信郎であったと述べている。

「あの晩は己達は近藤の處に集まつていた。（谷さんが疑をかけてる）原田佐之助も一緒に居た。次の日に其の評判を聞いて、之れは中々腕の利いた奴が出て來たわいと話していた位だ。そして其の後其れは今井がやつたのだと聴いて今井なら成程無理はないと噂したものだ。実際今井の短剣は当時江戸でも有名なもので、やつと云つて構へる……躰が剣の中へ隠れて仕舞ふと云はれたものだ。あの狭い座敷で咄嗟の間にあれだけの働きをするのは今井でなければ出來ない業だ。」

（『お前たちのおぢいさま』）

原田下手人説については、翌年四月、官軍側に下総流山から連行された近藤勇が、板橋の東山道先鋒軍本営で大軍監谷守部に訊問されて、これを肯定したふしがある。

ちなみに明治三年に行われた新撰組の大石鍬次郎に対する訊問で刑部省に残された口書には、当時伊豆太郎と称していた伊東派の加納道之助が、その前年末に大石を逮捕した際の訊問と思われる点に触れているが、要約すると、次のような内容である。

——其節伊豆太郎が尋ねたことは、京都で土州藩の坂本龍馬を殺害したのも私共の所業であろうというもので、その証しは場所に新撰組の原田左之助の差料の鞘が落ちていて、その上勇捕縛の節、白状に及んだ旨を聞かされました。右はかねがね勇が、坂本龍馬を討ち取った者は、見廻組今井信郎、高橋某等の人数で剛勇の龍馬を差留めたことは感賞致すべしなどと、折々酒席で組頭などへ咄したのを脇で聞きましたけれども、右の通り縛に就いた上は即座に刎首されるであろうと覚悟致したので、右様の申訳は致しても虚言と存ぜられ、私の所業の趣を申し答えて置きました。云々——

この大石の供述からは、落ちていた刀の鞘を原田のものとして近藤が白状したように解される。近藤がかねがね今井・高橋らの仕業であると話していたから、落ちていた鞘から原田が下手人と見做されたことを肯定したのは、縛されて刎首を覚悟した結果から生まれた近藤の虚言であって、大石は自分の行為と答えたということである。

つまり、「私の所業」であったと答えて置いたと、大石が自分の仕業であると明言しているのだから、全く奇怪と言わざるを得ない。

このように大石自らが下手人と名乗り出た理由は全く不明で、そこには大石が破れかぶれに責めを自ら背負ったと察せられる感触があり、近藤と大石に責任を転嫁した取調べ当事者側の口書捏造が推察されるばかりである。

また、新撰組隊士横倉甚五郎の口書の関係部分は次のように要約される。

――土州藩坂本龍馬打取りの儀は一向に存じませんが、同人を討った者は先方では新撰組内で打殺したように申しているので、油断致すなと、(近藤)勇方から隊中へ申し通したことを聞いただけです――

さらに、同じ隊士の相馬主殿(主計)の口書では、次の要旨が述べられている。

――坂本龍馬について私は一向に存じませんが、隊中へ廻文を以て右の者を暗殺した嫌疑が晴れた趣と、全く見廻組で暗殺した由の趣を、初めて承知仕りました――

(『新撰組史録』)

これらの供述から見て、新撰組では、坂本・中岡暗殺事件を、見廻組の行為と見ていたようである。

なお、『新撰組史録』によると、坂本の甥で海援隊士の小野惇輔(高松太郎)が、事件の翌年一月に坂本の兄権平夫妻に宛てた書簡では、十一月十五日の夜、坂本と中岡が会談中の辰の半刻（午前八時頃）に、外から案内を乞う者がいたので、下僕の藤吉が出て名を問うと、その者は十津川の士と答えて名札を出し、才谷先生（坂本の変名は才谷梅太郎）に面会を求めたと記されている。

しかし、辰の半刻というのは誤りで、明治三年の今井信郎の口書では、四ツ時（午後九時〜十一時）頃とされているから、これが正しいだろう。

藤吉が名札を受けて二階へ上がるとその者もひそかに後へつづいた。

それと知らずに藤吉が坂本に来客を告げると同時に、その者が斬り込み、藤吉は六太刀を受けて斃れた（翌夕落命）。

つづいて坂本が斬られ、石川（誠之助・中岡の変名）も同時に斬られた。急なために抜刀のいとまはなく、坂本は鞘のまま大いに防戦したが、ついに敵わず絶命し、中岡も倒れた。中岡は、その後駈けつけた者たちから問われて敵を知らぬと言い、十七日夕方に落命したとは、小野の書くところだが、多分に伝聞の色彩が濃い。

なお小野は、当事の隊士の動静を、おおむね次のように伝えている。

隊中の者は、不幸にも坂本の命令で丹波・江州・摂津方面などに出張して、京都には僅か二人よりいなかった。宿所を異にしていた彼らは急を聞いて駈けつけたが、すでに下手人は行方不明なので、直ちに書を以て各方面の同士へ知らせた。十六日午の刻（昼十二時）に知らされた大坂滞在中の隊士たちは、船で伏見へ着いて入京し、藩命でその夜遺体を東山鷲尾に葬った。

十六日のこととして、『神山左多兵衛日記』に次の記述がある。

白川邸浪人ノ内新撰組一人コレ有り、小目付一同立越サセ召捕、河原町牢ニ入候事。

(『新選組日誌』)

白川邸は土佐藩邸で、ここにいた新撰組の浪人とは陸援隊へ潜入した村山謙吉と察せられる。陸援隊に間者として送られていた村山が、素姓を暴かれたのは、坂本・中岡暗殺事件を機に探索・究明された結果によるものらしい。

この頃、伊東甲子太郎を中心とする高台寺派は、朝廷に建白書を奉呈した。原文の片仮名交じり漢文体は、平仮名交じり文で次のように読み下される。

禁裏御陵衛士中

誠惶誠恐頓首死罪

鄙野菲輩で身は草間に在りと雖も心は朝廷に在らざるの日は無く、心は朝廷に在りて朝典の盛惶を欲せざる莫し。然るに伝承候えば、今の如く朝典復古せざるの時にて本月十六日准后様御落飾遊ばさるべき等の御事は驚嘆悲泣の至りに御座候。如何となれば往昔天綱の盛なる、上一人より下は万民に至る迄皆只直正、これ神道を戴き候えば御するの術事《つかう》るの道共にその理を得、王政整々万国に冠たるの処、中世以来所以無く道を異にして御向かい遊ばされ候より追々浸潤の事行われ、恐れ多くも一天の皇《すめらぎ》の尊《みこと》を以て御落飾し仏門に帰依され府(都)は少しく駿々乎。其の道に進み御薙髪を之れ行われ御恒例の如く御典例の如く相成り来たり、終に王綱御弛解し皇道整正の義は鑠銷（溶かす）に相及び候故、御政権は保たれ能はずして武門は鼎を争いて、朝廷は其の制を受け今日に至りて已に二千年、国士の有志何れの日にか慨歎泣血せざる者の候べき哉。然り而して昔年已来又々異方の事に付き国事多難、先帝重く悩ませられ宸襟既に之を復古し、叡慮も発せられ候え共、其の機に有りてその事中に（内に）及ぼされられず終に御崩御御遊ばされ候御事如何計り御遺憾に思召さるべき哉、今に至りて政権朝に帰り候事を徒爾《いたずら》にせず元は是れ皇国一心の政刑一途に出でざれば則ち相成らざるの義有る故にて、因循の計の機は御座あるべからず候。元々王政復古に付いては、先帝の山陵は御神祭に復され寔《まこと》に往古の直道に帰復される御事が郭乎として有るべからざる也に候えば、其の匹隅《ともがら》に入らせられ候御方様中古より是迄の風習を捨てなされず庸俗（つねのもの）の輩の心情同様の御旧染（以前から染みこんだならわし）は改めなされ先帝に対され御薙髪等の御事を以て応ぜられる御心操《おこころばえ》との思召しは意外なる御欠点に相成り候。恐れながら当今様始め奉り在朝の縉紳（公卿）復古の政刑を以て国難御鎮静遊ばされたしとの真に叡慮の思召しに候わば御内政整えなされず候ては統御の道立たせられず朝典の興廃御落飾は先帝の御神に対せられる御反体にて朝幕の疲痛に成り行き、皇道振るい立たず正気興起せざるの旨趣は遮って諫争し、総じて是等の御弊例御廃止相成らざるの御事に候わば如何に御苦心遊ばされ候とも皇国一心の政刑一途に出るの道理これ有るまじく、斯に至り上は皇天神祖が慍りを発せられ下は国士が天地に悲泣し紛動を倍し騒擾の緒口を醸すべき事惶然たる形体少しは御推識有られ候わば国家は一大御規模となるべく、天を仰ぎ地に俯し泣血し祈念奉り候。伝に云う有り、言うべき事にして云うは以て中外の蒼民隔たらずとの言に候えば、市井浮沫の微躯を顧みず謹んで微衷を表し閣下に奉呈し文辞不遜は海涵（広く人を容れること）衷心の溢るる処を御覬覧（うかがいみる）懇祷奉り候。誠惶誠恐頓首罪当死。

十一月　　　　　　　　　　　　　　　　禁裏御陵衛士中

（『岩倉具視関係文書』――『同前』）

文中の准后とは、准三宮（太皇太后宮・皇太后宮・皇后宮に准じ年給を賜る者）、または准三后とも称される。

御薙髪云々ということは、孝明天皇の准三后の一人としての女御夙子が、旧習にしたがい仏式で落飾することを指し、建白書は、王政復古を目指すからには、神式によるべきであると指摘している。

伊東甲子太郎は、このように宮廷内の習俗にまで言及して、それに批判を加える姿勢を示した。そこには、政治一辺倒の近藤の視点をはるかに超えるものがあり、その主張からは、自己の存在に注目させようとする彼の真意がありありと窺われる。

油小路事件

新撰組はこの頃、薩長に対する討幕の密勅降下の背後には、藤堂平助ばかりでなく、伊東甲子太郎も介在しているらしいと睨んでいたが、その視野の中には、彼らのほかに、服部武雄も浮上していた。服部の剣には、見廻組の今井か新撰組の服部かと言われるほどの冴えがあったといわれる。

そのため、新撰組は、直接彼を相手にすることを避け、伊東一派には、策を以て当たることにした。

十八日　近藤勇は、紀州藩公用人の三浦休太郎に書簡を送った。

……陳二郎事潜伏之義、如之御配慮奉多謝候。就而者同人義少々相用候事件出来候間、無御断引取申候。……

（『新選組日誌』）

この二郎は、篠原泰之進が十日に隊へ復帰したとその日記に書いている斎藤一のことで、新撰組は、彼を某所へ潜伏させていたのである。

潜伏先は、三浦の目の届く所であったらしく、近藤は斎藤を用事が出来たとして、そこから無断で引き取ったので、近く拝顔して御礼を申し上げたいと述べているのだが、斎藤は伊東派を脱し、紀州藩の庇護下に潜伏していたものらしい。

近藤が、用事が出来たので引き取ったというのは、その後に展開される油小路事件を前にして、斎藤の力を必要としたためと考えられる。

十八日夜、新撰組は、伊東甲子太郎を七条油小路に襲った。

『新撰組始末記』によると、この日午後、伊東甲子太郎は、醒ヶ井通木津屋橋の近藤勇の妾宅から密々の国事の談合があるからと使に手紙を届けられてそれを受取り、何の疑念もなく使を返したということである。

このとき、篠原泰之進と服部武雄らは伊東に忠告した。

「斎藤ハ予テ近藤ノ股肱《ここう》ニシテ、此徒ニ加入シタルモ、一両日前ニ準備金ヲ奪ヒ去リタレバ渠レ完ク近藤ノ間諜ナリ。然ル上ハ近藤、土方如何ナル奸謀ヲ設ケ置キタルモ、計リ難ケレバ、今日彼ガ請待ニ委ダネ往カルヽハ、宜シカラズ」

斎藤が、何かのための準備金を奪って、逃げたというのは疑わしいが、斎藤が姿を消したので、篠原らは警戒感を抱いて忠告したのであろう。

近藤の妾宅に招かれたのは、伊東だけではなく、土方歳三・山崎烝・原田左之助・吉村貫一郎以下の顔もあって、一同は山海の珍味を前に酒盃を交わした。

伊東は酒に強かったが、盃の応酬で国事に関する話を切り出せぬため、それは明日にしようと考えているうちに気がつくと亥の刻（九時～十一時）を過ぎたので、酩酊して挨拶もそこそこに辞去し、帰途についたとのことである。（『同前』）

国事の密議を行うと称して招きながら、それには一言も触れずに酒宴となったのだから、その夜の招きは、最初から伊東を酔わせようとする近藤側の計略であって、根が酒好きの伊東は、まんまとその手に乗せられたようである。

伊東は、酔いを冷ましながら、月下の道を駕籠にも乗らずに歩いた。『新選組物語』は次のように書いている。

間も無く、木津屋橋を東に入ったが、南側が火事の焼け跡で、ぽつりぽつりと焼け残りの家がある位のもの、多くは、板囲いをしてある。土橋があって、その手前に法華寺、その寺の辺りは、ぼうぼうとした草原だ。

この法華寺は、釣洋一氏の『新選組再掘記』によると、山城国葛野郡京七条出屋敷油小路の実相山本光寺である。

伊東が、板塀のそばへさしかかると、待ち受けていた大石桑（鍬）次郎が、板塀の隙間から大身の槍で伊東の肩先から刺し通した。

そのとき、別当から士分に取立てられた勝蔵がすかさず伊東の肩先を斬り下げた。伊東はそれに屈せず、抜刀して彼に斬りつけ、傷を負わせた。

……其儘油小路通ヲ上リタル所ニ、又北ノ方ヨリ五、六ノ奸党抜刀ニテ馳来ル。とは『新撰組始末記』の記すところである。(『同前』)

この夜、このあたりで闘死した伊東甲子太郎・藤堂平助・毛内有之助・服部武雄の命日に当たる昭和四十六年十一月十八日、京都市建立の「伊東甲子太郎外数名殉難の跡」という石標の除幕式で語られた本光寺の吉田智照氏の談が次のように『新選組再掘記』に記されている。

「伊東甲子太郎は、醒ヶ井通り木津屋橋下ルの近藤の妾宅を出て、すぐ木津屋橋を東に入らはりました。大石鍬次郎ら新選組に襲われはったのは、その角辺りのようどした。斬りつけられた伊東は相当の深手らしおしたが、当時の叢に逃げ込まはったそうどす。

現在、門内にあります門派石は、当時のままどすが、門がその頃奥の方におしたさかい、門派石は門前にあったわけどす。

その石に腰を下ろした伊東は、これではとうてい逃げることは出来んと観念して、割腹しようとしやはりました。

王事に尽さんがために投げ出したる命なれど、最早、命運尽きたるは残悔至極。新選賊!と云って斃れはったそうどす。私はこのように先代から聞いております」

『新選組再掘記』の説明では、木津屋橋は、醒ヶ井通りから西を流れる堀川にかかった橋で、伊東が月真院に戻る道筋の逆になるとのことである。

この付近から東山の清水寺と祇園社の中間にある高台寺の塔頭月真院まで、ほぼ洛中を東へ横断して北上する経路は、相当の距離になるから、瀕死の重傷の身の伊東は、独力では帰れぬと判断して、本光寺門前でそれを断念したのである。

結城禮一郎は、『お前たちのおぢいさま』（別名『舊幕新撰組の結城無二三』）で、新撰組の父の無二三が参加した伊東甲子太郎の暗殺事件について、次のように異説を述べている。

……伊東は蛤門の戰が濟んだ折近藤が江戸へ行つて連れて來た男で、深川佐賀町に道場を開いて居た有名な剣客だ。服部も亦手は非常に利いて居た。當時京都へ來て居た者の中で剣術と云へば見廻組の今井か新撰組の服部かと云はれた位のもので、之を討取るには生半可の事ではだめだ。計略にかけねばだめだと云ふので十一月十八日の夜山陵衞士の事で一寸話があるからと云うて伊東を呼びにやつた。……伊東等の方では眞逆か計畫が漏れたとは思はなかつたからハイ來たと云つて迎えの者について駕籠へ乘つて來た處を、祖父様（無二三）達が油小路七條上る處に待ち伏せして居て、物をも言はせず駕籠の外から刺して仕舞つた。而して直ぐ小者を高臺寺へ走らせて、大變で御座います、伊東先生が油小路で斬られましたと云はせた。夜の十二時過ぎだつた……

文面は、結城禮一郎が、新撰組にいた父の無二三から聞かされた内容を、我が子すなわち無二三の孫に語り継いだものとなっている。

この話から考えると、近藤の妾宅へ招かれたとされる伊東は、そこへ着く前に、新撰組の結城無二三らによって刺されたものと判断せざるを得ない。

したがって、伊東は、近藤の妾宅からの帰途に、酔いを冷ましながらそぞろ歩いているところを襲われたのではない。

『新選組物語』には、伊東は駕籠で出掛けたとあり、午後から亥の刻（九～十一時）過ぎまで飲んでいたとある。

『新撰組始末記』には、酒席に加わったのは土方・山崎・原田・吉村以下とあって、近藤が出席したとは書かれていない。

国事を談合するためと言って呼び出しながら、近藤が顔を出さないのは、大きな疑問となる。席上では、何の議論もなく、深夜の十一時過ぎまで飲みつづけたとは、いかに酒豪揃いでも、その時間は長すぎる。

篠原泰之進の日記にも、次の記載がある。

同年十一月十八日夜九時頃衛士隊長伊東甲子太郎、遊歩帰洛中、七条油小路に於て新選組の賊徒等計策を以て暗殺す。

（『新撰組史録』）

ここで、伊東が出かけるときの状況に触れていないのは、篠原がその前後事情を把握していないことを示しているから、この記述は、事件後の他からの伝聞によったものと分かる。

酒席を設けて酔わせた相手を襲うという手法は、誰でも思いつく常套的なもので、見え透いた幼稚な計画でもあるが、近藤らがこの愚策を採るとは思われないから、それが採択されたものとすると、これらの記述の信憑性には、少なからぬ疑問が生まれる。

酔っているとはいえ、歩行中の伊東を襲うことは、伊東の剣の伎倆からみて、月明下では効果的な反撃が予想されるから、それを避けるためには、伊東の剣技を封じて攻めるほかはない。

そのため、伊東が出掛けたのを見張り、彼が周囲を見通せぬ駕籠に乗ったところを確認し、これを待ち受けて一挙に襲い、駕籠の外から刺突するのが成功率は高いとみて、この方法をとった公算大である。

また、板塀の隙間から槍を突き出すことは、伊東が板塀すれすれに歩いて来る以外に成功の可能性はないが、伊東が塀とすれすれに歩くという保証もない。

その上、板と板との僅かな隙間から見通せる視界は狭小だろうから、目標へ槍を突き通して致命傷を与えることは、不可能に近い。

結城談では、伊東が招かれたのは夜のこととされ、彼は駕籠で出掛けてその途中で襲われたから、近藤の妾宅に着いていないし、酒も飲んでいない。

こう考えると、結城無二三が語るように、待ち伏せしていて駕籠の外から刺し通すのが、最も理に適う効果的な襲撃方法であった。

因みに、のちに基督教に入信するほどの結城無二三は、息子に嘘を語る人物とは考えられないから、彼が語る内容には信憑性が感じられ、伊東は、月真院を出てから現場に差し掛かった直後の時点でもあろうか、まさに駕籠の中で襲われたと見るのが至当である。

伊東は、本光寺門前の碑石に腰を下ろして倒れたようである。

襲ったのは、『近藤勇』によると、大石鍬次郎・宮川信吉・岸島芳太郎・横倉甚五郎らとされている。

伊東の遺体の始末については、『新選組物語』が無造作に書いている。

……これを予ての手筈通り、七条の辻、油小路の十字路まで引ずって行って、ここへ棄てて、一同忽ち姿をかくした。

(『新選組日誌』)

『新選組再掘記』には、次の記載がある。

永倉新八の話では、油小路に横死した伊東の死骸は、近藤、土方、沖田の三巨頭自らの手で、七条四ツ角の中央に運ばれ、高台寺に急報させた。新八は近藤から伊東一派殲滅の命を受け、原田左之助とともに同志二十人を要所要所に待機させた。

遺体を四つ角の中央へ近藤らの手で移したのは、やがて駈けつけてくる篠原らをここへ誘い寄せ、四方から囲んで一挙に討ち取るための策略であった。

伊東討ち取りが、この夜の作戦の第一段階ならば、その遺体収容に現れる者たちを討ち滅ぼすことは、作戦の第二段階である。この一連の作戦を成功させるためには、酒宴を開くなどの悠長な対応は許されず、新撰組としては、満を持して、即戦即決で対処すべく、全神経の緊張の中にあった筈である。

事件は月真院に通報され、その状況とその後の経過には諸説があるが、篠原泰之進は、次のように記している。

依テ油ノ小路町役人、我輩ノ営中ニ馳来テ曰ク、御陵衛士隊長菊桐ノ提灯ヲ持ナカラ当町内ニ殺サレタリ、只今巡邏《じゅんら》ノ人之ヲ番ス、速ニ死体ヲ引退ク可ト、……

阿部隆明（十郎）は、後日談（『史談会速記録』九〇輯）で語っている。

……町役人を使いまして高台寺の我々の屯所に申送って、お前の方の同志の伊東甲子太郎が土州の者と途中で議論をして、それで遂に斬殺されて倒れて居るから迎いに来いと言って遣しました。それから一同の者が驚きまして皆な支度をして、駕籠の用意を致しまして伊東の死骸を取りに参りました。私の方には剣術使いの奴が居りましたのでそれが注進に来ました。私は内海次郎という者を連れて、大和街道へ参って御蔵が沼（巨涼池）という所へ泊まって居りました。そうして其死体の迎いに参りましたのは藤堂平助、鈴木三樹三郎、服部三郎兵衛、毛内有之助、加納道之助、富山弥兵衛と参りましたので、死骸を駕籠へ舁上げた所で、八方から取巻きまして撃って掛りましたから、そこで藤堂平助と毛内有之助両人で駕籠に載せるという所でございます。……

（『同前』）

阿部と内海は、その夜、不在であった。

阿部が注進を受けて現場へ急行しても、事件終了後と思われるから、この談話内容は、彼のその後の伝聞によるものであろう。

『新撰組始末記』には、次の記述がある。

近藤ノ指揮ニ委ダネ、其町内ノ者ニ紛ジ、両三人月真院ニ抵リ「唯今伊東先生ハ土州人ト口論ノ上刃傷ニ及ビ、敵ハ五、六名ナルガ皆逃去リ。先生ハ聊足ニ傷ヲ受ラレタレバ駕ヲ持テ迎ヒ来ラレヨ」ト云捨テ立去ル。

近藤は、行為を土佐人に転嫁した。

加納道之助は、後日談（『史談会速記録』一〇四輯）で次のように述べている。

夫れへ町役人から報知があって、伊東先生は油小路に斬られて居るが其死骸を御引取り下さいと言って参ったので、丁度皆臥して居る夜の十二時あたりでござりましたが、其報知に就て一方ならず驚きましたが、……

月真院には、加納のほかに鈴木三樹三郎・篠原泰之進・藤堂平助・服部武雄・毛内有之助・富山弥兵衛と下僕の武兵衛がいた。

このときの彼らの間に交わされた問答を、篠原は『泰林親日記』に記している。

服部曰ク、敵ハ新撰賊ニ極タリ、各甲冑ノ用意然ル可シト。三樹曰ク、新撰組ヨリ番スルニ於テハ暗殺形ニ顕ハレス、素ヨリ彼等ハ面識ノ者也、我ヨリ礼ヲ以テ受取ル事然ル可シト。余曰ク、斯クノ如キ隊ニテ、斯ノ如キ人ヲ殺ス、万一其ノ備無キニシモ非ス、若シ賊ト相戦ハヽ、敵ハ多勢我ハ小勢也。然リト雖トモ甲冑ヲ著テ路頭ニ討死セハ、後世其怯ヲ笑フ可シ。各常服ニテ然ル可シト。

服部が甲冑を着けて行くべきだと言うと、篠原は、甲冑を着て討死したならば、後世に憶病者と笑われるだろうから、平服で行くべきだと言った。

同志爰ニ一決シ、只七名垂駕ヲ持シ、人足二人、小者武兵衛ヲ引率シ、油小路ニ駈付タリ。

これらの記述から考えると、通報を受けてから、遺体収容のための駕籠を用意して、人足二人と小者武兵衛とともに油小路へ急行したことになるから、彼らは、東山の清水寺の北の月真院から西本願寺近くの現場までを、最初から駕籠を雇って駈けつけたのであろうか。

この点については、『鳥取藩慶應丁卯筆記』に次の記述がある。

同局より都合八人不取敢前書之所へ馳付参り候処、摂津（伊東）の疵口改見候へば、如何にも深手に而、迚も養生可叶とも不相見故、駕籠を雇ひ打乗せ、右八人付添木津屋橋を通油小路を同所七条辻迄罷越候は、同夜四ツ半（午後十一時）過頃最早九ツ時（午後十一時〜午前一時）の頃にも有之候由。

（『同前』）

つまり篠原らは、現場へ着いてから駕籠を雇ったのである。

『新選組再掘記』は、次のように書いている。

木津屋橋というのは通りのことで、橋のことではない。木津屋橋という橋は、醒ヶ井通りから西を流れる堀川にかかった橋で、伊東甲子太郎が月真院に戻る道筋の逆になる。

木津屋橋は、その昔、生酢屋橋と書いた。文字通りこの辺一帯は寿司屋が林立していた。

この記述から、このあたりでは、当然、客待ちの駕籠を呼ぶことができたと察せられる。

前述の鳥取藩の記録によると、篠原が現場に着いたとき、伊東はまだ生存していた。

駕籠に収容されたときに息絶えたらしく、死骸は駕籠から転び出しかけたので、「縄にてかぐみ候様」とかれこれ世話をしていたところ、「油小路南之方より弐拾人斗と、七条通西の方より拾五、六人斗り」の集団がいずれも黒装束で、眼出し頭巾に襷を掛け鉢巻を締めて、草鞋履きの身軽ないでたちで、龕灯《がんどう》を携え、槍や刀を構えて、足音も立てずにひそかに接近し、懸命に死体の始末をしている篠原らに、一言も発せずに突っ掛かった。

このあたりの状況を、永倉新八が書いている。

するとはたして七、八人の侍が駕籠を吊ってやってきた。もの言う声も静かに遺骸のそばへ籠をおろし、二、三人がかかえて伊東の死体を駕籠のなかへいれようとする。とたん原田は手にした鉄砲を一発放って合図をする。

（『新選組日誌』）

また、『史談会速記録』一〇四輯の小山正武談では、遺体がすでに駕籠の中に収容されていたと語られている。

服部氏七名が駈け附けて来て之を見れば、伊東氏の屍が駕中に在るが、敵は埋伏を致して居る者であるから駕籠を直ぐに奪い去ることが出来ぬ。

（『新選組再掘記』）

永倉談では、伊東を辻の中央へ運んだのは近藤・土方・沖田とされている。

彼らは、本光寺門前で倒れた伊東を、そのまま駕籠へ移したのであろうか。

『新撰組始末記』には、篠原らが現場へ着いたのは夜八ツ時（午前一時〜三時）過ぎで、「道路ニ伊東ノ死体横倒ス」とある。

駕籠からはみ出した伊東を見た一同は驚いて歎息し、死体を駕籠に載せると片足が外に出たので、藤堂がこれを中へ入れようとすると、「早クモ賊アリ、油断ナラズ」と加納が一声高く叫ぶと同時に、三ツ角の民家から四、五十人が白刃をきらめかして、四方八方から飛び掛かった。(『新選組日誌』)

以上、諸説紛々の中で吟味すると、伊東甲子太郎は、最初に駕籠で出掛け、近藤の妾宅へ着く前に襲われたと見るのが最も妥当と解釈され、結城無二三の説に信憑性が認められる。

したがって、七条の辻に引きずっていって路上に放置されたとか、篠原らが駕籠を用意し、現場へ駈けつけて遺体を収容したなどの状況説明等を、そのまま受容するには、少なからず混迷せざるを得ない。

伊東は、月真院から駕籠で出掛けて近藤の妾宅へ向かう途中で駕籠の外から刺され、僅かに抵抗して一人を傷つけ、本光寺門前まで逃げて倒れたと解される。

新撰組の隊士たちは遺体をまた駕籠に収容し、七条の辻へ運んでそのまま放置して、月真院へは小者に経過を報知させたものと、結城無二三談から解釈すると、この一連の経過は抵抗なく受け容れられる。

以上の経過につづく双方の激闘は、なお諸記録から以下のように把握される。

加納通広(道之助)は、『史談会速記録』一〇四輯で、襲われた瞬間を、次のように語っている。

……果たして新選組の謀計に落ちて、油小路の西に行った処、夜の二時頃で湯屋があったが、私は見張って居った所が、月が宜しくピカリと光ったものがある。それ覚悟せよというと手元に来られたので、無茶苦茶に前なる者一人袈裟掛けに擲ぐり付けて突きとばし、其上を飛び越して行くと、又掛られて、これも運能く斃して通るような次第でありまして――

『新選組始末記』からは、藤堂平助の先陣振りが把握される。

藤堂平助サシツタリ(心得たり)ト一番ニ抜合テ切結ブ。高台寺徒ハ素肌ナリ。賊ハ多勢ノ上ニ皆鎖リヲ着ス。服部、毛内ハ門柱ヲ背後トシテ支戦ス。

永倉の記述によると、毛内・服部・藤堂の三人が新撰組に立ち向かった。

同時に二十人の隊士が抜刀でひしひしと包囲しようとすると、高台寺の面々こりゃ敵わぬとわれさきに逃げだす。のこったのは毛内蟻之進(有之助)、服部武雄、藤堂平助の三人、いずれもスラリと腰の一刀をぬきはなって、いっぽうの血路を開こうとする。

服部には原田、岸島、島田の三人が左右から打ってかかるが、なかなかするどい服部の切っ先には三名ともややもてあまし薄手さえ負うている。原田はおおいにいきりたつ。大刀をふりかぶるとみせてとうとう服部を突き殺してしまう。

『新選組始末記』には、篠原泰之進と富山弥兵衛が、東からの寄手と、鈴木三樹三郎と加納道之助が、西から迫る相手と対決したとある。

その間に駕籠は二、三間北へ進んだが、武兵衛と人夫らは、この騒ぎに驚いて逃走した。藤堂は「敵ヲ四方ニ引受ケ、数ケ所ノ重傷ヲ蒙リ、終ニ斃ル。」とされ、つづいて毛内監物（有之助）は北の溝際に斬り伏せられ、富山と篠原は軽傷を受けて東へ走り、鈴木と加納は多勢に抗しえず、西へ逃げた。

なお、永倉の記録からは、藤堂平助らの戦いぶりが、次のように把握される。

四方を固められて退路を断たれた藤堂平助が、急に永倉の方へ引き返すと、かねてから「藤堂は伊東と同盟はしているがまだ若い有為の材であるから、できるならば助けておきたい」という近藤の言葉が念頭に浮かんだ永倉は、藤堂をやりすごした。永倉の情けある計らいに、藤堂はその身を七条の方へさっと避けた。

その藤堂を永倉が見送ったとき、三浦常三郎が、いきなり追い掛けて藤堂の背を袈裟掛けに「ヤッ」と斬りつけた。藤堂は避けるいとまもなく、背を斬られながらも、刀をうしろざまに振り回したので、三浦は両膝を斬られた。このとき、同じく七条の方へ逃げ出した毛内を永倉が追い掛けて背後から一刀を浴びせた。つづいて西岡万助が斬りつけようとすると、振り返った毛内に顎を斬られたが怯まず、「エッ」という掛け声で風を切った彼の太刀先は毛内の胴に入り、毛内は血煙を上げて即死した。

一方、服部三郎兵衛の戦いぶりは、なお『新撰組始末記』の記述からその凄まじい様相が迫ってくる。剛力の大兵で、頗る撃剣の達者であった彼は、この夜の出動に当たり、甲冑を着用すべきだと言って、篠原に嗜められても、ただ独り衣服の下に鎖を着けていたのは、やがて迫る激闘を予感したためであろうか。多勢を恐れず腰に挑灯を差したままで、三尺五寸の長刀を抜きかざして立ち向かい、相手を斬り倒して二、三人を傷つけ、飛鳥のごとくに暴れ廻った。

新撰組側は、一人と見て取り巻こうとしたが、服部は、東の方の民家を後ろ楯に、また門扉を一方の楯として、二方向からの攻撃を引き受けて激闘した。

賊ハ遂ヒニ長器ヲ以テ漸クニシテ服部三郎兵衛ヲ突留タリ。翌朝之ヲ見ルニ、手指数十飛散シ、人家ノ壁ニ鬢ノ毛付タル肉血痕数十ケ所アリ、其烈戦ノ程思ヒヤラレタリ。

服部は槍で刺されて斃れたらしい。

さらに、『史談会速記録』一〇四輯の小山正武談からも、服部の凄絶な戦い振りを彷彿とさせられる。服部は、頭額の前後左右、肩、両腕、腹部等に二十数カ所の傷を受け、正に満身創痍、流血淋漓《りんり》となっても、死後の顔色はなお生きているようであったという。

着ていた羽織は、鎖に厚い真綿を被せて刺し縫いした袖無しだったから、受けた太刀先は、身体に届かなかった。

しかし頭部・両頬・両腕・肩・股・脚などに被った刀や槍の創痕は、大小軽重合わせて二十数ヵ所以上で、異常な烈戦の様相を示していて、小山談は、服部が、他の四人を脱出させるために一身を以て多数に当たったことを思うべきであると述べている。

また、服部は、両刀を用いて戦った。

『鳥取藩慶応丁卯筆記』では「中にも両刀遣ひの者有之、」とされ、多数の相手は、そのために散々な目に遭って、八、九人も手負いになったようだが、服部はついに刀を折られ、総懸かりで畳み掛けられて打ち倒された様子で、七ツ時（午前三時〜五時）頃、新撰組は南の方へ引き揚げ、現場では三人が斃れたとされて、彼らは次のような戦い振りを示した。

南部与七郎（藤堂平助）は二十八、九歳位で、両足、横腹の二か所のほか、顔面は鼻から口へかけて深さ二寸、長さ七寸ほどの疵を受けて、油小路の南西に、刀を握ったままで果てていた。

三宅安兵衛（服部武雄）は三十四歳位で、油小路の辻の北東側でうつむけに倒れていた。

疵は背中で、倒れたところを散々に切り付けられたらしいがその数ははっきりせず、翌日死体を仰向けにすると、腕先三ヵ所、股と脚の四、五ヵ所、踵の先一ヵ所、腹部一ヵ所から夥しく流血していた。

三十二、三歳位の寺内監物（毛内有之助）は、油小路通り七条を少し上がった東側へ寄って果てていた。

疵の箇所は書き尽し難く、五体はばらばらに離れて、実に目も当てられぬばかりであった。そばに刀が折れたまま放置されていて、彼は脇差を握ったままであった。

加納道之助は、脱出後の行動を『史談会速記録』一〇四輯で次のように述べている。

……鹿児島の富山弥兵衛という人がござります。此の人も私の馳せる醒ケ井通り川向うの道を走り、お互いに敵が逐うて来たものと思い、向うも其ような事で睨み合って駈ける。

二人が一条で一緒になると、相手は富山弥兵衛であった。

やがて鈴木三樹三郎も来て、薩摩藩邸の北の通用門に着いたのは、四時近い頃であったが、三人が案内を求めても門番は起きなかった。

再三、扉を叩いて起こすと「何用か」と問われたので、「中村半次郎氏に逢いたい」と言うと、「夜が明けてからお出でなさい」とのことであった。

仕方がないので、「御藩には怨みはないが天下に身を寄せる所がないから御門前を汚します」と言うと、「そんな馬鹿なことを言うのか」と、門番は中村半次郎に知らせたとのことである。

中村の『京在日記』には、三人が大久保一蔵に面会を求めたので、中村が長屋で会うと潜伏方を望まれたため、事情を大久保に伝えると、やむをえず薩摩藩邸へ匿うことに決定したとある。（『同前』）

『激録新撰組』の記述では、この夜の戦いで、新撰組では出動した約四十人のうち十数人が闘死し、二十余人が負傷したとされている。

十九日夕方、事件当夜不在であった伊東派の阿部十郎と内海次郎が、河原町の土佐藩邸に保護を願うと、「尚詮議ノ上答へ申スベク」と断られたことが、『神山左多衛日記』から把握される。

二十日、二人が黒谷の土佐藩の有志の所へ赴くと、薩摩藩の中村半次郎がいて、彼の世話で、その夜今出川の薩摩藩邸に匿われたと、のちの阿部隆明（十郎）が『史談会速記録』（九〇輯）で述べている。

篠原泰之進は、事件の夜、東洞院通りから今出川通りまで逃げて、知人の尾崎刑部の家に潜み、その後薩摩藩邸へ移ったが、中村半次郎の『京在日記』によると、二十一日には阿部・内海とともに、伏見の薩摩藩邸に保護された。（『同前』）

油小路の血闘の結果、伊東派は、崩壊した。

事件後新撰組は、伊東・服部・藤堂・毛内の遺体を三日間も放置していたので、その惨状を見兼ねた西本願寺の寺侍西村兼文が、近藤勇にその始末を求めると、近藤は答えた。

「われらはかつて死生を共にした同志であるから、埋葬するのはもとよりわれらの志であるが、かれらの同志はなおほかに十余人もいるはずだ。その方からの所置が当然あろうと思って差しひかえていた。敵は土佐人と聞いたが、士道を欠いて逃げかくれていると見える。この上は当局の方から仮埋葬をしておこう」

遺体は、その夜のうちに、仏光寺通り大宮西入ル浄土寺に葬られた。（『新撰組史録』）

土佐人が手を下したと嘯いた近藤の姿勢には、先の坂本・中岡の暗殺を、新撰組の行為と見倣した土佐藩側の怨恨に対する報復として、かれらに責任を転嫁した感がある。

天満屋事件

油小路事件の終熄後、またしても発生したのが、天満屋事件である。

事件の端緒は、この年四月に発生した伊呂波丸事件に起因しているので、この際溯ってその経過を辿る。

この年、坂本龍馬は海援隊を結成して、伊予の大州藩（藩主加藤遠江守泰秋）から伊呂波丸（一六〇トン）を借り受け、航海訓練のかたわら海運にも着手して、その利益で隊の資金調達を計っていた。

伊東痴遊の『新装維新十傑』には、四月十九日に長崎から大坂へ向かって出航した伊呂波丸が、二十三日夜の十一時頃、瀬戸内海で讃岐の箱の岬沖へ接近した際、折からの濃霧の中で突如出現した紀州藩の明光丸（八八〇トン）と衝突して煙突と中央の帆柱を折り、機関室を破壊して浸水した経過が書かれている。

その時、当番士官佐柳高次は、乗組員を起こし、明光丸に救助を求めたが、そのまま通過されようとした。機関士の腰越次郎が、同船に錨を投げ入れ、これを引き寄せて飛び移り、佐柳ほかの者たちも乗り移って、厳重に抗議すると、乗組員は狼狽して、同船は一旦離れた伊呂波丸にまた衝突した。そのため、明光丸船長高柳楠之助は、初めてバッテーラ（短艇）を下ろして救助に着手させた。

伊呂波丸の坂本始め三十四人の乗組員は、辛うじて救助されて危機を脱し、伊呂波丸はそのまま沈没した。

坂本は、その後紀州藩に対して、賠償金支払いを要求して交渉したが、容易に結論が得られぬため、海援隊士は憤慨し、不可能ならば一国を取れとの主張も生まれたが、最終的に償金七万両の支払いが決定した。

その後、坂本龍馬・中岡慎太郎が暗殺されると、海援隊士は、これを伊呂波丸事件で怨恨を抱いた紀州藩重役三浦休太郎の策謀による報復と見て、中でも陸奥陽之助は、同志数人とともに三浦を襲ったが、止めを刺さなかったので、三浦は九死に一生を得た。

一方では、坂本・中岡の暗殺を、新撰組の犯行とする見方も浮上していた。

その頃、陸奥陽之助と親交があった紀州の材木屋の加納屋宗七が、伊呂波丸事件以来、紀州藩の者は、坂本龍馬を怨み、三浦が坂本に復讐するという噂があるので探ると、三浦と新撰組とは深い関係にあるらしいと判断してその旨を陸奥に伝えた。

それを聞いた陸奥は、書店菊屋の倅でまだ二十歳前の峰吉に、新撰組の屯所を探らせた。

先の坂本・中岡が襲われた夜、その直前まで坂本が身を寄せる近江屋にいた峰吉は、坂本から頼まれて鶏肉を買いに出掛けたために難を逃れたが、肉を買って戻ってきたところで、事件後の惨状を目にしている。それだけに、坂本の死を人一倍無念に思っていた彼は、餅売りに変装して新撰組の屯所に出入りし、新撰組の者が三浦のもとへ詰めていることを把握して伝えた。

陸援隊士の大江治一郎からも、同様の情報を伝えられた陸奥は、彼とともに中心となって三浦襲撃を決め、大谷の入口の貸席月廼家に同志の参集を求めた。

『新装維新十傑』によると岩村誠（精）一郎・斎原治一郎・関雄之助・宮地彦三郎・本川安太郎・豊永貫一郎・山崎喜都真・松原（松島）和助・藤沢潤之助・竹野虎太・竹中与一郎（与三郎）・中島作太郎（信行）のほか、十津川郷士の中井庄五郎と前岡力雄ら二十人近くが集まった。

席上、陸奥は状況を説明し、大江が復讐論を主張すると、中島が早計であると反対したが、大勢は決行に賛成したので、中島は静かに席を立った。

十二月二日、薩摩藩の大久保一蔵・西郷吉之助は、土佐藩の後藤象二郎に対して、中山忠能・正親町三条実愛・中御門経之・岩倉友山の内命として、ひそかに朝廷組織の摂政以下の諸職廃止と総裁・議定・参与の新設による王政復古の方針を伝えた。この日、かねてから機を窺って先発していた長州軍約二千五百人が尾道に進出し、芸州藩兵約千五百人も、大坂へ進出していた。

この月七日、兵庫が開港し、大坂が開市された。

同じ日、京都では、風が強く吹いていた。

加納屋宗七から、油小路花屋町下ルの天満屋で、夕方から三浦休太郎と新撰組が会合すると知らされて、天満屋近くの西洞院御前通角にある料理屋河亀《かわかつ》に集まった顔ぶれは、『新撰組史録』によると、前記の月廼家へ集まった者たちの中から大江治一郎・中島作太郎が脱落し、山脇太郎・加納宗七が加わって、計十六人とされている。中島の名がないのは、前述のように彼が退席したためと分かるが、強硬論を吐いた大江の名がないのは疑問となる。

味方同士の目印の晒の鉢巻を締めた一同には、目的達成後、何処へでも落ち延びれるようにと、一人に四両が配られた。

三浦休太郎と新撰組との会合は、三浦が、平素から自分の護衛のために詰めている新撰組の者たちを慰労するための招宴であった。

集まったのは、『新装維新十傑』によると土方歳三・原田左之助・斎藤一・大石鍬次郎・中村小三郎・中条常八郎・前野五郎・市村大三郎・宮川信吉その他数人に紀州藩の三宅精一・関真之助とされ、『新撰組始末記』によると土方・原田・斎藤のほかに吉村貫一郎・岸島芳太郎・相馬主計がいて、『新撰組史録』には、斎藤・大石・中村・中条・前野・市村・宮川のほかに、梅戸勝之進・蟻通勘吾・船津鎌太郎の名がある。

討手側の十津川郷士の中井庄五郎は二十一歳の元気者で、一刀流の達人とされていたから、真っ先に斬り込む役を引き受けた。

襲撃は、三派に分かれて実施することに決まった。

陸奥・本川・竹野・山崎・中井・松原・竹中の七人が部屋へ斬り込む役となり、斎原・宮地・豊永の三人が裏手に廻って逃げて来る者を斬る役で、岩村・藤沢・関・山脇・前岡・加納の六人が予備として押し入るという手筈であった。

襲撃状況は、概ね以下のような経過を辿る。

酒宴が始まって、酒が充分に廻った頃、闖入した中井庄五郎に「三浦はいるか」と問われて、座にいた一同が膝を立て直そうとした時、三浦が思わず「拙者だ」と答えた。

中井は、疾風の如くに駈け寄って抜き打ちに斬り下ろしたが、刀は延びず、三浦の頰を斬った。「それっ狼藉」と一同は立ち上がり、忽ち乱戦となった。

つづいて六人が斬り込むと、灯火は消え、暗闇の激戦の渦中で中井は仆れた。

「三浦は仕留めた。安心したまえ」

と叫ぶ者がいたので、一同は刀を引いて階下へ駈け下り、引き揚げた。

斯うした場合に馴れて居る、新撰組の人達は、跡を追ふ者もなく、燈火をつけて、調べにか丶った。見れば、中井が、数個所の深傷に仆れてもう、息はなかった。斬死したのは、此一人で、新撰組の方にも、重軽傷を負うたものはあるが、死んだものはなかった。

『三浦は仕止めた』

といったのは、嘘であった。

『新装維新十傑』の記す所である。

一方、『新撰組始末記』から見ると、その様相は、次のように浮上してくる。

亥の刻（午後九時〜十一時）頃、十人ほどの寄手が、三浦の旅寓へ馳せ向かった。

此時所用ヲ帯ビ、土方歳三、斎藤一、原田左之助、吉村貫一郎、岸島芳太郎、相馬主計ノ六人二階ナル三浦ノ居間ニ於テ談話中、刺客山崎橘馬（喜都馬）ハ備前藩ノ偽名ヲ以テ二階ニ登ル。中井正五郎一番ニ三浦ノ居間ニ踊リ入り……

中井が真っ先に三浦の居間に踊り入って、三浦氏は其許かと問い、そうだと答えられると同時に、抜刀して斬りつけ、三浦の額に軽傷を負わせた。

……其傍ハラニ座シタル土方ハ中井ガ央バ抜掛ケタルヲ見ルヨリ、脇差抜手モ見セズ、中井ノ右ノ腕ヲ切落ス。此時原田ハ二階ニ登リ来リ、岡本ノ肩先ニ一刀ニ切付タレバ、岡本ハ下ヘ転ビ落チ、土方ハ二ノ太刀ニ中井ガ首ヲ打落ス。

新撰組の原田左之助は、すでに二階にいた筈だから、二階に登ってきたというのは不合理である。その原田が、斬りつけると、岡本は下へ転落したとあるが、これまでの記録の中で、寄手に岡本という名はない。

岸島ハ中井ノ次ニ登リタルガ、前岡ノ障子際ニ在ルヲ知ラズ、馳出テタルガ、眉見ヨリ眼ニ掛ケテ傷ヲ受ク。

岸島芳太郎も、すでに室内の客席についていた筈だから、彼が中井の後に二階へ上がったとは考えられない。

また、前岡とあるが、これは新撰組の前野五郎を前岡と誤記したものと分かる。

前野は室内の障子の蔭に座を占めていて、闖入者に斬りつけたと解されるが、記述は敵味方を混同しているようである。

土方が「三浦氏早ク退クベシ」と大声で叫ぶと、三浦は屋根伝いに裏座敷の庭へ飛び下り、同藩の者四、五人に介抱されながら、紀州の本陣の本願寺へ逃げ込んで危機を脱した。

山脇・山崎・前岡以下は新撰組の斎藤・吉村・原田らと接戦し、刀の切っ先からは火が出た。土方と相馬は、勢いに乗って斬り立てた。新撰組一統の剣捌きは、場数を踏んでいるので、状況は有利に展開した。

討手側も、必死に彼らへ立ち向かった。

しかし、何れも例の長剣を使っていたため、座敷内での斬り合いでは不利となって、即死一人、重傷二人を出したほかは、すべてが薄手を負ったので、彼らは中井の首級を携え、近くの井戸の中へ投じて脱出した。

土方ハ若シ敵ニ伏兵アランヲ危殆シテ、追撃ヲ止メタリ。土方ハ平常ニ脇差ハ長ク、刀ハ短カキヲ佩ルモノナルカ、若シ座敷向ノ闘ヒアラハ脇差ノ長キガヨシト云タルガ、此働ラキニ実効ヲ顕ハシタリ。

なお、新撰組は、知らせにより、後詰として、不動村の本陣から数十人が、槍を携え、刀を抜いて繰り出した。

また、紀州藩も本願寺から数十人を出動させた。

両者は、堀川北小路の辻で出会うと、ともに相手を敵と見て斬り合いとなり、新撰組は即死一人、手負い三人を出し、紀州藩も少なからず死傷者を出したという。

一方、永倉新八の『新撰組顚末記』によると、天満屋へ向かったのは、大石鍬次郎・中村小次郎（小三郎）・斎藤一・中条常八郎・梅戸勝之進・宮川信吉・蟻通勘吾・舟津鎌太郎・前野五郎・市村大三郎の十人とされているが、これに土方と永倉が加わったものと解され、そこには、以下のように様相の異なった展開が見られる。

三浦休太郎の居間は、中二階の八畳二間で、彼は奥の間に居て、次の間に新撰組の者たちが控えていた。

この日夕刻、土州の志士（十津川郷士）中井庄五郎が表口へ来て「たのもう」と声を掛けると、三浦の家士三宅精一が応対に出たとして、永倉は次のように書いている。

「三浦氏は在宿かナ、在宿ならば、案内してもらいたい」とものなれた口上に三宅はなにごころなく、「在宿でござるがしばらくお待ちを」とあいさつして二階へあがり、襖越しに頭をさげ、「もうしあげます、ただいま表に……」とみなまでいわぬうち、つづいてあがってきた中井がうしろから襖を蹴とばして疾風のように駆けこみ、正座にすわって杯を手にする三浦をめがけて斬りつけた。三隊士一同ははねおきて「それッ」と三浦を庇うと、二十人ほどの討手が突入し、大乱闘となった。三浦は、中井の最初の一太刀で右の頬を斬られたが、新撰組の者が防いでいる間に、屋根を伝わって逃げた。

斎藤は、得意の突き技で二、三人を倒した。

梅戸は、大刀の者に抱きつかれて引き倒され、もう一人に斬られた。

若い中村小次郎は一人と組み討ちになって池へ転落したが、下になった相手の喉を抉ると、池の周りに五、六人が構えているので、「尋常に勝負」と飛び出して斬り結んだ。

中条が一人を斬りすてると、宮川は乱刃のもとに斃れた。

急を聞いて永倉、原田らが駈けつけた時には、すでに討手側が逃げ去っていたとあるが、原田は、前述の『新撰組始末記』によると、すでに座敷の中で戦っているからその後に駈けつけたのであろうか。

永倉の別の手記『浪士報国実記』は、薩摩と土佐が三浦の暗殺を計画しているので、紀州藩から新撰組に支援依頼があったと、会津藩公用方から伝えられて、新撰組では斎藤一・大石鍬次郎・宮川信吉・中村小次郎・中条常八郎・梅戸勝之進・舟津釜太郎の七人が、夜八時頃、天満屋へ集まったとし、なおその経過を次のように記している。

……中二階が三浦居間。此処にて酒を飲み居る所へ、表より頼むと申。従者取次に出づ。三浦君御在宿であるかと問へば、従者何の気もつかず、主人在宿であると申。従者は主人に告げんと心得、三浦の前に向て手をつく。従より三浦へ斬付る。二十人許後を尾け参る。三浦は新撰組を頼みし故に、漸々の事にて手負致ながら逃去る。七人は敵を引受る。

梅戸は、討手の一人を後ろから抱きとめて深手を負ったが、斎藤が斬り抜けて救った。

中村は一人と組み討ちになって庭の池へ落ちたが脱出して、周囲の相手を物ともせずに、懸命に戦ったので、彼らはついに退散した。

寄せ手側でも討死や手負いを多く出したようだが、新撰組では宮川・船津が討死し、斎藤・中村・梅戸・中条が手負いとなり、土州藩からの出動者は約七十人ほどで、実に新撰組では三浦のために多くの討死、手負いを出したとのことである。（『新選組日誌』）

新撰組からの参加者は七人とのことで、ここに土方は出てこない。それでは、土方が、中井の腕を斬り、その首を打ち落としたというのは虚説なのか。それとも、永倉は土方に対して、かねてから含むものがあったらしいから、その遺恨から意識してここに土方の存在を書き残さなかったものなのか。そのいずれかと考えると、どうも後者の見解をとらざるをえない。

また、『新装維新十傑』は、「見れば、中井が、数個所の深傷に仆れてもう、息はなかつた。斬死したのは、此一人で、新撰組の方にも、重輕傷を負うた者はあるが、死んだ者はなかつた」と記している。

紀州藩史料の『晦結溢言』の記すところでは、またその様相にいささか異なるものを見出せる。

……遽然新選組の者七名旅宿（油小路橋本方）に来り、土藩三浦を狙ふ甚だ急也。我々会津侯の命により護衛すと。此時三浦は不在、居合したる三宅精一出会、然らば三浦の面貌見覚置れよ、今や帰り来らんと直に人を走らせ帰来を促したるに二時間許にして帰り来る内日既に没す。

これによると、討手側は、事件の二時間前に三浦を訪ねたことになる。その時に三宅は留守と答えたようだが、三宅は何の不審も抱かなかったのであろうか。

関甚之助等数人も来り合せ、共に楼上に酒盃を汲かはす折柄、三浦に面会を請ふ者あり。

やがて紀州藩の関甚之助ら数人が来て、酒盃を傾けていると、三浦に面会を請う者があった。

三宅は何人なるやと名刺を徴するに、土藩某とあるより小刀提げ階段一二降る。出会ひ頭に三浦か三宅かといひさま斬付られ頬を負傷す。続て数人付入来る。新選組は得たりと斬り結ぶに燈火滅して敵味方弁せず。殊に楼上狭矮働きを得ざれば、新選組は一度にどっと戸外へ飛出したるに賊続て飛出し大道にて四十人計と激闘、賊遂に斬りまくられて逃散せり。新選組の働きは実に目覚しき事共也しと。三浦は此時眼下より頬にかけ斬付られしのみ。関甚之助も負傷、左波某、三浦の若党藤左衛門及仲間某の楼下に臥し居たるが槍にて串殺せらる。新選組は戸外にて一人戦死、他は多少の負傷あり。賊は楼上にて三人斬倒され、戸外にて二人斬戮、負傷幾人なるを知らずといふ。新選組が楼上にて剣戟鳴閃の急にも常に意を三浦にかゝぎたる敏鋭と、不期して一度に戸外へ飛出し敵を誘致したる頓策は能くも一致して職務を尽したるものと三宅精一直話す。

（『同前』）

以上、紛々たる諸説の中で、一応肯定し得るものは、伊東痴遊の記述であろう。

これには、土方が参加したとあるが、土方が中井の腕と首を斬ったとは書かれていない。

しかし、『新撰組始末記』に、土方が中井の腕を斬り落とし、さらに首を打ち落としたとあるのは、いかがなものであろうか。その描写には、土方の剣の冴えをこれ見よとばかりに書き上げた何がしかの誇張が色濃く感じられる。

永倉の『新撰組顛末記』や『浪士報国実記』には、筆者の永倉が、戦闘にはあとから参加したらしいのに、何故か戦闘状況が子細に述べられている。

前者では新撰組からの参加者を十人としているが、後者では七人としていて、矛盾がある。戦闘中に燈火が消えたというのに、一人一人の戦い振りがかくも克明に把握できたのは、第三者からの伝聞によるというよりも、終始現場で見ていたような克明な描写で多分に作為的なものが感受され、この点は、『新撰組始末記』の記述も同様である。

総じて、討手側が三浦を訪問してから彼に斬りつけるまでの行動経過は同工異曲であるが、坂本・中岡暗殺事件の手口と共通するものがあるのは偶然の一致であろうか。

結局、討手側の紀州藩に対する復讐は失敗に帰したが、彼らとしては、計らずも新撰組との対決を惹き起こしてそれに敗れ、大きな悔恨を残すものとなった。

その後、幕末の戦いに敗れて逮捕された近藤勇に対する官軍側の糾問で、とくに土佐藩側の追求が峻烈であったのは、この時の新撰組との戦いに敗北した結果の怨恨が、大きく尾を引いていたことを示すもので、その主張は、近藤に対する斬首刑の要求へまで発展し、ついに受容されて新撰組への報復を果たすものとなった。

あとがき

昭和初期の小説・映画・演劇等の世界で、勤皇派と対立する佐幕派の剣豪集団とされた新撰組は、勤皇の志士を抑圧、殺戮する悪の集団として描かれて、彼らの行動は、幕末稗史として語られた面が多く、とくに文化の媒体として成長した娯楽映画からの影響を受けた昭和の青少年の大半は、その精神成長期に、官軍対賊軍の二大思潮の対立を自然に会得させせられていった。

その世代は、中等学校以上に軍事教練が必須科目として課されてからは、軍楽隊が「我は官軍我が敵は、天地容れざる朝敵ぞ」と奏でる『抜刀隊』の行進曲の旋律に感奮しつつ、分列行進に全身全霊を傾注していった。

その環境下では当然に、官軍すなわち天皇の軍隊に対する忠誠観念が、無意識のうちに何の抵抗もなく植えつけられていったから、とくに新撰組の存在を肯定視する価値観は生まれなかった。

その反面、むしろ近藤勇や土方歳三をひそかに英雄豪傑視して礼賛する姿勢が醸成されていったのは、映画から伝播したチャンパラの影響によるところが大きい。その傾向は、時の権力に反発する彼らの行動に、誰からともなく何がしかの共感を与えられた庶民感情の存在を物語るものであったかもしれない。

やがて日本の敗戦で、それまでの皇国史観が崩壊すると、取って代わって浮上した人権意識の影響下に、新撰組の歴史も見直されて、人間的視点からの新解釈が生まれるとともに、近藤勇や土方歳三の人間性も再認識された。

その反面、彼らの出世譚的武勇伝的称揚や、英雄の悲劇的末路への哀悼的讃仰を中心に伝えられる新撰組観の傾向は、いまだに少なからず存在する。それらには一応の新解釈が示されてはいるが、中には彼らの行為を、剣戟礼賛的な一面的解釈から見るものがあるのは惜しまれる。

一方、これまでに新撰組の足跡の系譜を詳述するものや、彼らが北地へまで渡って崩壊した経過を伝えるものには、浅学にしていまだにその多くに接しえないうらみがある。

私には、その詳細を把握する必要があった。

その理由は、あの戦争に私自身も一兵として志願し、特攻直前の環境下に投入されて、敗戦という未曽有の驚天動地の事態に直面し、幻滅の淵へ突き落とされて惨憺たる苦渋の渦中に抛り込まれたからである。

以来、戦争の起因と敗戦の理由は何かとの疑問は常時胸中から去らなかったが、自分なりの探求の結果、真珠湾開戦の一因が、鳥羽・伏見の開戦の時と同質であったとの解釈に行き着いたのはごく最近のことである。

思えば、鳥羽・伏見の戦いの実相は、戦前の日本の歴史教育の中では全く無視されたに等しく、政府は薩摩軍の発砲が開戦の端緒となった真相を隠蔽秘匿したふしがあり、大政奉還から王政復古を経て、江戸城無血開城に至る明治維新と称する近代日本歴史の足並みがいとも順調に進んだように、綺麗事で伝えられてきたことの記憶は、私の脳裡にはいまだに存在している。

明治維新という名の国政改革は官軍の正義がもたらしたものとされて日本の近代史の表面を飾ったが、その反面、当然ながら新撰組の存在は、朝敵・賊軍として、歴史の裏面に埋没させられた。

新政府の首脳は維新の元勲として、正史という名の官製史に名を連ねたが、新撰組の存在とその足跡は、隠れた稗史の視線に囲まれて命脈を保ってきた感を深くする。

そこからは戦前から戦争へかけての新撰組観の変遷が感受されるが、いまだに近藤・土方に対する英雄視的偶像視的傾向の域を脱しえぬ解釈に接するのは、それまでの稗史から培われた新撰組観とともに、なおも判官贔屓的心情の体質が併存、定着しているためかもしれない。

鳥羽・伏見の開戦までの旧幕府と朝廷間の交渉過程が、のちの真珠湾奇襲に至るまでの日米交渉経過に類似していることは、すなわち昭和の大戦争が、鳥羽・伏見戦の延長線上にあったことを、如実に物語るものでもあった。

「尽忠報国の志厚き輩」として青春の息吹きのままに結集した彼ら新撰組の足跡が、時の政権の抗争の渦中で多くの予想もせぬ転変に翻弄されてきたのがこれまで辿ってきた経過で、池田屋事件から油小路事件、天満屋事件と辿った彼らの足並みは、やがて鳥羽・伏見の戦いから、甲州戦争、会津の戦い、箱館戦争へ拡大する流浪のごとき戦いの遍歴へと踏み出してゆく。

著者プロフィール

石井 勉（いしい つとむ）

大正15年、北海道室蘭市生まれ。

北海道庁立室蘭中学校卒業。

海軍甲種飛行予科練習生。官立北海道第二師範学校本科中退。

室蘭市役所勤務の後、文化女子大学室蘭短期大学非常勤講師などを務める。

「中央文学」同人、「コスモス文学の会」同人を経て、室蘭地方史研究会会員。

著作に『徳川艦隊北走記』、『斜陽の果てに ―ある土浦の予科練』、『アメリカ海軍機動部隊 ―〔英和対訳〕対日戦線報告/1945』など。

尽忠報国の輩　新撰組　上

2004年2月15日　初版第1刷発行

著　者　石井 勉
発行者　瓜谷 綱延
発行所　株式会社文芸社
〒160-0022　東京都新宿区新宿1－10－1
電話　03-5369-3060（編集）
03-5369-2299（販売）

印刷所　図書印刷株式会社

ISBN4-8355-6969-5 C0095